Erben/Kubert/Zahrnt
IT-Verträge

Weitere Titel in unserem Telekommunikations-Programm:

Kai-Oliver Detken
Local Area Networks
Grundlagen, Internetworking und Migration
1999. 506 Seiten. Kart.
ISBN 3-7785-3911-6

Hans Dodel
Satellitenkommunikation
Anwendungen, Verfahren, Wirtschaftlichkeit
1999. 258 Seiten. Kart.
ISBN 3-7785-3924-8

Wolfgang Frohberg (Hrsg.)
Access-Technologien
für den Zugang zu Telekommunikationsnetzen
2001. 408 Seiten. Kart.
ISBN 3-7785-3938-8

Detlef Führer
ADSL
High-Speed Multimedia per Telefon
2000. 166 Seiten. Kart.
ISBN 3-7785-3914-0

Jürgen Göbel
Kommunikationstechnik
Grundlagen und Anwendungen
1999. 950 Seiten. Geb.
ISBN 3-7785-3904-3

Roland Kiefer/Peter Winterling
DWDM, SDH & Co.
Technik und Troubleshooting in optischen Netzen
2., völlig neu bearb. u. erw. Aufl. 2002.
399 Seiten. Kart.
ISBN 3-7785-3960-4

Niels Klußmann
Lexikon der Kommunikations- und Informationstechnik
Telekommunikation – Internet – Mobilfunk – Multimedia – Computer – E-Business
3., neu bearb. u. stark erw. Aufl. 2001.
1135 Seiten. Geb.
ISBN 3-7785-3951-5

Harald Orlamünder
High-Speed-Netze
Kommunikationsinfrastruktur der Zukunft: Internet, ATM, Multimedia
2000. 691 Seiten. Geb.
ISBN 3-7785-3940-X

Erich Pehl
Digitale und analoge Nachrichtenübertragung
Signale, Codierung, Modulation, Anwendungen
2., überarb. u. erw. Aufl. 2001. 507 Seiten.
Mit CD-ROM. Kart.
ISBN 3-7785-2801-7

Andreas Schulz/Thorsten Thews
Centrex-Handbuch
Dienste, Anwendungen, Technik
2003. 220 Seiten. Kart.
ISBN 3-7785-3966-3

Gerd Siegmund
Next Generation Networks
IP-basierte Telekommunikation
2002. 368 Seiten. Kart.
ISBN 3-7785-3963-9

Gerd Siegmund
Technik der Netze
5., völlig neu bearb. u. erw. Aufl. 2002.
1267 Seiten. Geb.
ISBN 3-7785-3954-X

Gerd Siegmund
ATM – Die Technik
Grundlagen, Netze, Schnittstellen, Protokolle
4., völlig neu bearb. Aufl. 2003. 461 Seiten. Kart.
ISBN 3-7785-3977-9

Gerd Siegmund (Hrsg.)
Intelligente Netze
Technik, Dienste, Vermarktung
2., neu bearb. u. erw. Aufl. 2001. 469 Seiten. Geb.
ISBN 3-7785-3948-5

Kai Steuernagel
IP-Netze – Planung und Design
Einsatz in LAN, WAN und Carriernetzen
2002. 264 Seiten. Kart.
ISBN 3-7785-3964-7

Christoph Zahrnt
Vertragsrecht für IT-Fachleute
5., völlig neu bearb. Aufl. 2002. 425 Seiten. Kart.
ISBN 3-7785-3956-6

Meinhard Erben
Michael Kubert
Christoph Zahrnt

IT-Verträge

Wirksame und unwirksame Allgemeine Geschäftbedingungen

3., neu bearbeitete Auflage

Hüthig Verlag Heidelberg

Dr. Meinhard Erben, Jahrgang 1966, ist selbständiger Rechtsanwalt in Bürogemeinschaft mit Dr. Christoph Zahrnt. Er berät bundesweit Softwarehäuser im IT-Vertragsrecht und europäischen Markenrecht.

Michael Kubert, Jahrgang 1971, studiert Informatik und Jura in Tübingen. Er ist seit vielen Jahren als IT-Freiberufler in verschiedenen bundesweiten Projekten tätig.

Dr. Christoph Zahrnt, Jahrgang 1944, ist Rechtsanwalt in Bürogemeinschaft mit Dr. Meinhard Erben. Er ist einer der profiliertesten Spezialisten für IT-Recht in Deutschland.

ISBN 3-7785-3972-8

3., neu bearbeitete Auflage

Printed in Germany
Umschlaggestaltung: Lytas Concept + Design, Mannheim
Satz: Gottemeyer, Rot
Druck und Bindung: J.P. Himmer GmbH & Co. KG, Augsburg

Vorwort zur 3. Auflage

„Vertrag ist Vertrag, den habe ich schließlich unterschrieben, und jetzt kann man nichts mehr machen." – Sehen Sie das als ITler auch so? Dann sollten Sie dieses Buch lesen. Denn bestimmte Klauseln in Verträgen sind unwirksam. Ist eine Klausel unwirksam, so müssen Sie sich nicht daran halten. Wissen Sie schon vorher, dass die Klausel als unwirksam eingestuft wird, so erübrigen sich Verhandlungen darüber. Verhandlungen können sogar schaden, da Sie der (an sich unwirksamen) Klausel damit zur Wirksamkeit verhelfen können.

„AGB? Das ist doch nur das Kleingedruckte!" – Weit gefehlt. Auch gut lesbare Verträge können Allgemeine Geschäftsbedingungen (AGB) darstellen, die den §§ 305 ff. BGB unterliegen. Statistisch gesehen ist sogar die Mehrzahl aller Verträge als AGB einzustufen und birgt damit die oben genannten Risiken für den Verwender. Sie können ganz oder in Teilen unwirksam sein, worauf sich der Vertragspartner berufen kann (aber nicht muss).

Das vorliegende Buch unterstützt somit einerseits Hersteller, Händler und Lieferanten, die AGB verwenden wollen, bei der wirksamen Ausgestaltung einzelner Regelungen. Dabei bleibt der Rat eines Juristen im Detail allerdings nötig. Andererseits erhalten Kunden das nötige Rüstzeug, um sicher mit ihren Lieferanten verhandeln zu können. Die einzelnen Kapitel befassen sich unter anderem mit Klauseln, wie sie typischerweise in Lieferbedingungen enthalten sind, mit IT-spezifischen Klauseln in verbreiteten Vertragstypen (insbesondere mit dem Benutzungsrecht an Software) sowie mit allgemeinen und IT-spezifischen Einkaufsbedingungen der Kundenseite. In Kapitel 5 werden erstmals in diesem Werk die Einkaufsbedingungen für Informationstechnik der öffentlichen Hand (EVB-IT Überlassung Typ A) erläutert.

Die 3. Auflage der „IT-Verträge" berücksichtigt nun auch all jene Änderungen, die sich aufgrund der Großen Schuldrechtsreform und der Integration des früheren AGB-Gesetzes in das BGB (§§ 305 ff.) ergeben haben. Herstellern, Händlern, Lieferanten und Kunden steht damit ein Werk zur Verfügung, das dem aktuellen Stand der Rechtsprechung entspricht und die Zusammenhänge auf eine für Nicht-Juristen verständliche Weise nahe bringt.

Die „IT-Verträge" bauen auf dem Buch „Vertragsrecht für IT-Fachleute" von Christoph Zahrnt auf und ergänzen es. Mit der 3. Auflage wurde das Autorenteam der bundesweit tätigen Rechtsanwälte für IT-Recht Meinhard Erben und Christoph Zahrnt um Michael Kubert verstärkt. Wir danken Frau Gabriele Leutz für ihre Unterstützung und Mitarbeit bei der formellen Überarbeitung sowie Frau Ute Lammer für die endgültige Überprüfung des Manuskripts.

Neckargemünd, Dezember 2002

Meinhard Erben
Michael Kubert
Christoph Zahrnt

Inhaltsverzeichnis

Abkürzungsverzeichnis

Abs.	Absatz
AGB	Allgemeine Geschäftsbedingungen
Aufl.	Auflage
BGB	Bürgerliches Gesetzbuch
BGH	Bundesgerichtshof
GWB	Gesetz gegen Wettbewerbsbeschränkungen
HGB	Handelsgesetzbuch
IT	Informationstechnologie
PC	Personalcomputer
UrhG	Urheberrechtsgesetz
ZPO	Zivilprozessordnung

Einleitung

Das AGB-Recht schränkt die Vertragsfreiheit bei der Ausgestaltung von Allgemeinen Geschäftsbedingungen (AGB) und damit die Möglichkeit ein, von den nachgiebigen Regelungen des Bürgerlichen Gesetzbuchs (BGB) abzuweichen. Klauseln, die nicht im zulässigen Bereich liegen, sind unwirksam. Sie werden durch das geltende Recht ersetzt. Genau das möchte derjenige, der solche Klauseln verwendet, aber vermeiden. Zumindest will er die Nachteile, die dadurch entstehen, dass unwirksame Klauseln durch solche ersetzt werden, die den unwirksamen wirtschaftlich möglichst nahe kommen, aber gerade noch zulässig sind, begrenzen. Der Versuch nutzt ihm nichts: Denn auch eine solche Klausel ist unwirksam *[vgl. Kapitel 2.4.4 (2)]*.

Das Buch soll denjenigen, der AGB verwenden will, also in erster Linie den Anbieter, dabei unterstützen, diese wirksam zu gestalten. Dabei bleibt der Rat eines Juristen für die Ausgestaltung im Detail allerdings nötig.

Das Buch soll ebenso dem Kunden, dem AGB vorgesetzt werden, aufzeigen, inwieweit er den einzelnen Klauseln widersprechen soll. Denn über unwirksame Klauseln braucht er nicht zu verhandeln. Sie bleiben trotz seiner Unterschrift unwirksam. Bei unwirksamen Einschränkungen der Schadensersatzpflicht des Lieferanten z. B. kann der Kunde ruhig abwarten: Wenn es wirklich zu einem Schaden kommt, kann er immer noch darauf hinweisen, dass die Klausel unwirksam ist. Solchen Klauseln hingegen, die die Abwicklung des Projekts betreffen, sollte der Kunde trotz deren Unwirksamkeit widersprechen, weil es auf sie mit hoher Wahrscheinlichkeit bei der Projektdurchführung ankommt und damit Ärger über solche Klauseln vorprogrammiert ist, so z. B. bei einer Klausel: „Mit Übergabe und Demonstration der Betriebsbereitschaft gilt die Abnahme der Leistung als erklärt" *[vgl. Kapitel 2.2.6 (2)]*. Hier will der Kunde jedoch zunächst einmal eine Frist für die Überprüfung der Leistung in Anspruch nehmen, bevor er die Abnahme erklärt.

Damit diese – viele Nicht-Juristen überraschenden – Aussagen voll verstanden werden können, ist Kapitel 1 „Einführung in die §§ 305 ff. BGB" vorgesehen.

Kapitel 2 befasst sich mit Klauseln, wie sie in Lieferbedingungen typischerweise enthalten sind. Diese Klauseln sind nur beschränkt IT-spezifisch. Es wird hier von einem Liefervertrag über Hardware und Software ausgegangen, wobei die spezifischen Fragen des Benutzungsrechts an Software in diesem Kapitel ausgeklammert sind.

Kapitel 3 befasst sich mit den IT-spezifischen Klauseln in verbreiteten Vertragstypen, insbesondere mit dem Benutzungsrecht an Software.

Kapitel 4 dreht die Rollen um: Es befasst sich mit allgemeinen und mit IT-spezifischen Einkaufsbedingungen der Kundenseite.

In Kapitel 5 wird ein Muster der Einkaufsbedingungen der öffentlichen Hand (EVB-IT) als geschlossenes AGB-Werk aus der Praxis erläutert. Dieses wird auch von Auftragnehmerseite verwendet. Bei den Ausführungen wird auf Klauseln mit der jeweiligen Thematik in den Kapiteln 1 bis 3 verwiesen.

Das Buch baut auf dem Buch von Zahrnt „Vertragsrecht für IT-Fachleute“ auf und ergänzt dieses. Um Wiederholungen zu vermeiden, wird darauf umfangreich verwiesen. Das Buch verzichtet auf Literatur- und Rechtsprechungshinweise. Soweit es um IT-spezifische Klauseln geht, sind diese im Buch von Zahrnt „Computervertragsrecht in Rechtsprechung und Praxis“ (der Langfassung des zuvor genannten Buchs für Juristen) enthalten.

1 Einführung in das AGB-Recht (§§ 305 ff. BGB)

Inhaltsübersicht

1.1 Einleitung

(1) Das AGB-Recht (§§ 305 ff. BGB als Schutzvorschriften)

Ausgangspunkt ist die Vertragsfreiheit nach dem BGB. Es gibt zwar einige so genannte zwingende Rechtsvorschriften, die die Vertragsfreiheit einschränken. Das ist immer dann der Fall, wenn der Gesetzgeber einen Vertragspartner schützen will *[IT-Vertragsrecht, Kapitel 1.1.3(2)]*. Im Bereich von IT-Verträgen gibt es allerdings fast keine praxisrelevanten zwingenden Rechtsvorschriften.

Die allgemeine Grenze für die Vertragsfreiheit wird in individuell ausgehandelten Verträgen im Wesentlichen dadurch bestimmt, dass Verträge nicht sittenwidrig sein dürfen. Wenn jemand aber die Vertragsfreiheit nutzt, um AGB zu formulieren, die unverändert zum Vertragsbestandteil werden sollen, wird die Grenze enger gezogen. Die §§ 305 ff. BGB schränken die Vertragsfreiheit bei der Ausgestaltung von AGB und damit die Möglichkeit ein, von den nachgiebigen Regelungen des BGB abzuweichen *[vgl. IT-Vertragsrecht, Kapitel 1.1.4]*. Klauseln in AGB dürfen zwar etwas von den gesetzlichen Regelungen abweichen, insbesondere von Treu und Glauben (würde das nicht zugelassen werden, wäre von der Vertragsfreiheit nicht mehr viel übrig), sie dürfen aber nicht *unangemessen (= grob) abweichen, insbesondere nicht* gegen Treu und Glauben verstoßen *[siehe Kapitel 1.4 (1)]*.

Die §§ 305 ff. BGB regeln also nicht den Inhalt von AGB-Klauseln, sondern erklären Klauseln für unwirksam, die von den gesetzlichen Regelungen, insbesondere Treu und Glauben, grob abweichen. Sie enthalten zwar Kataloge von Klauseln (vgl. §§ 308, 309), aber nur in dem Sinne, dass diese Kataloge Klauseln aufführen, die bestimmt oder wahrscheinlich unwirksam sind. Die §§ 305 ff. BGB beschränken also nur die Zulässigkeit von Abweichungen im Bereich des nachgiebigen Rechts. Welche Unterschiede sich in der Zulässigkeit von Vereinbarungen ergeben, zeigt beispielhaft **Bild 1.1**.

<table>
<tr><th></th><th>Vorsatz</th><th>grobe Fahrlässigkeit</th><th>leichte Fahrlässigkeit</th></tr>
<tr><td>Ausgehandelter Vertrag</td><td></td><td></td><td></td></tr>
<tr><td>– gesetzl. Vertreter</td><td>nicht ausschließbar</td><td rowspan="2">} ausschließbar</td><td rowspan="2">} ausschließbar</td></tr>
<tr><td>– Erfüllungsgehilfe</td><td>ausschließbar</td></tr>
<tr><td>in AGB wegen §§ 305 ff. BGB</td><td></td><td></td><td></td></tr>
<tr><td>– gesetzl. Vertreter</td><td rowspan="2">} nicht einschränkbar</td><td rowspan="2">} nicht einschränkbar</td><td rowspan="2">} nur begrenzt einschränkbar</td></tr>
<tr><td>– Erfüllungsgehilfe</td></tr>
</table>

Bild 1.1: Inhaltskontrolle am Beispiel des Haftungsausschlusses

Wie oben bereits erwähnt, können zwingende Vorschriften *[zum Begriff vgl. IT-Vertragsrecht, Kapitel 1.1.3 (2)]* des BGB nicht abbedungen werden, weder durch AGB noch Individualvereinbarung. Erwähnenswert sind die §§ 444, 536d und 639 BGB, die zwingend festlegen, dass man sich bei Arglist bzw. übernommenen Garantien nicht auf eine Vereinbarung zum Haftungsausschluss berufen kann.

§ 310 BGB legt den Anwendungsbereich der §§ 305 bis 309 BGB fest. Er verwendet dazu die Definitionen des Verbrauchers und Unternehmers aus den §§ 13 bzw. 14 BGB: Ein Verbraucher ist danach „jede natürliche Person, die ein Rechtsgeschäft zu einem Zwecke abschließt, der weder ihrer gewerblichen noch ihrer selbständigen beruflichen Tätigkeit zugerechnet werden kann“. Ein Unternehmer ist hingegen eine natürliche oder juristische Person, die „bei Abschluss eines Rechtsgeschäfts in Ausübung ihrer gewerblichen oder selbständigen beruflichen Tätigkeit handelt“. Damit sind auch Freiberufler einbezogen.

Beispiele: Herr Meier ist Geschäftsführer einer Softwarefirma. Wenn er nun bei der Firma Müller einen Laptop bestellt, hängt es davon ab, ob er zum privaten Konsum (= Verbraucher) oder für die Firma (= Unternehmer) handelt. Typischerweise wird sich an der Verwendung von Firmenbriefpapier oder der Zeichnung („Meier, GF“) erkennen lassen, ob Herr Meier als Verbraucher oder Unternehmer handelt.

Die Unterscheidung ist wichtig für die Inhaltskontrolle *[Kapitel 1.4]* nach dem AGB-Recht: Unternehmer werden in geringerem Maße als Empfänger von AGB geschützt als Verbraucher, da der Gesetzgeber annimmt, Unternehmer seien rechtskundiger und rechtsgewandter als Verbraucher.

Das Unterlassungsklagengesetz (UklaG) vervollständigt die §§ 305 ff. BGB. Es regelt ein Verfahren, wie gerichtlich außerhalb eines konkreten Rechtsstreits festgestellt werden kann, ob eine Klausel den §§ 305 ff. BGB widerspricht *[dazu unten 1.4 (3)]*.

(2) Zielsetzung

Die §§ 305 ff. BGB sollen die Vertragspartner des Verwenders von AGB schützen. Man geht davon aus, dass der Verwender eine gewisse Marktmacht hat, die kontrolliert werden muss (Stichwort: Verbraucherschutz). Der Gedanke des Verbraucherschutzes wurde durch die Einführung des § 310 Abs. 3 BGB noch erheblich verstärkt *[dazu unten 1.4]*. Man geht weiterhin davon aus, dass der Verwender seine AGB mit juristischer Beratung in seinem Interesse vorformuliert hat und damit einen erheblichen Verhandlungsvorsprung hat. Das Gesetz will den Missbrauch dieser Stellung des Verwenders verhindern, insbesondere durch die Inhaltskontrolle *[Kapitel 1.4]*: Nur solche Abweichungen vom BGB sind zulässig, die den anderen Vertragspartner nicht *unangemessen* benachteiligen.

Die §§ 305 ff. BGB greifen auch dann korrigierend ein, wenn sich der andere Vertragspartner mit der Geltung der AGB des Verwenders einverstanden erklärt hat, z. B. sie unterzeichnet hat. Anders ist es, wenn die Vertragspartner über die AGB so viel verhandelt haben, dass sie zu Individualvereinbarungen geworden sind *[Kapitel 1.2 (2)]*.

Die §§ 305 ff. BGB greifen – wenn auch mit weniger weitgehender Inhaltskontrolle – auch ein, wenn ein Unternehmer *[IT-Vertragsrecht, Kapitel 1.1.1 (2)]* seine AGB gegenüber einem anderen Unternehmer oder einem öffentlichen Auftraggeber verwendet *[siehe Kapitel 1.4 (1)]*. Dabei spielen die Größe und die Marktstellung des anderen Vertragspartners keine Rolle.

Konsequenz ist, dass der Verwender die gesetzlichen Regelungen, insbesondere die von Treu und Glauben, bei der Formulierung seiner AGB einigermaßen beachten muss. Dies empfiehlt sich für die Lieferantenseite häufig ohnehin, um mit den eigenen AGB vor Auftraggebern bestehen zu können.

(3) Beweislast

Wer sich auf den Schutz der §§ 305 ff. BGB beruft, muss beweisen, dass es sich bei der von ihm angegriffenen Klausel um eine Allgemeine Geschäftsbedingung handelt. Der Beweis ist schwer zu führen, wenn AGB in den individuellen Vertragstext eingebettet werden *[Kapitel 1.2 (1)]*. Ist der Beweis erbracht, muss der Verwender den Entlastungsbeweis führen, und zwar, dass die Klausel verhandelt worden ist und damit ihren Charakter als AGB-Klausel verloren hat. Daran sind nach der Rechtsprechung strenge Anforderungen zu stellen. Besondere Fragen der Beweislast *[zum Begriff vgl. IT-Vertragsrecht, Kapitel 1.2]* werden bei den jeweiligen Paragraphen behandelt.

1.2 Wann liegen AGB vor?

(1) Der Begriff der Allgemeinen Geschäftsbedingungen

Wesentliches Merkmal für AGB ist, dass ein Vertragspartner einseitig vorformulierte Bedingungen in die Vertragsverhandlungen einführt. Auf Kürze oder Länge, auf Schriftart und Form kommt es nicht an, ebenso wenig auf die Bezeichnung. Entscheidend ist allein, ob die Bedingungen für den mehrfachen Gebrauch vorformuliert sind. Vorformuliert sind Bedingungen, wenn die Vertragspartner sie nicht für den konkreten Vertragsabschluss (gemeinsam) entwerfen und aushandeln, sondern wenn sie ein Vertragspartner bereits vor Vertragsabschluss als Grundlage für gleichartige Rechtsverhältnisse mit verschiedenen Vertragspartnern aufgestellt hat.

§ 310 Abs. 3 BGB regelt zugunsten eines Verbrauchers (oder Freiberuflers und gewerblich tätigen Nicht-Unternehmern, soweit diese für private Zwecke handeln), dass es nicht darauf ankommt, ob die AGB für eine Vielzahl von Verträgen vorformuliert worden sind, die einmalige Verwendung vorformulierter Bedingungen genügt. Dadurch soll der Verbraucher davor geschützt werden, dass der Verwender fremde vorformulierte Vertragsbedingungen zum Vertragsbestandteil macht. Dieser Schutz umfasst auch überraschende Klauseln im Sinne des § 305c Abs. 1 BGB *[vgl. Kapitel 1.5 (1)]*, die Unklarheitenregel des § 305c Abs. 2 BGB *[vgl. Kapitel 1.5 (3)]*, die Rechtsfolgen bei Nichteinbeziehung und Unwirksamkeit gemäß § 306 BGB *[vgl. Kapitel 1.5 (4)]*, sowie die Inhaltskontrolle nach den §§ 307-309 BGB und deren Schranken gemäß § 307 Abs. 3 BGB *[siehe dazu Kapitel 1.4 (1)]*. Weitere Voraussetzung ist, dass der Verbraucher aufgrund der Vorformulierung auf ihren Inhalt keinen Einfluss nehmen konnte – das dürfte nahezu immer der Fall sein.

Gedruckte, maschinengeschriebene, fotokopierte sowie auf andere Weise vervielfältigte Dokumente legen auf Grund der Art ihrer Fixierung den Schluss nahe, dass sie vorformuliert worden sind. Schriftform ist aber keine Voraussetzung für das Merkmal der Vorformulierung in § 305 Abs. 1 BGB. Deshalb können Vertragsbedingungen selbst dann vorformuliert und damit AGB sein, wenn sie (zunächst nur) im Gedächtnis des Verwenders gespeichert und dann in die abzuschließenden Verträge einbezogen werden (!).

Beispiel: Vertreter des Lieferanten lernen eine bestimmte Formulierung auswendig und nehmen diese bei allen künftigen Vertragsabschlüssen in den schriftlichen Vertragstext auf.

Problematisch ist die Einordnung, wenn viele Klauseln in einem Textsystem zu dem Zweck vorgehalten werden, im Einzelfall eine passende Auswahl zusammenzustellen. Textbausteine sind notwendigerweise vorformuliert. Sie sind zwar für jeden Einzelfall insoweit offen, wie eine individuelle Vereinbarung mit dem jeweiligen Vertragspartner getroffen wird, das nimmt ihnen jedoch nicht den Charakter Allgemeiner Geschäftsbedingungen, wenn über ihren Inhalt nicht verhandelt wird. Dann liegen ebenso AGB vor, wie das bei Musterverträgen (die nach Bedarf ausgedruckt werden können) der Fall ist, wenn diese ausformuliert sind, und also nicht den Charakter von Arbeitshilfen mit wahlweisen Ergänzungsvorschlägen und Ähnlichem haben.

Die §§ 305 ff. BGB greifen auch ein, wenn es nur um eine einzelne Klausel geht. Selbst wenn diese in verschiedenen Verträgen mit anderen (möglicherweise individuell ausgehandelten) Klauseln in unterschiedlicher Kombination, aber inhaltsgleich, verwendet wird, greifen die Paragraphen im Hinblick auf die einzelne Klausel ein.

Es spielt keine Rolle, wer die AGB vorformuliert hat (der Verwender oder ein Dritter). Es kommt nur darauf an, dass die AGB in den konkreten Vertrag einbezogen werden. AGB sind also auch die in Kapitel 5 erläuterten so genannten Ergänzenden Vertragsbedingungen der öffentlichen Hand für IT-Beschaffungen (EVB-IT).

Im Folgenden wird der leichteren Lesbarkeit wegen im Ansatz davon ausgegangen, dass der Lieferant der Verwender von AGB ist.

AGB liegen nur vor, wenn sie für eine Vielzahl von Verträgen vorformuliert worden sind. Die Absicht, sie für eine Vielzahl von Verträgen verwenden zu wollen, wird vermutet, wenn inhaltlich übereinstimmende Vertragsbedingungen einer Mehrzahl von Rechtsgeschäften zugrunde gelegt worden sind. – AGB liegen auch vor, wenn Vertragsbedingungen (nur) für eine *bestimmte* Vielzahl von Verträgen vorformuliert worden sind. Drei bis fünf Fälle reichen dafür in der Regel aus.

Das Merkmal des Stellens in § 305 Abs. 1 BGB ist nicht wörtlich zu nehmen. Es reicht aus, dass der Lieferant in einem konkreten Angebot erklärt, dass die Vertragsbedingungen in den Vertrag einbezogen werden sollen. Ist der Kunde damit einverstanden, werden die Vertragsbedingungen Vertragsbestandteil. Gegenüber einem Verbraucher gelten AGB vom Verwender (Unternehmer) gemäß § 310 Abs. 3 Nr. 1 BGB als gestellt, es sei denn, dass sie durch den Verbraucher in den Vertrag eingeführt wurden. Wichtig ist das für die Fälle, in denen Vertragsbedingungen von einer neutralen Person vorformuliert worden sind, z. B. einem neutralen Rechtsanwalt oder Notar. Dann sollen die §§ 305 ff. BGB grundsätzlich eingreifen. Das ist eine Beweiserleichterung für den Verbraucher.

Wer sich darauf beruft, dass AGB vorliegen, muss das beweisen. Regelmäßig reicht dafür der Hinweis auf die äußere Form *[siehe Kapitel 1.1 (3)]*. Sind einzelne Klauseln jedoch in ein individuelles Vertragswerk eingebettet, muss der Kunde nachweisen, dass der Lieferant die Klausel mit dem gleichen Inhalt auch in anderen Verträgen verwendet.

(2) Umwandlung von AGB in Individualvereinbarungen durch Verhandlungen

Den Gegensatz zu AGB bilden so genannte Individualvereinbarungen, die zwischen den Vertragspartnern im Einzelnen ausgehandelt worden sind. Diese unterliegen nicht der Inhaltskontrolle. Wer sich darauf beruft, dass eine ursprünglich als AGB gestellte Klausel ausgehandelt worden ist, muss das beweisen, in der Regel also der Verwender der AGB, der der Unwirksamkeit einer seiner Klauseln wegen grober Unangemessenheit entgehen will.

Beispiel: Ein Softwarehaus bietet zu seinen AGB an. Diese werden z. T. besprochen. Der (große) Auftraggeber übernimmt das Angebot komplett auf eigenes Papier (wie es dem Stil des Hauses entspricht) und gibt dem Softwarehaus das Dokument (als Vertragsantrag oder als Aufforderung zur Angebotsabgabe). Der Auftraggeber macht damit alle Regelungen zu Individualvereinbarungen.

Aushandeln im Sinne des § 305 Abs. 1 Satz 3 BGB ist mehr als (bloßes) Verhandeln („im Einzelnen ausgehandelt“) und erst recht Besprechen. Der Kunde muss tatsächlich die Möglichkeit haben, auf den Inhalt der Klausel Einfluss zu nehmen. Ob die Klausel tatsächlich verändert wird, spielt keine Rolle. Liegt Aushandeln vor, wird eine Klausel, die nach den §§ 305 ff. BGB an sich unwirksam ist (und damit nicht Vertragsbestandteil wird), als Individualvereinbarung (wirksamer) Vertragsbestandteil. Wie schon gesagt muss der Verwender beweisen, dass ein „Aushandeln“ erfolgt ist.

Ein Aushandeln liegt nicht vor, wenn die Klausel dem Kunden bekannt war und er (nur) keine Bedenken gegen sie erhoben hat.

Der Kunde hat nur dann tatsächlich die Möglichkeit, Einfluss auf den Inhalt einer Klausel zu nehmen, wenn der Verwender den von der gesetzlichen Regelung abweichenden Inhalt der Klausel ernsthaft zur Disposition stellt. Wenn der Kunde eine bestimmte Klausel angesprochen hat, der Verwender aber nicht bereit ist, auf diese Klausel zu verzichten und das dem Kunden sofort unmissverständlich erklärt („diese Klausel ist nicht verhandelbar“), kann die Klausel eine AGB-Klausel bleiben, weil dann kein (echtes) Verhandeln vorliegt. Das Gleiche gilt, wenn der Verwender seinem Vertragspartner zwar verschiedene Vertragsbedingungen vorschlägt, aber nicht bereit ist, deren jeweiligen Inhalt zu verändern. Schließlich kann von einem Aushandeln nicht die Rede sein, wenn der Verwender seinem Vertragspartner vor Vertragsabschluss freistellt, entweder die AGB zu akzeptieren oder den Vertrag nach den gesetzlichen Regelungen abzuwickeln. In diesem Falle ist über den Inhalt der AGB nicht einmal verhandelt worden, d. h. diese sind erst recht nicht ausgehandelt worden.

Die Bereitschaft des Lieferanten, seine AGB abzuändern, muss grundsätzlich bei jedem Vertragsabschluss neu, eindeutig und unmissverständlich zum Ausdruck kommen. Wird ein vorformulierter Text tatsächlich geändert, ist das ein Indiz dafür, dass der veränderte Text von den Vertragspartnern als Individualvereinbarung ausgehandelt worden ist. Ist insgesamt nur wenig geändert worden, muss im Einzelfall geprüft werden, ob die AGB damit insgesamt als ausgehandelt anzusehen sind.

Aushandeln liegt in folgendem Fall vor: Die Vertragspartner diskutieren ernsthaft über eine Klausel. Der Lieferant besteht zwar auf seiner Klausel, kommt dem Kunden jedoch entgegen, indem er ihm bei der vertraglich vereinbarten Vergütung einen Nachlass gewährt.

1.3 Wie werden AGB Vertragsbestandteil?

(1) Einbeziehung der AGB (§ 305 Abs. 2 und 3 BGB)

Sollen AGB des Verwenders Vertragsbestandteil werden, muss ihre Geltung gemäß § 305 Abs. 2 BGB im Vertrag vereinbart werden.

Beispiel: Ein Hinweis auf die Geltung von AGB erst auf einer Rechnung reicht nicht aus, weil der Vertrag bereits ohne Einbeziehung der AGB geschlossen worden ist.

§ 305 Abs. 2 BGB fordert darüber hinaus, dass – bezogen auf IT-Geschäfte – der Verwender ausdrücklich auf seine AGB hinweist und seinem Vertragspartner die Möglichkeit verschafft, in zumutbarer Weise von den AGB Kenntnis zu nehmen. Dieses Erfordernis gilt entgegen dem Wortlaut des § 310 Abs. 1 BGB auch gegenüber Unternehmern (= gewerblich oder selbständig beruflich Tätigen) und öffentlichen Auftraggebern: Bei diesen genügt die Bereitstellung der AGB im Internet und der Hinweis darauf im Angebotstext, wenn die AGB im PDF- oder HTML-Format bereitgestellt werden, so dass der Kunde sie sich ausdrucken kann. – Ob der Vertragspartner die AGB liest, ist seine Sache und ist für die Frage der Einbeziehung rechtlich unerheblich.

Die Vertragspartner können für eine bestimmte Art von Rechtsgeschäften die Geltung von AGB auch im Voraus vereinbaren (§ 305 Abs. 3 BGB). Das ist eine so genannte Rahmenvereinbarung. Diese ist nur wirksam, wenn sie zwischen den Vertragspartnern individuell vereinbart wird. Eine AGB-Klausel reicht dafür nicht aus („AGB gelten für künftige Geschäfte zwischen den Vertragspartnern“). Einer individuellen Vereinbarung setzt das Gesetz Grenzen: Eine Vereinbarung ist unwirksam, wenn sie sich auf *sämtliche* künftigen Rechtsgeschäfte zwischen Kunde und Lieferant bezieht, da die Vereinbarung nach dem Gesetz nur für eine „bestimmte Art von Rechtsgeschäften“ getroffen werden kann. Der Gesetzestext schließt aber nicht aus, dass die Vertragspartner in ihrer Vereinbarung mehrere bestimmte Arten von Rechtsgeschäften bezeichnen. Eine solche (individuell vereinbarte) Rahmenvereinbarung ist wirksam.

(2) Schutzhüllenverträge

Bei Schutzhüllenverträgen werden der Packung von PC-Programmen Vertragsbedingungen des Softwareanbieters beigefügt. Wenn der Kunde die Schutzhülle öffnet, nehme er damit nach Auffassung des Softwareanbieters die Vertragsbedingungen an. Manche Softwareanbieter verlangen, dass der Kunde sein Einverständnis mit der Geltung der Vertragsbedingungen durch das Einsenden einer unterschriebenen Registrierungskarte erklärt (dann gelten Besonderheiten). – Eine Variante des Schutzhüllenvertrags ist es, wenn die Programme selbst den Kunden bei der Installation darauf hinweisen, dass die weitere Benutzung (z. B. durch Drücken der nächsten Befehlstaste) die Anerkennung der beigefügten Vertragsbedingungen beinhalte. Rechtlich macht das gegenüber dem Ausgangsfall keinen Unterschied.

Ob die bei der Lieferung (nur) beigefügten Vertragsbedingungen verbindlich werden, richtet sich im unternehmerischen Verkehr nach den allgemeinen Vorschriften des BGB über den Vertragsabschluss, im nicht-unternehmerischen Verkehr ist zusätzlich § 305 BGB zu berücksichtigen. Dabei ist danach zu unterscheiden, ob der Schutzhüllenvertrag den Lieferanten oder den Softwareanbieter als Vertragspartner ausweist.

Weisen die Vertragsbedingungen den Softwareanbieter als Vertragspartner aus, gilt: Der Kunde möchte das bereits mit der Übergabe der Programme erworbene Benutzungsrecht nicht durch ein anderes, in der Regel eingeschränktes Benutzungsrecht ersetzen. Eine irgendwie übliche Verkehrssitte, dass der Kunde durch Öffnen der Verpackung eine Willenserklärung abgibt, besteht nicht *[vgl. IT-Vertragsrecht, Kapitel 8.6.2]*. Wenn der Kunde aber eine beigefügte Registrierungskarte unterschreibt und zurücksendet, ist er mit der Geltung der Vertragsbedingungen einverstanden und bezieht sie damit (im Sinne von § 305 BGB) in seinen Endkundenlizenzvertrag mit dem Softwareanbieter ein, wenn diese einen Passus der Art enthält, dass der Kunde sich mit der Geltung der AGB einverstanden erklärt. Wenn der Händler bei seinem Vertragsabschluss die Einbeziehung der zusätzlichen Bedingungen des Softwareanbieters verlangt, geht das in Ordnung, wenn hinreichend klar ist, welche Vertragsbedingungen für welchen Punkt gelten *[siehe (3)]*.

Weisen die Vertragsbedingungen den Händler als Vertragspartner aus, ist allein maßgeblich, ob die Vertragsbedingungen bei Vertragschluss einbezogen worden sind; gegenüber dem nicht-unternehmerischen Kunden unter Berücksichtigung von § 305 BGB *[siehe (1)]*. Das ist bisher selten der Fall.

(3) Verständlichkeitsgebot/Lesbarkeitsgebot

Trotz aller gesetzlichen Vorschriften über überraschende, verschieden auslegbare und unangemessene Klauseln war bis zum 01.01.02 eine Lücke im Gesetz geblieben, die die Rechtsprechung nicht hingenommen hat. Eine Klausel kann zwar üblich, für einen Juristen eindeutig und noch einigermaßen fair, aber für Nicht-Juristen unverständlich sein. Zur Schließung dieser Lücke hat die Rechtsprechung das Verständlichkeitsgebot (auch Transparenzgebot) entwickelt:

„Nach dem Verständlichkeitsgebot [...] sind Klauseln unwirksam, deren Tragweite nur der Jurist versteht, vorausgesetzt, dass eine klare und unzweideutige Fassung möglich und zumutbar ist."

Im konkreten Fall wurde folgende Klausel als unwirksam verworfen: „Schadensersatzansprüche wegen Verzugs oder Nichterfüllung sind, soweit gesetzlich zulässig, ausgeschlossen."[1]

Die Rechtsprechung hatte dieses Verbot aus § 2 AGB-Gesetz abgeleitet: Bei solchen Klauseln könne der andere Vertragspartner nicht in zumutbarer Weise von deren Inhalt Kenntnis nehmen, so dass sie nicht Vertragsbestandteil werden würden. Mittlerweile findet sich eine gesetzliche Regelung unter dem Verweis auf eine unangemessene Benachteiligung in § 307 Abs. 1 Satz 2 BGB.

AGB werden zwar das „Kleingedruckte" genannt, wenn der Lieferant das aber zu wörtlich nimmt, ist dem Kunden nicht zuzumuten, solche AGB zur Kenntnis zu nehmen. AGB dürfen deshalb gemäß § 305 Abs. 2 Nr. 2 BGB im Hinblick auf die Art und/oder Größe des

---

1 OLG Stuttgart, Urteil vom 19.12.80, NJW 81, 1106 f.

Schriftbilds nicht *nur mit Mühe* zu entziffern sein (so genanntes Lesbarkeitsgebot). Andernfalls werden sie nicht Vertragsbestandteil.

(4) Kollision von AGB beider Vertragspartner

Verweisen beide Vertragspartner auf ihre AGB, kommt der Vertrag erst einmal nicht zustande. Er kommt aber trotz mangelnder Einigung (entgegen § 154 Abs. 1 BGB) zustande, sobald die Vertragspartner den Vertrag definitiv wollen *[vgl. IT-Vertragsrecht, Anhang 2.1 (2)]*. Das demonstrieren sie insbesondere durch vorbehaltlose Vertragserfüllung. Es gilt dann aber grundsätzlich nicht das Prinzip, das für das Zustandekommen eines Individualvertrags gilt, nämlich dass sich das Zustandekommen und damit der Inhalt des Vertrags danach richten, welche beiden Erklärungen sich decken *[vgl. IT-Vertragsrecht, Kapitel 2.1.3 (1)]*. Da die Annahmeerklärung als schlüssiges Handeln aus der Durchführung des Vertrags abgeleitet werden müsste, würden nach diesem Prinzip die AGB desjenigen Vertragspartners gelten, der als Letzter auf seine AGB verwiesen hat – typischerweise in der Weise, dass er der Geltung der AGB des anderen Vertragspartners widerspricht. Das Ergebnis wäre zufällig. Den AGB, die doch nur ergänzend gelten sollen, wäre zuviel Ehre erwiesen. Die Rechtsprechung hat diese so genannte „Pingpongtheorie" (Geltung der AGB des zuletzt sich auf seine AGB berufenden Vertragspartners) schon vor Jahren aufgegeben.

Nach der jetzigen Rechtsprechung gelten dann nur diejenigen Klauseln, die in beiden AGB der Sache nach (was heißt das?) übereinstimmen. Im Übrigen gilt grundsätzlich das BGB. Wichtige Ausnahme: Der eine Vertragspartner weicht in einer seiner Klauseln zugunsten des anderen weniger weit vom BGB ab als der andere, dann bleibt dem anderen diese Wohltat erhalten.

Beispiel: Der Lieferant schließt seine Haftung auf Schadensersatz bei leichter Fahrlässigkeit aus, soweit nicht eine wesentliche Vertragspflicht verletzt wird, der Kunde begrenzt diese auf den Auftragswert. – Dieses Ergebnis ist für den Lieferanten günstig, weil das BGB eine weitgehende Haftung des Lieferanten vorsieht und die Funktion von AGB des Lieferanten gerade darin liegt, diese Haftung einzuschränken, soweit das gesetzlich zulässig ist.

1.4 Inhaltskontrolle von AGB

(1) Inhaltskontrolle im Einzelfall

Die Inhaltskontrolle geht von dem Grundsatz aus (§ 307 BGB), dass keine Klausel in AGB den anderen Vertragspartner unangemessen entgegen Treu und Glauben benachteiligen darf. Ist das der Fall, ist diese Klausel unwirksam *[mit den in Kapitel 1.5 (4) dargelegten Folgen]*.

Beispiel: Die Klausel: „Erhöhen sich die Listenpreise, kann der Lieferant die Preise entsprechend ändern." ist nur wirksam, wenn der Lieferant sich durch eine präzisere Formulierung verpflichtet, auch eine Preissenkung weiterzugeben.

Das ist Klausel für Klausel zu prüfen. Der Maßstab wird in den so genannten Klausel-Katalogen in den §§ 308 und 309 BGB einigermaßen detailliert. Die Rechtsprechung produziert laufend Urteile hierzu. Die Tendenz geht dahin, die Vertragsfreiheit immer weiter einzuschränken, auch im unternehmerischen Verkehr. Der Leser wird manches Ergebnis der Inhaltskontrolle, das in diesem Buch dargestellt wird, nicht oder nur schwer einsichtig finden. Einer der Gründe dafür ist, dass mit einem Urteil ein Einzelfall entschieden wird, direkt wirkt es nur zwischen den am Streit beteiligten Vertragspartnern. Die Urteile enthalten aber plausible Argumente, die sich gut auf ähnliche Fälle übertragen lassen, wodurch das jeweilige Urteil praktisch eine Wirkung auch für Dritte entfaltet.

Vorab ist noch die Frage zu klären, ob eine AGB-Klausel überhaupt der Inhaltskontrolle anhand der §§ 305 ff. BGB unterliegt. Das ist in § 307 Abs. 3 BGB geregelt. Danach gelten die §§ 307 Abs. 1 und 2, 308 und 309 BGB nur für Bestimmungen in Allgemeinen Geschäftsbedingungen, durch die von Rechtsvorschriften abweichende oder diese ergänzende Regelungen vereinbart werden. Das ist dann nicht der Fall, wenn eine Klausel (nur) die gegenseitigen Hauptleistungen festlegt, also entweder nur die Leistung des Lieferanten beschreibt oder die vom Kunden zu entrichtende Vergütung betrifft.

Wenn der Lieferant z. B. in seinen AGB regelt, dass Reisezeiten Arbeitszeiten sind und für die Vergütung auf seine Preisliste verweist *[Kapitel 3.2.2 (2)]*, beschreibt der Lieferant damit an sich nur seine Leistung und trifft dafür eine *Preisabrede*, die wegen § 307 Abs. 3 BGB an sich nicht der Inhaltskontrolle unterliegen dürfte. Nach der Rechtsprechung ist die Klausel aber eine *Preisnebenabrede*, die als solche der Inhaltskontrolle unterliegt. Nach Auffassung des BGH benachteilige die Klausel den Kunden unangemessen und sei deshalb unwirksam.

Wenn der Lieferant den Stundensatz für Reisezeiten in seinem Angebot aufführt, handelt es sich um eine Beschreibung der Leistung. Es kommt also nicht darauf an, ob der Stundensatz so hoch wie für Arbeitszeiten ist. Das Ergebnis befremdet, weil der Lieferant in beiden Varianten letztlich nichts Unterschiedliches macht (und die Klausel bis zum Urteil des BGH auch kaum jemanden gestört hat).

Allerdings unterliegen solche Klauseln zu Leistungen, die die Erreichung des Vertragszwecks vereiteln oder wesentlich gefährden, der Inhaltskontrolle und sind unwirksam *[vgl. § 307 Abs. 2 Nr. 2 BGB]*.

Beispiel: In AGB über die Überlassung von Standardanwendungsprogrammen wird die Lieferung der Benutzerdokumentation ausgeschlossen.

Die Inhaltskontrolle anhand der §§ 307 bis 309 BGB läuft nach folgendem Schema ab: Fällt eine Klausel unter ein Verbot des in § 309 BGB aufgezählten Katalogs, ist sie unwirksam. Fällt eine Klausel (nur) unter ein Verbot des § 308 BGB, können die Gerichte zu dem Ergebnis gelangen, sie sei wirksam. Das liegt daran, dass die Verbote des § 308 BGB unbestimmte (und deshalb interpretationsfähige) Rechtsbegriffe *[IT-Vertragsrecht, Kapitel 1.1.2 (1) und Anhang 1.6]* enthalten. Vereinfacht kann man sagen, dass Klauseln, die unter ein Verbot des § 308 BGB fallen, (nur) wahrscheinlich unwirksam sind.

Gegenüber Unternehmern und öffentlichen Auftraggebern gelten die §§ 308 und 309 BGB gemäß § 310 Abs. 1 BGB nicht unmittelbar, sondern nur über die Generalklausel in § 307 BGB (**Bild 1.2**). Es besteht eine gewisse Vermutung bei Verwendung von in § 308 BGB aufgeführten Klauseln bzw. eine starke Vermutung bei Verwendung von in § 309 BGB aufgeführten Klauseln, dass diese Klauseln auch gegenüber Unternehmern unwirksam sind.

Gemäß § 310 Abs. 3 Nr. 3 BGB sind bei Verbraucherverträgen *[vgl. Kapitel 1.2 (1)]* bei der Beurteilung der unangemessenen Benachteiligung nach § 307 Abs. 1 BGB auch die den Vertragsabschluss begleitenden Umstände zu berücksichtigen. Das dient dem Verbraucherschutz, weil sich die Unangemessenheit einer Klausel auch aus Umständen ergeben kann, die zum Vertragsabschluss geführt haben. Zum anderen kann sich das aber auch zum Nachteil des Verbrauchers auswirken, z. B. wenn die Umstände des Vertragsabschlusses im Einzelfall die Unangemessenheit einer Klausel gerade beseitigen, das Unternehmen aber eine Individualvereinbarung nicht beweisen kann.

Beispiel für die Entkräftung der Vermutung der Unwirksamkeit nicht gegenüber Verbrauchern, wohl aber gegenüber Unternehmern: § 309 Nr. 1 BGB über kurzfristige Preiserhöhungen.

gegenüber Unternehmern und öffentlicher Hand	gegenüber Verbrauchern
	§ 309 BGB: mit Sicherheit Verstoß z. B. Nr. 8: Ausschluss des Rücktrittsrechts bei vom Verwender zu vertretender Pflichtverletzung
§ 310 Abs. 1 BGB: „auch gegenüber Unternehmern, wenn nicht unternehmerische Besonderheiten"	§ 308 BGB: Verstoß liegt nahe z. B. Nr. 7b: unangemessen hoher Ersatz von Aufwendungen bei Rücktritt
§ 307 BGB: wie bei Verbrauchern, Verstoß gegen § 308 BGB legt Verstoß gegen § 307 BGB nahe	§ 307 BGB: Verstoß gegen Treu und Glauben, wenn Klausel unangemessen benachteiligt

Bild 1.2: Inhaltskontrolle

Die Generalklausel des § 307 BGB enthält zahlreiche unbestimmte Rechtsbegriffe („*unangemessen* benachteiligen", „*wesentliche* Rechte oder Pflichten", „*Natur des Vertrages*", „Erreichung des *Vertragszwecks gefährdet*"). Ausschlaggebend für eine Unwirksamkeit nach § 307 BGB ist, ob die AGB den Vertragspartner „entgegen den Geboten von Treu und Glauben unangemessen benachteiligen" (§ 307 Abs. 1 BGB). Für diesen Wertungsmaßstab enthält § 307 Abs. 2 BGB (vage) Konkretisierungen. Nach § 307 Abs. 2 Nr. 1 BGB kommt es darauf an, ob die Klausel mit dem nachgiebigen Gesetzesrecht (noch) zu vereinbaren ist. Das dürfte immer dann zu verneinen sein, wenn die vom Gesetzesrecht getroffene Interessenabwägung einseitig zugunsten des Verwenders der AGB aufgehoben wird. Noch unbestimmter ist die Regelung des § 307 Abs. 2 Nr. 2 BGB. Hier kommt es darauf an, ob die Klausel der „Natur des Vertrages" widerspricht. Im Wesentlichen dürften das die Fälle sein, in denen der Lieferant Pflichten, die eine ordnungsgemäße Durchführung des Vertrags überhaupt erst ermöglichen (so genannte Kardinalpflichten) durch seine AGB abändern will. Das verbieten ihm die §§ 305 ff. BGB.

Grundlage der Inhaltskontrolle ist der objektive Inhalt einer Klausel *[zu objektiver Mehrdeutigkeit siehe Kapitel 1.5 (3)]*. Dieser wird im Rahmen der Inhaltskontrolle einer Interessenabwägung unterworfen: Die Gerichte wägen die Interessen des Verwenders gegenüber denen seines Vertragspartners ab. Da AGB gegenüber verschiedenen Kundenkreisen verwendet

Absender:

Firma

Vorname / Name

Abteilung / Funktion

Straße / Postfach

Land / PLZ / Ort

Telefon

E-Mail

Bitte
freimachen

Antwort

Hüthig GmbH & Co. KG
Anja Freiberger
Postfach 10 28 69

D-69018 Heidelberg

werden, kann die rechtliche Bewertung (Interessenabwägung) zu verschiedenen Ergebnissen führen: Eine Klausel kann in einem Vertrag unter Unternehmern unbedenklich und damit wirksam, in einem Vertrag mit einem Verbraucher hingegen unwirksam sein.

Fragen der Beweislastverteilung treten bei der Inhaltskontrolle kaum auf. Das liegt daran, dass die Vertragspartner nicht über Tatsachen streiten, sondern über rechtliche Wertungen. Die Bewertungen bauen zwar auf den Tatsachen auf, sie sind allerdings dehnbar, während Tatsachen eindeutig sind. Die Unwirksamkeit einer für die Entscheidung im Individualprozess erheblichen AGB-Klausel muss das Gericht von Amts wegen feststellen. Kommt es einmal doch auf die Beweislast an, gelten im Rahmen des § 307 Abs. 1 BGB die allgemeinen Regeln: Wer sich auf die Unwirksamkeit einer Klausel beruft, muss die Gründe für die Unwirksamkeit darlegen und beweisen. Bei § 307 Abs. 2 BGB ist das anders. Dort wird vermutet, dass eine unangemessene Benachteiligung vorliegt. Wer sich darauf beruft, muss deshalb nur die Voraussetzungen der Vermutung beweisen. Der Verwender der Klausel kann die Vermutung entkräften.

(2) Inhaltskontrolle durch das Bundeskartellamt

Eine beschränkte Inhaltskontrolle findet auch durch das Bundeskartellamt statt: Verbände müssen Konditionenempfehlungen – also auch AGB, die sie empfehlen wollen – nach § 22 GWB anmelden. Das Bundeskartellamt prüft, ob die AGB missbräuchlich sind. Es sieht einen kartellrechtlichen Missbrauch von Konditionenempfehlungen in solchen AGB-Klauseln, die gegen die §§ 305 ff. BGB verstoßen.

(3) Kontrollverfahren nach dem Unterlassungsklagengesetz (Verbandsprozess)

Das Unterlassungsklagengesetz (UklaG) enthält Vorschriften über ein besonderes Kontrollverfahren, den so genannten Verbandsprozess (in Abgrenzung zum Individualprozess). Gemäß § 3 UklaG können Verbraucher- und Wirtschaftsverbände Unterlassungsansprüche gegen den Verwender und/oder Empfehler unwirksamer Klauseln geltend machen. Von dem Empfehler kann darüber hinaus Widerruf verlangt werden. Das Unterlassungsklagengesetz ist notwendig, weil die Feststellung im Individualprozess, dass eine Klausel unwirksam ist, nur für den Einzelfall gilt. Der Verwender könnte also seine für unwirksam erklärte Klausel geringfügig abändern (oder sie sogar unverändert weiterverwenden!). Angesichts der Tatsache, dass viele unerfahrene Kunden den Gang zum Gericht scheuen, ist das nicht tragbar. Die Vorschriften über das Kontrollverfahren dienen deshalb dem Zweck, unwirksame Klauseln aus dem Rechtsverkehr zu entfernen. Die Gerichte werden zunehmend mit solchen Kontrollverfahren konfrontiert.

Die Ansprüche nach §§ 1, 2 UklaG stehen den Verbänden im öffentlichen Interesse zu, ihnen muss keine Abmahnung vorausgehen.

Ist eine Klausel objektiv mehrdeutig, gilt der Grundsatz der kundenfeindlichsten Auslegung: Die für die andere Seite ungünstigste Auslegung ist für die Inhaltskontrolle maßgeblich *[siehe auch Kapitel 1.5 (3) zur Unklarheitenregel im Individualprozess]*. Das erklärt sich aus dem Schutzzweck der Vorschrift: Es geht darum, unangemessene Geschäftsbedingungen zu beseitigen. Dieser Schutzzweck führt weit eher zur Unwirksamkeit der Klausel.

Hält ein Gericht eine mit der Verbandsklage angegriffene AGB-Klausel für unwirksam, entscheidet es auf der Grundlage des § 9 UklaG: Dem Verwender wird verboten, die Klausel weiter zu verwenden. Außerdem ergeht an ihn das Gebot, die Verwendung inhaltsgleicher Klauseln zu unterlassen. Wenn der verurteilte Verwender diesem Gebot zuwider handelt, ist die AGB-Klausel als unwirksam anzusehen, soweit sich der betroffene Kunde auf die Wirkung des Unterlassungsurteils beruft (§ 11 UklaG).

1.5 Sonstige Regelungen

(1) Überraschende Klauseln (§ 305c Abs. 1 BGB)

Überraschende Klauseln werden nicht Vertragsbestandteil. An Stelle der Klausel gelten die gesetzlichen Vorschriften (§ 306 Abs. 2 BGB).

Beispiel: Koppelungsgeschäfte dahingehend, dass dem Käufer die Pflicht auferlegt wird, Verbrauchsmaterial und Formulare beim Verkäufer zu beschaffen.

Unter den Voraussetzungen des § 305 Abs. 2 und 3 BGB werden vorformulierte Klauseln Vertragsbestandteil, wenn der Vertragspartner des Verwenders sich mit ihrer Geltung einverstanden erklärt *[Kapitel 1.3 (1)]*. Ob er die AGB gelesen hat, spielt keine Rolle. § 305c Abs. 1 BGB ist deshalb die notwendige Ergänzung zu § 305 Abs. 2 und 3 BGB: Wenn es zur Geltung der AGB (nur) auf die Einverständniserklärung des Kunden ankommt, soll dieser grundsätzlich darauf vertrauen dürfen, dass sich die AGB im Rahmen dessen halten, was bei Würdigung aller Umstände bei Verträgen dieser Art zu erwarten ist. AGB-Klauseln, die dieser Wertung nicht standhalten, sind überraschend und werden nicht Vertragsbestandteil.

„Überraschend" im Sinne von § 305c Abs. 1 BGB ist vom Ansatz her etwas anderes als unangemessen. Überraschend ist eine Klausel, wenn der Kunde mit ihr unter keinen Umständen zu rechnen brauchte, so dass er durch sie überrumpelt wird. Klauseln, die nur unüblich sind, sind deshalb ebenso wenig überraschende wie (nur) inhaltlich unangemessene Klauseln. Allerdings dürfte es in der Praxis so sein, dass überraschende Klauseln oft nach § 307 BGB unwirksam sind.

An sich ist § 305c Abs. 1 BGB gegenüber § 307 BGB logisch vorrangig: Wenn eine Klausel nicht Vertragsbestandteil ist, kommt es nicht mehr darauf an, ob sie (auch) unwirksam ist. Die Gerichte prüfen AGB-Klauseln aber meist im Hinblick auf beide Regelungen (mit Recht, da die Unterscheidung im Einzelfall schwierig ist).

Klauseln sind nicht überraschend, wenn der Kunde sie kennt. Dafür genügt (auch beim unternehmerischen Kunden) nicht, dass er die AGB gelesen hat. Weist der Lieferant auf eine (an sich) überraschende Klausel besonders hin, entfällt das Überraschungsmoment. Das Gleiche gilt für eine ihrem Inhalt nach deutlich verständliche Klausel, wenn sie drucktechnisch so angeordnet oder hervorgehoben ist, dass eine Kenntnisnahme durch den Kunden erwartet werden kann. Insofern liegt eine Ausnahme von dem Grundsatz vor, dass überraschende Klauseln immer nach § 305c Abs. 1 BGB unwirksam sind. Der Kunde muss also damit rechnen, dass solche Klauseln durch Hervorhebung wirksam im Sinne von

§ 305c Abs. 1 BGB werden (das schließt nicht aus, dass sie nach § 307 BGB unwirksam sein können, sie müssen es aber nicht sein). Der Kunde geht also ein Risiko ein, wenn er die AGB nicht wenigstens „überfliegt" (d. h. daraufhin durchgeht, ob einzelne Klauseln hervorgehoben sind).

Wenn der Lieferant behauptet, er habe seinen Vertragspartner auf eine überraschende Klausel besonders hingewiesen, muss er das beweisen.

(2) Vorrang von Individualvereinbarungen (§ 305b BGB)

Was die Vertragspartner individuell vereinbaren, darf durch AGB nicht wieder aus der Welt geschafft werden. Das gilt nicht nur dann, wenn eindeutig von einer Klausel abgewichen wird.

Beispiel: Laut AGB des Verwenders sind Liefertermine unverbindlich; es wird aber ein „fester Liefertermin" vereinbart.

Das gilt auch dann, wenn das Erreichen des Ziels einer Individualvereinbarung durch eine Klausel eingeschränkt werden würde. Insofern ist die Klausel zwar formal Vertragsbestandteil, sie wirkt aber nicht. Es spielt keine Rolle, ob die Individualvereinbarung vor oder nach Vertragsabschluss getroffen wird: Mündliche Vereinbarungen setzen in AGB enthaltene Schriftformklauseln außer Kraft.

Beispiel: Es wird vereinbart: „Garantierter Liefertermin ________". In diesem Fall verliert eine Klausel zur Einschränkung der Haftung auf Schadensersatz ihre Wirkung hinsichtlich Verzug.

Beispiel: Wer Eigenschaften garantiert und damit eine erhöhte Haftung auf sich nimmt, kann diese Haftung bei Fehlen der garantierten Eigenschaften nicht in AGB ausschließen.

Deswegen ist es für den Lieferanten extrem wichtig, starke Worte in Angeboten zu vermeiden *[siehe auch IT-Vertragsrecht, Kapitel 6.(2.4)]*.

Beispiele: Auftragnehmer „garantiert", „sichert zu", „fix", „verspricht"; „bestimmt", „verbindlich", „definitiv"; „bestätigt ausdrücklich"; „gewährleistet", wenn das nicht im Zusammenhang mit der Beschreibung der Leistung des Auftragnehmers steht; „beste/optimal", wenn das nicht auf eine von verschiedenen Varianten des Angebots bezogen wird (z. B. „bestes Preis-/Leistungsverhältnis"). Vorsichtshalber sollte auch „zusagen" vermieden werden. Statt dessen kann formuliert werden: „Der Auftragnehmer verpflichtet sich, ..."; „Der Auftragnehmer wird ..."; „Das Programm kann ..."; „Folgende Eigenschaften des Programms werden vereinbart ...".

Vorsicht ist im Hinblick auf § 434 Abs. 1 Satz 3 BGB auch bei Werbeaussagen des Verkäufers oder Herstellers (!) geboten *[IT-Vertragsrecht, Kapitel 6.3 (1.1)]*, weil diese Vorschrift vorsieht, dass der Käufer solche Eigenschaften der Waren erwarten kann, die der Käufer ausdrücklich beworben hat. Diese Vorschrift ist im Zuge der Schuldrechtsreform eingefügt worden. Sie soll übertriebene Werbeaussagen verhindern.

Wenn der Kunde durch ein kaufmännisches Bestätigungsschreiben *[IT-Vertragsrecht, Kapitel 2.2]* einen mündlich geschlossenen Vertrag zusammenfasst, bestätigt er eine (bereits getroffene) Individualvereinbarung. In AGB des Lieferanten enthaltene Schriftformklauseln (zur Wirksamkeit des Vertragsabschlusses) treten dahinter zurück.

Wer sich auf eine Individualvereinbarung beruft, muss sie darlegen und notfalls beweisen. Dieser Beweis ist oft schwer zu führen. Es empfiehlt sich deshalb, Individualvereinbarungen schriftlich festzuhalten.

(3) Unklarheitenregel (§ 305c Abs. 2 BGB)

Unklarheiten gehen zu Lasten des Verwenders. Der Vertragspartner (Unternehmer, erst recht der Verbraucher) soll die AGB im normalen Geschäftsbetrieb eindeutig verstehen können.

Der Inhalt von AGB-Klauseln wird durch objektive Auslegung *[siehe Kapitel 1.4 (1)]* ermittelt. Ist die Klausel objektiv mehrdeutig, gilt der Grundsatz der kundenfreundlichsten Auslegung. Der andere Vertragspartner kann sich auf die für ihn günstigste Auslegung berufen. Ist die Klausel aber bei einer für ihn ungünstigen Auslegung unwirksam, kann er sich alternativ auf diese andere berufen *[wie beim Verbandsprozess, siehe Kapitel 1.4 (3)]*:

Beispiele: Siehe Kapitel 2.3.5 (2) und 3.1.1 (8).

In einem anderen Sinne kann unklar sein, ob eine Klausel auch für Sonderfälle gilt, die sie ihrem Wortlaut nach umfasst (wobei es keine Rolle spielt, ob der Verwender das bedacht hat). Derartige Fälle fallen nicht in den Anwendungsbereich der Klausel, wenn sie so fern liegen, dass ein vernünftiger Mensch annehmen würde, die Klausel solle auf diesen Fall keine Anwendung finden *[siehe (5)]*.

(4) Rechtsfolgen bei Nichteinbeziehung und Unwirksamkeit (§ 306 BGB)

Ist eine Klausel nicht Vertragsbestandteil geworden oder ist sie unwirksam, bleibt der Vertrag dennoch im Übrigen grundsätzlich wirksam. Die unwirksame Klausel wird durch das Bürgerliche Recht ersetzt, dies muss nicht mehr ausdrücklich in AGB geregelt werden. Wenn viele Anbieter das dennoch tun, so erfolgt das entweder aus Tradition oder dient der Vorbereitung einer so genannten salvatorischen Klausel („Die Vertragspartner verpflichten sich, die unwirksamen Vorschriften durch wirtschaftlich gleichwertige zu ersetzen.") *[vgl. Kapitel 2.4.4 (2)]*. Das bedeutet überspitzt, dass der Verwender seine AGB wie folgt formulieren könnte: „Der andere Vertragspartner hat überhaupt keine Rechte." Dann wäre bei jedem Problem zu suchen, welche Benachteiligung des anderen in AGB gerade noch zulässig wäre. Das macht verständlich, dass die Rechtsprechung diese Klausel wegen groben Verstoßes gegen Treu und Glauben als unwirksam einstuft.

Eine andere Frage ist, ob die Ergänzung nicht in speziellen Fällen im Wege der ergänzenden Vertragsauslegung abweichend vom nachgiebigen Recht erfolgen muss *[IT-Vertragsrecht, Kapitel 1.3 (2)]*.

Die Reduzierung einer unwirksamen Klausel auf einen wirksamen Inhalt ist grundsätzlich ausgeschlossen, und zwar auch im unternehmerischen Verkehr[2] *[etwas anderes ist es, dass eine wirksame Klausel für den Kunden in nicht bedachten Einzelfällen unangemessen sein kann, dazu (5)]*.

---

2 BGH, Urteil vom 19.9.83: Diese Auffassung „entspricht dem Wortlaut [..., des Gesetzes], das auf einen angemessenen Inhalt der in der Praxis verwendeten Allgemeinen Geschäftsbedingungen hinwirken will. Die gegenteilige Ansicht erlaubt nicht nur die weithin risikolose Verwendung unangemessener Geschäftsbedingungen in der Erwartung, dass das Gericht sie auf das zulässige Maß einschränken werde, sondern mutete auch dem Richter die Aufgabe zu, eine für den Verwender günstige, andererseits gerade noch rechtlich zulässige Fassung der Geschäftsbedingungen zu finden."

AGB-Klauseln können teilunwirksam sein, wenn eine Klausel unwirksame und wirksame Regelungen enthält, die Klausel also nur in einzelnen Regelungsteilen unwirksam ist. Sind die wirksamen Regelungen aus sich heraus verständlich, bleiben sie (isoliert) wirksam. Das setzt voraus, dass sie sprachlich und inhaltlich von den übrigen Bestimmungen der Klausel abgetrennt werden können.

(5) Behandlung von Sonderfällen

Eine wirksame Klausel kann für den Kunden in Einzelfällen (die vom Lieferanten meist nicht bedacht worden sind) grob unangemessen sein.

Solche Fälle müssen in der Klausel nicht ausdrücklich als Ausnahmen von ihrem Anwendungsbereich erwähnt werden *[vgl. Kapitel 3.1.5 (4)]*. Würde man das fordern, würden AGB (noch) unübersichtlicher und komplizierter werden. Außerdem reichen die vorhandenen gesetzlichen Vorschriften aus: Entweder man kommt bereits auf der der Inhaltskontrolle vorgelagerten Stufe der objektiven Auslegung zu dem Ergebnis, dass diese Fälle von der Klausel gar nicht erfasst sind. Oder man entscheidet auf der nachgelagerten Stufe der Inhaltskontrolle, dass der Verwender sich dann nicht auf seine Klausel berufen kann, weil die Klausel in diesem Fall dem Gebot von Treu und Glauben widerspricht („§ 242 BGB hinter § 307 BGB"). Die Klausel wird also nicht auf einen wirksamen Inhalt reduziert *[was unzulässig wäre, siehe (4)]*, sondern sie erfasst diese Fälle (von vornherein) nicht *[ähnliches Vorgehen wie bei der Unklarheitenregel des § 305c Abs. 2 BGB, die aber nur bei objektiv mehrdeutigen Klauseln anwendbar ist, siehe (3)]*. Vereinfacht ausgedrückt: Sonderfälle sind von der Klausel nicht gemeint und also nicht erfasst.

2 Allgemeine AGB-Klauseln der Lieferanten

Inhaltsübersicht

Dieses Kapitel behandelt AGB-Klauseln allgemeinen Inhalts, die häufig in AGB aufgenommen werden, insbesondere in Kaufverträge über Standardeinheiten. Es geht um Klauseln, die den Rahmen für das Zustandekommen und die Durchführung eines Vertrags setzen und damit von wesentlicher Bedeutung sind, z. B. Lieferbedingungen. Klauseln, die einen IT-spezifischen Bezug haben, wie z. B. zu Nutzungsrechten an Software, werden in Kapitel 3 behandelt.

Wenn nicht ausdrücklich danach unterschieden wird, ob eine Klausel im unternehmerischen (d. h., mindestens der Kunde ist Unternehmer) oder nicht-unternehmerischen Geschäftsverkehr verwendet wird, gelten die Aussagen zur Wirksamkeit bzw. Unwirksamkeit einer Klausel für beide Bereiche.

Unabhängig davon, ob es bei den Klauseln um die Lieferung von IT-Anlagen und Anwendungssoftware oder nur um die Lieferung von IT-Anlagen geht, wird im Folgenden einheitlich der Begriff IT-Anlage verwendet.

Von den hier dargestellten Formulierungen weichen Formulierungen von Klauseln in der Praxis häufig ab. Auch wenn solche Abweichungen auf den ersten Blick geringfügig erscheinen mögen, können sie von entscheidender Bedeutung sein. Deswegen gilt hier wie auch sonst *[vgl. Kapitel 4.3.2 (3a) zur Umkehr der Beweislast]* die Empfehlung, im Zweifel anwaltlichen Rat einzuholen, denn der Teufel steckt im Detail.

2.1 Klauseln zum Vertragsabschluss und Vertragsinhalt

2.1.1 Zustandekommen des Vertrags

(1) Freibleibend-Klausel

„Angebote des Lieferanten sind freibleibend."

Ein Vertrag kommt durch zwei übereinstimmende Willenserklärungen zustande. Das Gesetz nennt diese Antrag und Annahme. Im unternehmerischen Verkehr versteht man unter dem Begriff Angebot die Erklärung des Lieferanten, etwas gegen Geld liefern zu wollen *[IT-Vertragsrecht, Kapitel 2.1.1]*. Das ist an sich ein Vertragsantrag, der nach der gesetzlichen Regelung verbindlich ist, wenn der Antragende nicht die Gebundenheit an seinen Antrag ausschließt (§ 145 BGB). Einen solchen Ausschluss bezweckt der Lieferant mit seiner Klausel.

Das benachteiligt den Kunden nicht unangemessen: Der Lieferant kann die „Annahmeerklärung" des Kunden (die wegen der Klausel rechtlich gesehen ein Antrag ist) zwar ohne weiteres ablehnen, er muss aber auf ihm zugehende Anträge antworten – schweigt er, gilt das als Annahme *[IT-Vertragsrecht, Kapitel 2.1.5, siehe aber hier Kapitel 2.1.3 (1), falls die dort behandelte Klausel hinzukommt]*. Es wird also bald Klarheit geschaffen.

(2) Verbindlichkeit des Vertragsantrags des Kunden

„Der Kunde ist an seinen Vertragsantrag vier Wochen gebunden."

Mit dieser Klausel will der Lieferant die Frist für seine Annahmeerklärung verlängern, wenn der Kunde den Vertragsantrag auf ein freibleibendes Angebot des Lieferanten hin *[dazu (1)]* gemacht hat. Nach dem Gesetz muss der Lieferant dem Kunden unverzüglich mitteilen, ob er den Vertragsabschluss herbeiführen will (§ 147 BGB). Nach der Klausel kann sich der Kunde innerhalb der Frist von vier Wochen nicht sicher sein, ob seine Bestellung angenommen wird, sich andererseits aber auch nicht anderweitig eindecken. Das benachteiligt ihn.

Die Klausel ist an § 308 Nr. 1 BGB zu messen. Danach ist sie nur unwirksam, wenn die Frist für die Annahme des Angebots unangemessen lange ist. Das bemisst sich nach dem Inhalt und der wirtschaftlichen Bedeutung des Vertrags unter Berücksichtigung der beiderseitigen Interessen und der Verkehrsanschauung. Bei PC-Geschäften dürfte die Frist höchstens 14 Tage betragen, bei größeren Auftragsvolumina ist eine Frist von vier Wochen nicht zu beanstanden.

2.1.2 Geltung von AGB

(1) Einbeziehung von AGB in den Vertrag

„Mit Auftragserteilung, spätestens jedoch mit Annahme der ersten Lieferung erkennt der Kunde die nachfolgenden Bedingungen an."

AGB werden gemäß § 305 Abs. 2 BGB nur Vertragsbestandteil, wenn das von den Vertragspartnern vereinbart worden ist *[Kapitel 1.3 (1)]*. Also muss der Lieferant dafür sorgen, dass die Geltung seiner AGB im Vertrag vereinbart wird. – Legt er seine AGB dem Kunden nur als Teil seines Angebots vor, ohne sie im Angebotsschreiben zum Vertragsbestandteil zu erklären, geht er davon aus, dass sie gemäß obenstehender Klausel doch Vertragsbestandteil werden, da der Kunde sie kennt. Dies reicht jedoch für ihre Einbeziehung nicht aus.

Der Lieferant kann auch das Ziel verfolgen wollen, sich mit dieser Klausel die Einverständniserklärung des Kunden zu besorgen, dass er die AGB des Lieferanten inhaltlich akzeptiert. Unwirksame Klauseln werden aber durch das „Einverständnis" nicht wirksam.

Beispiel: Die AGB seien unstrittig in den Vertrag einbezogen worden. Der Lieferant möchte aber erreichen, dass der Kunde darüber hinaus bestätigt, dass er die Regelungen inhaltlich akzeptiert (selbst wenn sie unwirksam wären).

Mit der zweiten Alternative in der Klausel will der Lieferant die Einbeziehung der AGB in den Vertrag zu einem späteren Zeitpunkt bewirken: Sie sollen auch dann gelten, wenn der Kunde die erste Lieferung annimmt. Das reicht für die Einbeziehung nicht aus: Der Lieferant muss den Kunden bei Vertragsabschluss auf die AGB hinweisen *[Kapitel 1.3 (1)]*. Da der Vertrag bereits vor der ersten Lieferung geschlossen worden ist und AGB nur unter besonderen Umständen (nicht durch eine in ihnen enthaltene Klausel!) nachträglich Vertragsbestandteil werden können, ist die Klausel unwirksam *[vgl. Kapitel 1.3 (2) zur ähnlichen Problematik bei Schutzhüllenverträgen]*.

Beispiel: Die AGB des Lieferanten liegen erst dem gelieferten Rechner bei.

(2) Einbeziehung von AGB in die Geschäftsverbindung; Rahmenvereinbarung

„Sofern nicht ausdrücklich etwas anderes vereinbart ist, liegen allen Vertragsabschlüssen mit dem Lieferanten die nachfolgenden Bedingungen zugrunde."

Mit dieser Klausel will der Lieferant die Geltung seiner AGB auf die gesamte Dauer der Geschäftsverbindung erstrecken. Häufig ist das auch direkt so formuliert:

„Diese Bedingungen gelten für die gesamte Dauer der Geschäftsverbindung."

Das sind so genannte Rahmenvereinbarungen. Eine Rahmenvereinbarung ist nach § 305 Abs. 3 BGB wirksam, wenn sie individuell vereinbart worden ist *[Kapitel 1.3 (1)]*. Dafür genügt es nicht, wenn sie in AGB eingebettet ist. Im Gegenteil: Der Kunde darf darauf vertrauen, dass der Lieferant ihm die Geltung der AGB für zukünftige Geschäfte nicht einseitig aufdrängt, denn AGB müssen grundsätzlich für jeden Vertrag neu vereinbart werden. Das will der Lieferant mit seiner Klausel verhindern.

Die Klausel ist entweder (auf Grund des Überrumpelungseffekts) überraschend im Sinne von § 305c Abs. 1 BGB *[Kapitel 1.5 (1)]* und/oder verstößt gegen § 307 Abs. 1 und 2 BGB, da sie den Kunden (auch) unangemessen benachteiligt.

(3) Änderung von AGB

„Im Falle von Änderungen der Allgemeinen Geschäftsbedingungen des Lieferanten wird der Lieferant weitere Aufträge des Kunden nur noch nach den geänderten Bedingungen annehmen."

Wenn der Kunde mit dem Lieferanten eine wirksame Rahmenvereinbarung *[siehe (2)]* getroffen hat, nach der einmal vereinbarte AGB immer Vertragsbestandteil zukünftiger Verträge mit dem Lieferanten werden sollen, geht das als Individualvereinbarung gemäß § 305b BGB dieser Klausel vor *[Kapitel 1.5 (2)]*. Ist keine Rahmenvereinbarung getroffen, ist gegen die Klausel nichts einzuwenden. Sie ist wirksam, allerdings enthält sie nicht mehr als eine Ankündigung.

(4) Widersprechende AGB des Lieferanten und des Kunden

„Entgegenstehende AGB des Kunden gelten nicht."

Diese Klausel ändert nichts daran, dass weder die AGB der Lieferantenseite (Verkaufs- oder Lieferbedingungen) noch die der Kundenseite (Einkaufsbedingungen) in den Vertrag einbezogen werden, soweit sie nicht übereinstimmen *[was dann gilt, ist in Kapitel 1.3 (4) dargestellt]*.

2.1.3 Schriftformerfordernis und Vollmacht

(1) Vertragsabschluss mit schriftlicher Bestätigung des Lieferanten

„Ein Vertrag kommt erst durch schriftliche Bestätigung des Lieferanten zustande."

Diese Klausel soll den Lieferanten davor schützen, dass ein Vertrag zustande kommt, wenn er einem Antrag des Kunden nicht widerspricht *[vgl. Kapitel 2.1.1 (1)]*. (Sie nutzt nichts mehr, wenn der Kunde bereits einen verbindlichen Antrag des Lieferanten angenommen hat.)

Die Klausel dürfte wirksam sein. Sie geht allerdings ins Leere, wenn der Lieferant sich auf seine Klausel beruft, nachdem er den Auftrag mündlich bestätigt hat. Denn dann geht die mündliche Bestätigung als Individualvereinbarung gemäß § 305b BGB der Klausel vor *[Kapitel 1.5 (2)]*.

(2) Weitere Vereinbarungen vor Vertragsabschluss; Geschäftsleitungsvorbehalt (Vollmacht)

(a) „Nebenabreden, Zusicherungen und sonstige Vereinbarungen, die vor oder bei Erteilung eines schriftlichen Auftrags getroffen werden, bedürfen zu ihrer Wirksamkeit der Schriftform."

Mit dieser Klausel will der Lieferant Unklarheiten über Vertragsinhalte verhindern. Weitere Vereinbarungen *vor Vertragsabschluss* sollen entgegen der gesetzlichen Regelung (§§ 145 ff. BGB) nur bei Einhaltung der Schriftform wirksam sein. Das soll späterem Streit vorbeugen: Die Vertragspartner sollen sich über den Inhalt der vertraglichen Abrede vor Vertragsabschluss Klarheit verschaffen und ihre Vereinbarung insgesamt schriftlich festhalten.

Die Unwirksamkeit mündlicher Vereinbarungen benachteiligt zwar typischerweise den Kunden, der im Streitfall beweisen muss, dass eine Nebenabrede und/oder Zusicherung als Individualvereinbarung vorliegt, die von einer Schriftformklausel nicht abgedeckt wird *[Kapitel 1.5 (2)]*. Eine unangemessene Benachteiligung ist das aber nicht, weil der Kunde weiß, dass mündliche Zusagen des Lieferanten schwer zu beweisen sind und dass er diesen Beweis führen muss. Also liegt es an ihm, Nebenabreden und Zusicherungen des Lieferanten schriftlich festzuhalten. Die Klausel dürfte wirksam sein.

(b) „Nebenabreden, Zusicherungen [...] bedürfen zu ihrer Wirksamkeit der Schriftform und der Bestätigung durch die Geschäftsleitung des Lieferanten."

Diese Klausel enthält einen so genannten Geschäftsleitungsvorbehalt. Nach einer möglichen Interpretation könnte dieser grob gegen Treu und Glauben verstoßen und deshalb nach § 307 Abs. 1 und 2 BGB unwirksam sein: Selbst wenn das Verhandlungspersonal des Lieferanten tatsächlich bevollmächtigt ist, soll das der Klausel nach nicht gelten. Der Lieferant entzöge damit durch seine AGB eine wirksam erteilte Vollmacht. Das darf nicht sein. Die Klausel wäre unwirksam.

Andererseits kann man die Klausel auch so verstehen, dass die Geschäftsleitung sich (und den Kunden!) damit lediglich gegen das Vertrauen auf eine Anscheinsvollmacht *[IT-Vertragsrecht, Kapitel 2.4 (2)]* schützen möchte. Diese wurde von der Rechtsprechung zusammen mit der Duldungsvollmacht in Anlehnung an die §§ 170 bis 173 BGB und § 56 HGB entwickelt. Sie ist auch im Rahmen der Handlungsvollmacht des § 54 HGB bekannt.

Beispiel: Herr Meier ist als Projektleiter der Firma A beim Kunden. Er bestätigt dem Kunden eine Reihe von Erweiterungen, da er in Unkenntnis der wirklichen Sachlage annimmt, seine Geschäftsleitung habe diese bereits vertraglich vereinbart. Der Projektleiter des Kunden verlässt sich auf diese Zusagen und besteht nicht auf einer Bestätigung der Geschäftsleitung von Herrn Meier, da er darauf vertraut, dieser sei dazu bevollmächtigt. Von den Zusagen erfährt die Geschäftsleitung der Firma A erst zufällig, als das Projekt bereits akut gefährdet ist. Der Kunde beruft sich (nach entstandenem Schaden) darauf, dass Herr Meier eine Anscheinsvollmacht der Firma A gehabt habe. Eine solche läge vor, wenn die Firma A die Bestätigungen des Herrn Meier zwar nicht kannte, sie aber bei pflichtgemäßer Sorgfalt hätte erkennen und verhindern können und der Kunde nach Treu und Glauben annehmen durfte, die Firma A dulde und billige das Handeln des Herrn Meier. Zumindest Letzteres wäre bei einem Projektleiter wohl der Fall. Dadurch könnte ein Vertrauen geschaffen worden sein, das rechtlichen Schutz verdient.

In diesem Kontext betrachtet will die Klausel eine *tatsächlich* erteilte Vollmacht nicht unwirksam machen. Sie möchte lediglich verhindern, dass der Kunde sich bei weit reichenden Entscheidungen später auf ein schutzwürdiges Vertrauen in eine nur *scheinbar* vorhandene, aber nie erteilte Vollmacht berufen kann. So verstanden dient das auch dem Schutz des Kunden: Dieser weiß nun, dass er (um sicher zu gehen) eine Bestätigung der Geschäftsleitung einholen oder sich eben die entsprechende Vollmachtsurkunde des Vertreters zeigen lassen muss. Die Regelung kann damit riskante Situationen und Missverständnisse verhindern. Diese können leicht dadurch entstehen, dass der Kunde auf die Vertretungsmacht eines Mitarbeiters des Lieferanten vertraut, während der Mitarbeiter (genau) diese Vertretungsmacht gar nicht von seinem Arbeitgeber eingeräumt bekommen hat (höchstens eine ähnliche). Für den Kunden dürfte ohne diese Klausel schwer einzuschätzen sein, ob die Vertretungsmacht des Lieferantenmitarbeiters nur die Ausfüllung bestehender Verträge oder auch die (geringfügige) Abänderung/Erweiterung z. B. der geschuldeten Leistung umfasst.

Aufgrund der Unklarheitenregel *[Kapitel 1.5(3)]* kann der Kunde sich auf die erste Interpretation berufen. – Um den Bedenken aus dem Weg zu gehen, empfiehlt es sich also, die Klausel dahin gehend zu erweitern, dass rechtsgeschäftlich erteilte Vollmachten *[siehe auch (5)]* unberührt bleiben sollen. Damit wäre sie wirksam.

(3) Allgemeines Schriftformerfordernis

„Zusicherungen, Nebenabreden, Änderungen und Ergänzungen dieses Vertrags bedürfen zu ihrer Wirksamkeit der Schriftform."

Diese Klausel geht über die in (2) (a) hinaus, indem sie ein Schriftformerfordernis für alle Erklärungen vorsieht, unabhängig davon, ob sie vor oder nach Vertragsabschluss getroffen werden. Die Vertragspartner kündigen an, dass nur solche Erklärungen innerhalb des durch den Vertrag begründeten Rechtsverhältnisses verbindlich sein sollen, die schriftlich sind. Das ändert nichts daran, dass dieser Formzwang jederzeit mündlich wieder aufgehoben werden kann, wenn die Vertragspartner in ihrer entsprechenden mündlichen Vereinbarung deutlich zum Ausdruck bringen, dass die Vereinbarung ungeachtet der Schriftformklausel gelten soll *[IT-Vertragsrecht, Kapitel 2.1.6 (2)]*.

Die Klausel schließt das nicht aus *[anderenfalls wäre sie wegen Verstoßes gegen § 307 Abs. 1 und 2 BGB unwirksam, vgl. (4)]*, sondern erhöht nur für denjenigen, der sich auf eine solche Vereinbarung als Individualvereinbarung beruft (in der Regel ist das der Kunde), die Beweisanforderungen dafür. Das benachteiligt den Kunden nicht unangemessen. Die Klausel dürfte wirksam sein. Im unternehmerischen Verkehr spricht dafür schon der Umstand, dass die Kundenseite, wenn sie Einkaufs-AGB vorlegt, in diesen regelmäßig diese Klausel vorsieht.

(4) Verzicht auf die Schriftform

„Auf das Erfordernis der Schriftform kann für Nebenabreden, Zusicherungen, Änderungen oder Ergänzungen des Vertrags nur schriftlich verzichtet werden.“

Diese Klausel wirkt wegen des Vorrangs der Individualvereinbarung gemäß § 305b BGB nicht, wenn die Vertragspartner in ihrer Vereinbarung auf die Schriftform verzichten wollten *[vgl. (3)]*. Freilich muss der Kunde das beweisen *[Kapitel 1.5 (2)]*.

Im Übrigen dürfte die Klausel nach § 307 Abs. 1 und 2 BGB unwirksam sein, weil § 305b BGB für eine wirksame Individualvereinbarung (die Vorrang vor AGB hat) Schriftform nicht vorschreibt. – Sonst könnte man sich auf nichts mehr verlassen!

Das Gleiche gilt (erst recht), wenn auf das Schriftformerfordernis nach den AGB des Lieferanten überhaupt nicht verzichtet werden kann.

(5) Vollmacht

„Änderungen oder Ergänzungen dieses Vertrags bedürfen zu ihrer Wirksamkeit der schriftlichen Bestätigung durch bevollmächtigte Vertreter des Kunden und des Lieferanten.“

Dieser Vorbehalt hat nicht die gleiche Bedeutung wie der Geschäftsleitungsvorbehalt *[siehe (2b)]*. Mit dieser Klausel will der Lieferant den Kunden (nur) darauf hinweisen, dass das Vertrauen des Kunden, das Personal des Lieferanten sei zu Verhandlungen bevollmächtigt, besonderer Prüfung bedarf. Der Kunde soll sich nicht darauf berufen können, er habe auf die Vertretungsmacht (= Vollmacht) des Personals des Lieferanten vertraut und das auch gedurft *[IT-Vertragsrecht, Kapitel 2.4 (2)]*.

Das ist zwar bedenklich, dürfte aber nicht *grob* gegen Treu und Glauben verstoßen *[vgl. Kapitel 1.1 (1)]*. Die Klausel dürfte wirksam sein.

(6) Unbeachtlichkeit vorhergehender Vereinbarungen

(a) „Dieser Vertrag tritt an die Stelle sämtlicher vorhergehender Vereinbarungen zwischen den Vertragspartnern, soweit solche Vereinbarungen im Zusammenhang mit der Lieferung der im Vertrag aufgeführten IT-Anlage stehen.“

Diese Klausel ändert oder beseitigt bereits getroffene Vereinbarungen, wenn diese im Vertrag nicht dokumentiert sind. Vorhergehende Vereinbarungen verlieren aber nur dann an Gültigkeit, wenn beide Vertragspartner *wollen*, dass die neue Vereinbarung die alte ersetzen soll. Da vorformulierte AGB-Klauseln keinen übereinstimmenden Willen dokumentieren, dürfte die Klausel nach § 307 Abs. 1 und 2 BGB unwirksam sein.

(b) Wirksam dürfte die folgende Formulierung sein:

„Dieser Vertrag stellt die vollständige Vereinbarung über die Lieferung dar.“

Diese Klausel begründet nur eine Vermutung, dass das, was vertraglich festgehalten worden ist, auch vereinbart worden ist. Sie betont damit nur, was ohnehin gilt. Dadurch nimmt der Lieferant dem Kunden nicht die Möglichkeit zu beweisen, dass abweichende Vereinbarungen getroffen worden seien. Das hilft dem Kunden zwar nicht viel, da dieser Beweis schwer zu führen ist *[siehe (a)]*, benachteiligt ihn aber auch nicht unangemessen im Sinne von § 307 Abs. 1 und 2 BGB.

2.1.4 Beteiligung Dritter am Vertragsabschluss

(1) Beratungspflicht des Lieferanten

„Die Verantwortung für die Auswahl der IT-Anlage und der mit dieser beabsichtigten Ergebnisse trägt der Kunde. Dem Lieferanten ist nicht bekannt, welchen Gebrauch der Kunde von der IT-Anlage machen will.“

Nach einem Teil der älteren Rechtsprechung ist der IT-Lieferant weitgehend verpflichtet, den Kunden bei der Auswahl der IT-Anlage zu beraten. Nach allgemeiner Rechtsprechung hat er eingeschränkte Aufklärungspflichten (um den Kunden vor Dummheiten zu bewahren). Die schuldhafte Verletzung dieser Beratungspflicht kann Schadensersatzansprüche des Kunden auslösen *[IT-Vertragsrecht, Kapitel 7.1 (1)]*. Solche Ansprüche will der Lieferant verhindern, indem er seine Beratungspflicht ausschließt.

Es dürfte legitim sein, dass der Lieferant erst einmal diese Ausgangsposition bezieht. Deshalb dürfte die Klausel nicht gegen § 307 Abs. 1 und 2 BGB verstoßen.

Wenn Lieferant und Kunde aber die Auswahl der IT-Anlage und den vom Kunden beabsichtigten Gebrauch besprochen haben, läuft die Klausel wegen des Vorrangs der Individualvereinbarung gemäß § 305b BGB leer *[Kapitel 1.5 (2)]*. – Außerdem dürften Aufklärungspflichten des Lieferanten gegenüber Laien-Kunden wegen der Unklarheitenregel des § 305c Abs. 2 BGB *[Kapitel 1.5 (3)]* ungeachtet der Klausel bestehen bleiben.

(2) Angaben im Kaufvertrag über Finanzierung (z. B. durch Leasing)

„Angaben im Kaufvertrag über Finanzierung sind lediglich Zahlungsbedingungen. Davon bleibt der Kaufvertrag als solcher unberührt.“

Diese Klausel benachteiligt den Kunden nicht unangemessen. Wenn der Zweck der Klausel allerdings sein sollte, den Vorrang von Individualvereinbarungen auszuräumen, würde das wegen § 305b BGB fehl gehen *[Kapitel 1.5 (2)]*. Es spielt deshalb keine Rolle, ob es sich bei den Finanzierungsangaben im Kaufvertrag nach Ansicht des Lieferanten nur um Zahlungsbedingungen handelt.

(3) Zusammenhang mit Verträgen mit Vertriebspartnern

„Hat ein Vertriebspartner des Lieferanten bei einer Bestellung mitgewirkt, erkennt der Lieferant Einwendungen des Kunden nicht an, die er aus einem zusätzlichen Vertragsverhältnis mit dem Vertriebspartner herleitet.“

Der Lieferant will mit dieser Klausel verhindern, dass Gewährleistungsansprüche *[siehe Kapitel 3.2.7 (5)]* des Kunden gegen den Vertriebspartner (aus mit diesem geschlossenen Verträgen) auf sein Verhältnis zum Kunden durchschlagen.

Das ist geltendes Recht, wenn die Verträge nicht zusammenhängen sollen *[vgl. IT-Vertragsrecht, Kapitel 6.4.2]*. Sollen sie das allerdings, ist die Klausel wegen Vorrangs der Individualvereinbarung (§ 305b BGB) unbeachtlich *[Kapitel 1.5 (2)]*.

(4) Entkoppelung der eigenen Vertragsdokumente

Es gibt Lieferanten, die ihren Willen zur Aufspaltung über ihre AGB durchsetzen wollen, insbesondere wenn sie mit getrennten Formularen arbeiten:

„Macht der Kunde Gewährleistungsrechte geltend, hat dies keinen Einfluss auf weitere zwischen ihm und dem Lieferanten geschlossene Verträge."

Die Klausel dürfte leer laufen, wenn die Vertragspartner die Individualvereinbarung treffen, dass eine einheitliche Leistung bzw. zusammengehörende Leistungen Vertragsgegenstand ist/sind. Andernfalls kommt in Betracht, die Klausel gemäß § 305c Abs. 1 BGB als überraschende und damit nichtige Klausel zu werten bzw. sie nach § 307 Abs. 1 und 2 BGB als unangemessen gegen Treu und Glauben verstoßende Klausel für unwirksam zu halten.

2.1.5 Sonderfragen zum Leasing

Die häufigste Fallgestaltung bei Leasing ist die, dass der Lieferant die IT-Anlage an den Leasinggeber verkauft und dieser sie an den Leasingnehmer (= Kunde) vermietet.

Das geschieht entweder so, dass der Leasinggeber die zwischen Lieferant und Kunde festgelegte IT-Anlage ohne Bezugnahme auf die Vereinbarung zwischen diesen beiden über einen eigenen Vertrag mit eigenen AGB bestellt (hat der Kunde vorher schon einen Kaufvertrag mit dem Lieferanten geschlossen, entfällt dieser). Oder der Leasinggeber tritt in den Vertrag ein, der zwischen Lieferant und Kunde geschlossen worden ist.

Die Behandlung der Klauseln geht vom erstgenannten Fall aus. Nach den §§ 305 ff. BGB sind die Unterschiede zwischen den beiden Fällen sehr gering, weil der Leasinggeber sich auch, wenn er einen eigenen Vertrag mit eigenen AGB schließt, vieles von dem entgegenhalten lassen muss, was Lieferant und Kunde vereinbart haben *[IT-Vertragsrecht, Kapitel 7.3.1 (1)]*. Wenn der Leasinggeber mit dem Lieferanten identisch oder mit ihm wirtschaftlich eng verflochten ist (so genanntes Hersteller-Leasing), gilt das erst recht.

(1) Keine Haftung des Leasinggebers für Verzug und Gewährleistung des Lieferanten

(a) „Kommt der Lieferant mit seiner Verpflichtung zur Leistung gegenüber dem Leasingnehmer in Verzug oder ist die Leistung des Lieferanten mit Mängeln behaftet, berührt das nicht die Zahlungspflicht des Leasingnehmers gegenüber dem Leasinggeber."

Der Leasinggeber möchte verständlicherweise nur finanzieren und mit der Leasingsache im Übrigen nichts zu tun haben. Grundlage des Leasingvertrags zwischen Leasinggeber und Kunde ist jedoch der Kaufvertrag zwischen Leasinggeber und Lieferant. Wird dieser Vertrag hinfällig, z. B. weil der Kunde auf Grund eines Mangels vom Vertrag zurücktritt, entfällt auch die Verpflichtung des Kunden zur Zahlung aus dem Leasingvertrag *[IT-Vertragsrecht, Kapitel 6.4.3 (2)]*.

Der Kunde kann aus dem Kaufvertrag zwischen Leasinggeber und Lieferant keine Rechte geltend machen. Er steht also ohne Rechtsbehelf da. Das darf nicht sein: Der Leasinggeber kann sich deshalb von Verzugs- und Gewährleistungsansprüchen des Kunden nach § 307 Abs. 1 und 2 BGB in Verbindung mit § 309 Nr. 8b BGB nur freizeichnen, wenn er zugleich sämtliche ihm zustehenden Verzugs- bzw. Gewährleistungsansprüche aus seinem Kaufvertrag mit dem Lieferanten an den Kunden abtritt. Da der Leasinggeber das in dieser Klausel nicht vorsieht, ist sie unwirksam.

(b) „Der Leasinggeber tritt alle ihm zustehenden Verzugs- bzw. Gewährleistungsansprüche aus seinem Kaufvertrag mit dem Lieferanten an den Kunden ab. Gerät der Lieferant gegenüber dem Leasingnehmer in Verzug mit seiner Leistung oder ist diese mangelhaft, bleibt der Leasingnehmer gegenüber dem Leasinggeber zur Zahlung verpflichtet."

Diese Klausel sieht die Abtretung der Verzugs- bzw. Gewährleistungsansprüche vor *[siehe (a)]*. Damit stellt sich (erst) die Frage, ob der Kunde in den genannten Fällen zur Zahlung verpflichtet bleibt.

Grundsätzlich hat der Kunde kein Recht gegenüber dem Leasinggeber, die Zahlung der Leasingraten einzustellen, wenn die Kaufsache mangelhaft ist. Einstellen kann er die Zahlung erst, wenn er vom Vertrag zurückgetreten ist. Denn erst das führt dazu, dass (auch) der Leasingvertrag hinfällig wird.

(c) „Der Leasinggeber tritt die Gewährleistungsansprüche gegen den Lieferanten an den Kunden mit der Maßgabe ab, dass der Kunde nur bei schwerwiegenden Mängeln vom Vertrag zurücktreten darf."

Diese Klausel ist unwirksam: Der Leasinggeber muss seine Gewährleistungsansprüche *uneingeschränkt* an den Kunden abtreten. Das gilt insbesondere, wenn der Kunde sich schon durch seinen Vertrag mit dem Lieferanten weitergehende Ansprüche geschaffen hatte. Einschränkungen machen die Klausel unwirksam.

(d) „Eine Haftung des Leasinggebers für Dritte, insbesondere den Lieferanten, ist ausgeschlossen."

Auch diese Klausel ist unwirksam. Der Leasinggeber kann seine Haftung nur ausschließen, wenn er seine Verzugs- und Gewährleistungsansprüche gegen den Lieferanten uneingeschränkt an den Kunden abtritt *[siehe (a) und (c)]*.

(2) Übernahmebestätigung

(a) „Der Leasingnehmer bestätigt uneingeschränkt die Mängelfreiheit der Kaufsache."

Die vom Kunden unterzeichnete Übernahmebestätigung dient dem Lieferanten dazu, nachzuweisen, dass er die Kaufsache geliefert hat und dass diese vollständig bzw. ohne erkennbare Mängel geliefert worden ist. Also will der Kunde die Übernahme erst bestätigen, nachdem er die Kaufsache (kurz) überprüft hat. Mängel, die erst bei der Inbetriebnahme auftreten, erfasst die Übernahmebestätigung nicht.

Mit seiner Klausel nimmt der Leasinggeber das Ergebnis der Überprüfung des Kunden vorweg. Das verstößt grob gegen Treu und Glauben. Die Klausel ist deshalb (auch im unternehmerischen Verkehr) nach § 307 Abs. 1 und 2 BGB unwirksam.

(b) „Die Berufung des Leasingnehmers auf die Unrichtigkeit der Übernahmebestätigung ist ausgeschlossen, wenn er sie vorbehaltlos unterzeichnet hat."

Der Kunde kann sich dann nicht auf die Unrichtigkeit einer von ihm unterzeichneten Übernahmebestätigung berufen, wenn er die Unrichtigkeit gekannt hat. In den übrigen Fällen kehrt das Unterzeichnen der Übernahmebestätigung lediglich zu Lasten des Kunden die Beweislast für die Mangelhaftigkeit der Leistung um *[IT-Vertragsrecht, Kapitel 7.3.1 (5)]*. Die Klausel verstößt grob gegen Treu und Glauben und ist unwirksam.

(c) „Mit Unterzeichnung der Übernahmebestätigung ist der Kunde uneingeschränkt zur Zahlung der Leasingraten verpflichtet."

Auch diese Klausel ist unwirksam: Nach ihr müsste der Kunde selbst dann die Leasingraten zahlen, wenn er nach Unterzeichnung der Übernahmebestätigung auf Grund eines Mangels vom Kaufvertrag zurückgetreten ist *[was auf den Leasingvertrag durchschlägt, siehe (1b)]*.

2.2 Klauseln zur Vertragsdurchführung

2.2.1 Lieferbedingungen und Leistungsumfang

(1) Gesonderte Vereinbarung über die Lieferzeit

„Über die Lieferzeit wird eine gesonderte Vereinbarung getroffen. Dabei wird der Lieferant von seinen geltenden Lieferfristen ausgehen."

Nach der gesetzlichen Regelung kann der Kunde die Leistung sofort verlangen, wenn die Leistungszeit nicht bestimmt ist oder aus den Umständen zu entnehmen ist (§ 271 Abs. 1 BGB). Der Lieferant will mit Satz 1 seiner Klausel vermeiden, dass er (abweichend von § 286 Abs. 2 Nr. 1 BGB *[IT-Vertragsrecht, Kapitel 3.3.1 (2)]*) ohne Mahnung in Verzug gerät.

Diese Klausel dürfte im nicht-unternehmerischen Verkehr gegen § 308 Nr. 1 BGB verstoßen, da sie in Satz 2 nicht hinreichend bestimmt formuliert ist.

Im unternehmerischen Verkehr ist sie dagegen wirksam: Man kann davon ausgehen, dass der Kunde in der Wahrnehmung seiner Interessen ausreichend geübt ist, deshalb wird der (unternehmerische) Kunde die Lieferung erst mit Ablauf der üblichen Lieferfristen des Lieferanten verlangen dürfen.

(2) Einhalten der Lieferfrist

„Der Lieferant ist zur Einhaltung der Lieferfrist nur verpflichtet, wenn der Kunde seine Vertragspflichten erfüllt hat."

Mit dieser Klausel räumt sich der Lieferant ein Leistungsverweigerungsrecht *[IT-Vertragsrecht, Kapitel 3.12]* für den Fall ein, dass die Lieferung von Umständen abhängt, die dem Kunden obliegen. Das können z. B. das vollständige Vorlegen von Unterlagen, Genehmigungen und Freigaben sowie – falls vereinbart – eine Anzahlung sein.

Die Klausel regelt das, was ohnehin gilt, wenn Beistellungen oder Mitwirkungshandlungen des Kunden erforderlich sind. Denn wenn der Kunde nicht vertragsgemäß mitwirkt, kann der Lieferant kaum termingerecht leisten. Zur Vermeidung von Schadensersatzansprüchen muss er den Kunden dann allerdings konkret auf die Beeinträchtigung hinweisen.

Wenn der Lieferant mit seiner Klausel den Fall regeln möchte, dass der Kunde nicht termingerecht (Voraus-)Zahlungen leistet, ist das nicht notwendig, weil er bereits nach dem Gesetz in der Regel ein Leistungsverweigerungsrecht hat (§ 320 Abs. 1 Satz 1 BGB).

Die Klausel stößt zwar im Hinblick auf das Bestimmtheitsgebot in § 308 Nr. 1 BGB auf Bedenken, da sie nicht ausreichend festlegt, welche konkreten Pflichten der Kunde erfüllen muss („seine Vertragspflichten“ genügt nicht), sie dürfte aber wirksam sein.

(3) Lieferzeit unverbindlich

„Die im Vertrag angegebenen Lieferzeiten sind nur annähernd.“

Die Rechtsprechung hält solche Klauseln eher für wirksam. Häufig dürfte eine Vereinbarung im Vertrag als verbindlich gewollt sein, sie geht dann als Individualvereinbarung vor.

(4) Berechtigung zu Teillieferungen

„Der Lieferant ist zu Teillieferungen berechtigt.“

Diese Klausel verstößt gegen §§ 307 Abs. 1 und 2, 308 Nr. 4 BGB bei Verbrauchern bzw. im kaufmännischen Verkehr gegen § 307 Abs. 1 und 2, weil es dem Kunden unzumutbar ist, z. B. erst einmal nur die Hardware und später die Anwendungssoftware zu bekommen, es sei denn, das ist im individuellen Vertragsteil so vereinbart.

(5) Änderungen der Lieferzeiten; Rücktrittsrecht des Lieferanten

(a) „Nachträgliche Wünsche des Kunden nach Änderungen oder Ergänzungen verlängern die Lieferzeit in angemessenem Umfang. Das Gleiche gilt bei Eintritt außerhalb des Willens liegender unvorhergesehener Ereignisse wie z. B. höhere Gewalt, Aus- und Einfuhrverbote, Streik, Aussperrung, Verzögerung oder Ausfall der Anlieferung wesentlicher Teile. Das gilt ferner, wenn solche Umstände bei Unterlieferanten des Lieferanten eintreten.“

Mit Satz 1 dieser Klausel will der Lieferant eine (angemessene!) Verlängerung der Lieferzeit bewirken, wenn Ereignisse, auf die nur der Kunde Einfluss hat, die Lieferung verzögern. Die Aufzählung genügt dem Bestimmtheitserfordernis des § 308 Nr. 1 BGB. Der Lieferant kann bei Vertragsabschluss nicht absehen, ob der Kunde nachträgliche Änderungen überhaupt haben will bzw. welchen Umfang diese haben. Satz 1 der Klausel ist deshalb wirksam.

Die Sätze 2 und 3 der Klausel setzen teilweise Umstände, die der Lieferant nach dem Gesetz zu vertreten hat, mit Umständen gleich, die er nach dem Gesetz nicht zu vertreten hat. Damit will sich der Lieferant vom Verzug entlasten. Unbedenklich ist die Verlängerung der Lieferzeit bei höherer Gewalt sowie bei Aus- und Einfuhrverboten, denn das hat der Lieferant nach dem Gesetz ohnehin nicht zu vertreten (so dass die Bestimmungen insoweit überflüssig sind). Aussperrung und Streik können dem ohne groben Verstoß gegen Treu und Glauben gleichgestellt werden.

Eine Verzögerung oder den Ausfall der Anlieferung wesentlicher Teile hat der Lieferant nach dem Gesetz allerdings zu vertreten (§ 276 Abs. 1 BGB). Für diese Fälle müsste der Lieferant dem Kunden deshalb wegen § 309 Nr. 8a BGB zumindest ein Rücktrittsrecht einräumen. Nach der Klausel soll der Kunde dann aber weder vom Vertrag zurücktreten dürfen noch Schadensersatz verlangen dürfen (vgl. § 309 Nr. 8a BGB). Diese Regelung ist unwirksam. Das Gleiche gilt für Satz 3 der Klausel.

Da die Bestimmungen der Klausel sprachlich und sachlich trennbar sind, ist die Klausel (nur) teilunwirksam *[Kapitel 1.5 (4)]*.

(b) Häufig enthält eine derartige Klausel den folgenden Zusatz:

„Ist die Lieferung auf Grund der genannten Umstände (Sätze 2 und 3) unmöglich, kann der Lieferant vom Vertrag zurücktreten, ohne dass dem Kunden deswegen irgendwelche Ansprüche zustehen."

Das verstößt (zusätzlich) gegen § 308 Nr. 3 BGB: Ein sachlicher Grund für einen Rücktritt liegt zumindest bei der Verzögerung oder dem Ausfall der Anlieferung wesentlicher Teile nicht vor, solange die Leistungshindernisse nur vorübergehend bestehen. Der Rücktritt ist erst zulässig, wenn die Leistung endgültig nicht mehr erbracht werden kann („unmöglich" ist).

Da der Zusatz in allen der in den Sätzen 2 und 3 genannten Fällen gelten soll, ist die gesamte Klausel nicht mehr nur teilunwirksam *[siehe (a)]*, sondern insgesamt unwirksam *[Kapitel 1.5 (4)]*.

Das gilt auch nach § 309 Nr. 8a BGB, da der Zusatz nicht danach unterscheidet, ob die Leistungshindernisse verschuldet oder unverschuldet sind. Ist das Leistungshindernis verschuldet, ist der Lieferant schadensersatzpflichtig, dann kann er aber nicht zurücktreten dürfen, um das auszuschließen.

(6) Verwendung neuwertiger Teile

„Zur Herstellung der IT-Anlage werden neue bzw. neuwertige Teile verwendet."

Der Lieferant räumt sich mit dieser Klausel das Recht ein, neuwertige an Stelle neuer Teile zu verwenden. Neuwertige Teile sind gebrauchte, aber noch „so gut wie neue" Teile.

Diese Klausel ist nach § 307 Abs. 1 und 2 BGB unwirksam, da sie nicht zwischen solchen Komponenten unterscheidet, die tatsächlich an Funktionalität (und damit Wert) verlieren und solchen, bei denen das nicht der Fall ist *[zur Situation bei Wartung, wenn der Lieferant sich das Recht einräumt, auszutauschende Teile durch gebrauchte zu ersetzen, vgl. Kapitel 3.3.2 (2)]*.

(7) Vorbehalt der Änderung von Konstruktion und Form

(a) „Der Lieferant kann Konstruktions- und Formänderungen der IT-Anlage vornehmen, soweit diese Veränderungen nicht grundlegend sind und dadurch der vertragsmäßige Zweck nur unerheblich eingeschränkt wird."

Nach der gesetzlichen Regelung sind dem Kunden solche Mängel zumutbar, solange sie die nach dem Vertrag vorausgesetzte Verwendung nicht beeinträchtigen bzw. sich die Sache für die gewöhnliche Verwendung eignet und sie die übliche Beschaffenheit aufweist, die der Käufer erwarten kann (§ 434 Abs. 1 Satz 2 BGB). Die Klausel entspricht dem und ist wirksam.

(b) Unwirksam ist dagegen die folgende Klausel:

„Der Lieferant kann Konstruktions- und Formänderungen des Vertragsgegenstands ohne vorherige Ankündigung vornehmen, sofern solche Änderungen für den Kunden zumutbar sind."

Diese Klausel verstößt gegen § 308 Nr. 4 BGB: Während die Klausel unter (a) die Kriterien für die Zumutbarkeit näher – und einschränkend – bestimmt („der vertragsmäßige Zweck nur unerheblich eingeschränkt wird"), nimmt diese Klausel nur Bezug auf das gesetzliche Merkmal der Unzumutbarkeit. Das genügt für eine AGB-Klausel nicht. Nach Treu und Glauben muss der Kunde jedoch (trotz Unwirksamkeit der Klausel) geringfügige Abweichungen dulden.

(8) Benutzerdokumentation nicht geschuldet

„Eine Benutzerdokumentation wird nicht geschuldet."

Vom Ansatz beinhaltet diese Klausel nur eine Leistungsbeschreibung, so dass sie gemäß § 307 Abs. 3 BGB nicht der Inhaltskontrolle unterliegt *[vgl. Kapitel 1.4]*. Sie gefährdet aber das Erreichen des Vertragszwecks, sie muss deshalb an den §§ 305 ff. BGB gemessen *[Kapitel 1.4 (1)]* und bei erheblicher Gefährdung für unwirksam gehalten werden. Das kann mit § 307 Abs. 2 Nr. 2 BGB begründet werden, weil der Lieferant die Benutzerdokumentation als Hauptpflicht schuldet *[IT-Vertragsrecht, Kapitel 6.2.1 (1)]*. Vertragliche Hauptpflichten darf der Lieferant in AGB weder ausschließen noch einschränken *[zu Besonderheiten bei Erstellung von Programmen siehe Kapitel 3.2.2 (1)]*.

Teilweise wird das mit § 305c Abs. 1 BGB (überraschende Klausel) begründet, dann kann der Lieferant die Klausel dadurch wirksam machen, dass er sie deutlich hervorhebt *[vgl. Kapitel 1.5 (1)]*.

(9) Benutzerdokumentation als Maßstab

„Die Benutzerdokumentation gilt als verbindliche Leistungsbeschreibung."

Dass derartige AGB-Klauseln überhaupt der Inhaltskontrolle unterliegen, ist anerkannt *[siehe (8)]*. Die Klausel beinhaltet eine verständliche Absicherung des Lieferanten angesichts der Unsicherheit, was Software-Produkte leisten sollen. Das dürfte den Kunden nicht unangemessen benachteiligen, die Klausel ist wirksam.

(10) Benutzerdokumentation teilweise in Englisch

„Die Benutzerdokumentation wird teilweise in englischer Sprache geliefert.“

(a) Die Klausel beschreibt den unmittelbaren Gegenstand der Hauptleistung, so dass es sich um eine reine Leistungsbeschreibung handelt. Damit ist eine Inhaltskontrolle *[vgl. Kapitel 1.4 (1)]* ausgeschlossen. Die Klausel könnte aber gegen das Transparenzgebot *[vgl. Kapitel 1.3 (3)]* verstoßen. Der Bundesgerichtshof (BGH) fordert, dass bei solchen Klauseln die wirtschaftlichen Belastungen und Nachteile klar erkennbar sein müssen. Dieser Anforderung dürfte der Satz als solcher genügen. Es kommt aber auch die Möglichkeit in Betracht, dass der Satz zwischen unbedeutenden Klauseln oder an schwer auffindbarer Stelle steht und dadurch auch ein sorgfältiger Kunde seine weitreichende Bedeutung nicht erfasst. In diesem Fall ist die Klausel unwirksam.

Die Lieferung einer vollständigen deutschen Benutzerdokumentation ist häufig problematisch. Der Lieferant erhält seinerseits oft nur englische Versionen. Eine Übersetzung der Dokumentation (erst recht eine Lokalisierung der Software) kann bei kleinen Auflagen die Kosten deutlich erhöhen. Das ist zunächst nicht im (Kosten-)Interesse des Kunden.

Die Benutzerdokumentation trägt aber entscheidend zur produktiven Nutzung von Software bei. Wenn nun ein großer Teil der Nutzer die fremdsprachliche Dokumentation nicht lesen kann, ist das Erreichen des Vertragszwecks stark gefährdet. Es kommt also darauf an, um welche Art von Software es sich handelt, welche Sprachkenntnisse die typischen Benutzer haben und ob für das Verständnis der Dokumentation die ggf. verfügbaren Englischkenntnisse tatsächlich ausreichen *[vgl. IT-Vertragsrecht, 6.2.1 (1)]*. Die Wirksamkeit kann also nur im Einzelfall entschieden werden.

(b) Die Klausel ist jedoch nach § 305c Abs. 1 BGB *[Kapitel 1.5 (1)]* unwirksam, wenn statt Englisch andere, weniger verbreitete Sprachen genannt werden, die im IT-Umfeld eher unüblich sind.

Es kommt nicht mehr darauf an, ob die Klausel auch deswegen unwirksam ist, weil die Lieferung der systemtechnischen Dokumentation vollständig ausgeschlossen ist.

2.2.2 Eigentumsvorbehalt

(1) Erweiterter Eigentumsvorbehalt

„Der Lieferant behält sich das Eigentum an der IT-Anlage vor, bis sämtliche Forderungen, die dem Lieferanten gegen den Kunden jetzt oder im Zusammenhang mit der IT-Anlage zukünftig zustehen, beglichen sind.“

Diese Klausel erweitert die gesetzliche Regelung des Eigentumsvorbehalts (§ 449 BGB). Der Lieferant erstreckt das vorbehaltene Eigentum an der IT-Anlage auf gegenwärtige und zukünftige Forderungen, die im Zusammenhang mit der IT-Anlage stehen bzw. entstehen. Der Kunde soll also das Eigentum an der ursprünglich bestellten IT-Anlage erst mit vollständiger Kaufpreiszahlung (auch nachträglich) bestellter Komponenten erwerben *[das ist etwas anderes als der so genannte verlängerte Eigentumsvorbehalt, siehe dazu IT-Vertragsrecht, Kapitel 6.1 (2)]*.

Das verstößt grob gegen Treu und Glauben. Die Klausel ist unwirksam.

(2) Benachrichtigung des Lieferanten bei Pfändung

„Bei Pfändung oder anderen Beeinträchtigungen durch Dritte ist der Kunde verpflichtet, unverzüglich auf das Eigentum des Lieferanten hinzuweisen. Weiterhin ist er verpflichtet, den Lieferanten unverzüglich telefonisch oder per Fax zu informieren sowie nachfolgend schriftlich zu unterrichten."

Die Klausel setzt einen wirksam vereinbarten einfachen Eigentumsvorbehalt *[IT-Vertragsrecht, Kapitel 6.1 (2)]* voraus. Mit ihr will sich der Lieferant vor Zugriffen Dritter auf (noch) sein Eigentum schützen und so die Durchsetzung seiner Ansprüche wahren. Dagegen ist nichts einzuwenden. Auch diese Klausel ist wirksam.

2.2.3 Zahlungspflicht des Kunden

(1) Kosten der Installation

(a) „Sind zur Herstellung der Betriebsbereitschaft der IT-Anlage Kosten für Installation, Montage und Einrichtungen erforderlich, bestimmen sich diese nach den jeweils gültigen Preislisten des Lieferanten. Sie werden gesondert in Rechnung gestellt."

Diese Klausel konkretisiert die gesetzliche Regelung über die Bestimmung der Gegenleistung durch einen Vertragspartner (§ 316 BGB): Der Lieferant will für die Kosten der Installation den Listenpreis zum Zeitpunkt der Installation der Berechnung zugrunde legen.

Die Klausel kann zu einer Preiserhöhung führen, wenn die Preisliste des Lieferanten für Unterstützungsleistungen sich nach Vertragsabschluss ändert. Es ist aber zu berücksichtigen, dass dem unternehmerischen Kunden bekannt ist, dass Listenpreise sich erhöhen. Allerdings rechnet der Kunde typischerweise erst mit einer Erhöhung zum 1.1. eines Jahres, deshalb verstoßen kurzfristige Preiserhöhungen im unternehmerischen Verkehr gegen Treu und Glauben. „Kurzfristig" kann u. E. im unternehmerischen Verkehr mit der für den nicht-unternehmerischen Verkehr gemäß § 309 Nr. 1 BGB geltenden Viermonatsfrist angesetzt werden. Das würde bedeuten: Wenn der Vertrag vor dem 1.9. eines Jahres abgeschlossen wurde, wären Preiserhöhungen zum 1.1. des Folgejahres zulässig.

Die Klausel ist u. E. wirksam. (Soweit die Preise im Angebot angegeben sind, ist die Preiserhöhung wegen des Vorrangs der Individualvereinbarung *[Kapitel 1.5 (2)]* wirksam.)

(b) „Die Kosten für die Installation betragen ____ % des Listenpreises der IT-Anlage, mindestens jedoch EUR _____. Sie werden dem Kunden gesondert in Rechnung gestellt."

Bei dieser Klausel entspricht der Listenpreis der IT-Anlage dem Listenpreis zum Zeitpunkt des Vertragsabschlusses, das räumt die in (a) genannten Bedenken aus.

Die Klausel ist aber nur wirksam, wenn die Kostenpauschale angemessen ist. Anderenfalls ist das eine Preisnebenabrede, die den Kunden nach § 307 Abs. 1 und 2 BGB unangemessen benachteiligt *[vgl. Kapitel 1.4 (1)]*.

(2) Preiserhöhungen

„Preiserhöhungen und Erhöhungen der gesetzlichen Mehrwertsteuer trägt der Kunde, wenn die IT-Anlage vereinbarungsgemäß später als 6 Monate nach Vertragsabschluss geliefert wird. Das Gleiche gilt, wenn die Lieferung aus Gründen, die der Kunde zu vertreten hat, später als 6 Monate nach Vertragsabschluss erfolgt. Der Kunde ist berechtigt, innerhalb von 30 Tagen nach Zugang der Mitteilung einer Preiserhöhung den Kauf rückgängig zu machen. Im Falle einer Senkung des Preises bis zum Zeitpunkt des Versands gilt der gesenkte Preis als vereinbart."

Nach dem Gesetz müssen Preisveränderungen vereinbart werden, weil das als Änderung des Vertrags behandelt wird (§ 311 Abs. 1 BGB). Nach § 309 Nr. 1 BGB sind Preiserhöhungen in AGB des Lieferanten innerhalb von vier Monaten nach Vertragsabschluss unwirksam. Satz 4 der Klausel betrifft den Fall einer Preissenkung und ist schon deshalb wirksam *[und für die Wirksamkeit der vorgehenden Sätze notwendig, siehe Kapitel 1.4 (1)]*.

Im Übrigen geht die Klausel – zugunsten des Kunden – über die Viermonatsfrist des § 309 Nr. 1 BGB hinaus. Die Sätze 1 bis 3 sind deshalb (nur) an § 307 Abs. 1 und 2 BGB zu messen.

Im nicht-unternehmerischen Verkehr dürfte eine derartige Klausel den Kunden unangemessen benachteiligen, wenn die Voraussetzungen der Erhöhung in der Klausel nicht konkret bezeichnet sind; es sei denn, der Lieferant räumt dem Kunden für den Fall der Preiserhöhung ein Rücktrittsrecht ein (dann kann der Kunde sich vom Vertrag lösen, so dass von einer unangemessenen Benachteiligung nicht die Rede sein kann). Für den unternehmerischen Kunden genügt eine derartige Klausel auch ohne Rücktrittsrecht, wenn der Lieferant die Interessen des Kunden in seiner Klausel in anderer Weise ausreichend wahrt.

Die Klausel ist in beiden Fällen wirksam, da sie ein Rücktrittsrecht enthält. Der Kunde wird auch durch Satz 2 der Klausel nicht unangemessen benachteiligt, weil er die Preiserhöhung nur tragen muss, wenn er die späte Lieferung zu vertreten hat. Das entspricht den Grundgedanken der gesetzlichen Regelungen im BGB.

2.2.4 Aufrechnung, Abtretung und Zurückbehaltungsrecht

(1) Aufrechnung durch den Kunden

„Der Kunde kann mit einer Gegenforderung nur aufrechnen, wenn diese vom Lieferanten unbestritten oder rechtskräftig festgestellt ist."

Mit dieser Klausel will der Lieferant die ihm zustehenden Forderungen durchsetzen und den Kunden bezüglich dessen Forderungen (= Gegenforderungen) auf den Prozessweg verweisen. Die Klausel ist wirksam, da sie § 309 Nr. 3 BGB befolgt.

(2) Ausschluss des Zurückbehaltungsrechts

(a) „Der Kunde kann ein Zurückbehaltungsrecht, das auf einem anderen Vertragsverhältnis mit dem Lieferanten beruht, nicht geltend machen."

Diese Klausel betrifft den Fall, dass der Kunde aus einem (z. B. Software-)Vertrag Gewährleistungsansprüche gegen den Lieferanten hat und der Lieferant Zahlung aus einem anderen Vertrag verlangt (z. B. über die Wartung einer bereits früher installierten IT-Anlage).

Der Kunde soll dann die Zahlung nicht zurückhalten dürfen. Das geht in Ordnung *[anders beim Leistungsverweigerungsrecht aus demselben Vertragsverhältnis, vgl. (b)]*.

(b) „Die Geltendmachung eines Zurückbehaltungsrechts ist ausgeschlossen."

Es gibt zwei Arten von Zurückbehaltungsrechten: Stützt sich der Kunde auf ein Recht aus einem anderen Vertragsverhältnis (innerhalb einer Geschäftsbeziehung), spricht man allgemein vom Zurückbehaltungsrecht (§ 273 BGB); stützt er sich auf ein Recht aus demselben Vertragsverhältnis, spricht man vom Leistungsverweigerungsrecht (§ 320 BGB) als Unterfall des Zurückbehaltungsrechts *[IT-Vertragsrecht, Kapitel 3.12]*.

Das gesetzliche Leistungsverweigerungsrecht kann in AGB wegen § 309 Nr. 2 BGB nicht wirksam eingeschränkt werden. Da die Klausel Zurückbehaltungsrechte pauschal (und damit auch das Leistungsverweigerungsrecht) ausschließt, ist sie unwirksam.

(3) Abtretung von Rechten und Pflichten aus dem Vertrag

„Der Lieferant ist zur Übertragung der sich aus dem Vertrag ergebenden Rechte und Pflichten auf einen Dritten berechtigt."

Nach der gesetzlichen Regelung kann der Lieferant seinen Zahlungsanspruch gegen den Kunden ohne dessen Zustimmung auf einen Dritten übertragen (§ 398 BGB). Der Lieferant geht mit seiner Klausel weiter, weil er die Übertragung nicht auf den Zahlungsanspruch beschränkt: Der Dritte soll in sämtliche vertraglichen Rechte und auch Pflichten des Lieferanten eintreten dürfen.

Das verstößt im nicht-unternehmerischen Verkehr bei Kauf-, Dienst- oder Werkverträgen gegen § 309 Nr. 10 BGB, wenn der Dritte nicht namentlich bezeichnet wird oder dem Kunden nicht das Recht eingeräumt wird, sich vom Vertrag zu lösen. Da die Klausel diese Erfordernisse nicht erfüllt, ist sie unwirksam.

Im unternehmerischen Verkehr gilt das nur eingeschränkt *[vgl. Kapitel 1.4 (1)]*. Derartige Klauseln sind nur unwirksam, wenn sie berechtigte Interessen des Kunden beeinträchtigen. Das ist hier allerdings der Fall: Dem Kunden ist es nicht zuzumuten, ohne seine Zustimmung einen neuen (möglicherweise unzuverlässigen) Vertragspartner zu bekommen.

2.2.5 Übergang der Gefahr

„Die Gefahr des zufälligen Untergangs geht am Aufstellungstag auf den Kunden über."

Diese Klausel verwendet der Lieferant, wenn er die IT-Anlage selbst installieren will. Aufstellungstag dürfte der Tag sein, an dem die IT-Anlage beim Kunden angeliefert und in betriebsbereiten Zustand versetzt wird.

Wenn der Lieferant die Installation durchführt, entspricht die Klausel der Gesetzeslage (§ 446 BGB). Wenn er die IT-Anlage versendet, weicht die Klausel zugunsten des Kunden von der gesetzlichen Regelung ab (§ 447 BGB), nach der die Gefahr des zufälligen Untergangs *[IT-Vertragsrecht, Kapitel 6.2.6]* mit der Übergabe an die Transportperson an den Kunden übergeht. Die Klausel ist wirksam.

2.2.6 Abnahme

Weder im Gesetz noch in der Praxis gibt es einen einheitlichen Sprachgebrauch hinsichtlich der Begriffe Abnahme und Annahme: Die Abnahme hat im Gesetz in § 433 Abs. 2 BGB (Kaufvertrag) und § 640 Abs. 1 BGB (Werkvertrag) unterschiedliche Bedeutung. Dementsprechend knüpfen sich daran unterschiedliche Rechtsfolgen *[IT-Vertragsrecht, Kapitel 6.2.3 (1) und 9.4 (1)]*. In der Praxis ist häufig von Annahme die Rede, auch wenn damit eine Abnahme im Rechtssinne gemeint ist. Wer mit AGB zu tun hat, sollte deshalb die Verwendung (und damit die Bedeutung) dieser Begriffe stets genau prüfen *[zur Abnahme bei der Erstellung von Programmen siehe Kapitel 3.2.3]*.

Zu beachten ist, dass Verträge über Programmerstellung nach neuem Recht als Kaufverträge in der Variante Werklieferungsvertrag behandelt werden *[IT-Vertragsrecht Kapitel 6.1 (2)]*, während sie nach altem Recht als Werkverträge behandelt worden sind. Nur das Werkvertragsrecht sieht eine Abnahme mit der Bedeutung: „Billigung als im Wesentlichen vertragsgemäß" vor.

(1) Abnahme mit Übergabe und Demonstration der Betriebsbereitschaft

„Mit Übergabe und Demonstration der Betriebsbereitschaft gilt die Abnahme der Leistung als erklärt."

Mit der Klausel knüpft der Lieferant den Beginn der Verjährungsfrist für Mängelansprüche (Gewährleistungsfrist) an den Zeitpunkt der Demonstration der Betriebsbereitschaft, weil Abnahme hier: „Billigung als im Wesentlichen vertragsgemäß" bedeuten soll. Außerdem fingiert die Klausel die Erklärung des Kunden, der Lieferant habe seine Vertragspflichten erfüllt. Eine solche Erklärung hat der Kunde nicht abgegeben. Im Zeitpunkt der Demonstration der Betriebsbereitschaft kann und will er sie auch nicht abgeben. Denn die Funktionstauglichkeit von Programmen, die Voraussetzung für die Abnahme ist, zeigt sich nicht dadurch, dass die Programme (nur) betriebsbereit sind.

Außerdem braucht der Lieferant zum Zeitpunkt der Demonstration der Betriebsbereitschaft noch nicht alle Leistungen erbracht zu haben (Altdatenübernahme, Einweisung). Das ist nach der neuesten Rechtsprechung des BGH allerdings Voraussetzung für den Beginn der Gewährleistungsfrist. Die Klausel ist deshalb unwirksam.

2.3 Klauseln zu Pflichtverletzungen

Aus der Sicht des Kunden gibt es im Wesentlichen zwei Arten von Pflichtverletzungen. Entweder erfüllt der Lieferant seine Vertragspflichten nicht rechtzeitig *[dazu Kapitel 2.3.3]*, oder er erfüllt sie schlecht *[dazu Kapitel 2.3.4 und 2.3.5]*. Der Übergang ist fließend.

Auch aus der Sicht des Lieferanten gibt es Pflichtverletzungen: Der Kunde zahlt nicht termingerecht *[dazu Kapitel 2.3.1]*, oder er nimmt die Leistung des Lieferanten nicht an *[dazu Kapitel 2.3.2]*.

2.3.1 Verzug des Kunden mit der Zahlung

(1) Rücknahmerecht des Lieferanten

„Der Lieferant kann ungeachtet der ihm sonst zustehenden Rechte die IT-Anlage zur Sicherung seiner Rechte zurücknehmen, wenn der Kunde mit der Zahlung in Verzug gerät. Der Lieferant muss dem Kunden diese Maßnahme angekündigt und ihm eine angemessene Nachfrist gesetzt haben."

Diese Klausel baut auf einem wirksam vereinbarten Eigentumsvorbehalt auf *[IT-Vertragsrecht, Kapitel 6.1 (2)]* und erweitert in Satz 1 die gesetzlichen Ansprüche des Lieferanten für den Fall, dass der Kunde mit seiner Zahlungspflicht in Verzug gerät: Der Lieferant soll dann die IT-Anlage zur Sicherung seiner Rechte zurücknehmen dürfen. Das ist unbedenklich, da die Klausel Verzug des Kunden voraussetzt und Verzug nach dem Gesetz Vertretenmüssen voraussetzt (§§ 280 Abs. 1, 286 Abs. 4 BGB). Satz 1 ist deshalb wirksam.

Im Hinblick auf Satz 3 ist zu unterscheiden: Im nicht-unternehmerischen Verkehr weicht die Klausel von § 503 Abs. 2 BGB ab. Danach *gilt* die Rücknahme als Rücktritt vom Vertrag. Deshalb läuft die Erklärungsfrist nicht nur leer, sondern macht die Klausel unwirksam: Die Vorschrift des § 503 Abs. 2 BGB ist zwingendes Recht zugunsten von Verbrauchern *[zum Begriff vgl. IT-Vertragsrecht, Kapitel 1.1.3 (2)]*: Entgegenstehende Vereinbarungen sind nichtig.

Im unternehmerischen Verkehr gilt § 503 Abs. 2 BGB zwar nicht, allerdings spricht der Umstand, dass es im Recht für Verbraucher eine zwingende Vorschrift gibt, stark für die Unwirksamkeit der Klausel auch im unternehmerischen Verkehr, weil das einen groben Verstoß gegen Treu und Glauben nahe legt. Der Lieferant darf sich u. E. deshalb auch gegenüber unternehmerischen Kunden ein Rücknahmerecht in AGB nicht wirksam einräumen.

(2) Verzugszinsen

(a) „Der Lieferant ist berechtigt, ab 30 Tage nach Fälligkeit Zinsen in Höhe von 12 % über dem Zinssatz für die Hauptrefinanzierungsgeschäfte der Europäischen Zentralbank zu verlangen. Die ihm sonst zustehenden Rechte bleiben davon unberührt."

Mit dieser Klausel räumt sich der Lieferant bei Verzug des Kunden entgegen der gesetzlichen Regelung einen pauschalierten Schadensersatzanspruch ein. Nach dem heute geltenden Recht darf der Gläubiger bei Rechtsgeschäften, an denen ein Verbraucher nicht beteiligt ist, gemäß §§ 288 Abs. 1 Satz 2, 247 Abs. 1 BGB eine Geldschuld mit 8 % über dem Hauptrefinanzierungssatz der Europäischen Zentralbank verzinsen (für die übrigen Rechtsgeschäfte gelten 5 % Zinsen über dem Hauptrefinanzierungszinssatz).

Der in der Klausel genannte Zinssatz dürfte im unternehmerischen Verkehr noch zulässig sein. Im nicht-unternehmerischen Verkehr ist die Klausel allerdings wegen groben Verstoßes gegen Treu und Glauben unwirksam.

Die Klausel ist im Hinblick auf § 307 Abs. 1 und 2 BGB in Verbindung mit § 309 Nr. 5b BGB gegenüber Verbrauchern bedenklich: Wer der Auffassung ist, sie schneide dem Kunden den Nachweis ab, dem Lieferanten sei tatsächlich (nur) ein geringerer Zinsschaden entstanden, muss die Klausel schon deshalb für unwirksam halten. Dementsprechend hat die Rechtsprechung die Klausel als unwirksam angesehen, weil der Kunde durch den Eindruck einer endgültigen, jeden Gegenbeweis ausschließenden Formulierung, irregeführt werde.

Im unternehmerischen Verkehr ist das anders: Hier darf man davon ausgehen, dass der Unternehmer in der Wahrnehmung seiner Rechte ausreichend geübt ist. Deshalb benachteiligt die Klausel diesen nicht unangemessen. Gleichwohl sollte der Lieferant die Klausel ohne den Hinweis auf den geringeren Zinsschaden nicht verwenden.

(b) Klauseln dieser Art enthalten häufig den Zusatz:

„Bei nicht rechtzeitiger Zahlung des Kunden muss der Lieferant den Kunden nicht förmlich in Verzug setzen."

Auch diese Klausel war vor der Gesetzesänderung zur Beschleunigung fälliger Zahlungen beliebt. Nach der Gesetzesänderung ist die Klausel wirksam, weil sie weitgehend dem § 286 Abs. 3 BGB entspricht *[zu Verträgen mit wiederkehrenden Geldleistungen, z. B. einem Pflegevertrag, siehe Kapitel 3.4.4 (4)]*.

(3) Einstellen der Leistung durch den Lieferanten

„Der Lieferant kann die weitere Durchführung sämtlicher Verträge mit dem Kunden einstellen, wenn der Kunde mit einer Zahlung in Verzug kommt oder wenn konkrete Anhaltspunkte einer bevorstehenden Zahlungsunfähigkeit des Kunden vorliegen. In diesen Fällen ist der Lieferant auch berechtigt, die sofortige Vorauszahlung aller – auch noch nicht fälliger – Forderungen oder entsprechende Sicherheiten zu verlangen."

Mit Satz 1 dieser Klausel will der Lieferant seine Forderung aus einem Vertrag durchsetzen, indem er die Einstellung seiner Verpflichtungen aus sämtlichen anderen Verträgen mit dem Kunden androht. § 321 BGB, der durch die Schuldrechtsreform eingefügt worden ist, sieht zwar nunmehr gegenüber der früheren Rechtslage verstärkte Rechte des Lieferanten bei drohender Zahlungsunfähigkeit des Kunden vor (sog. Unsicherheitseinrede). Diese Vorschrift gilt aber nur für das konkrete Vertragsverhältnis, während der Lieferant mit der Klausel faktisch Verträge koppelt, die nicht notwendigerweise zusammengehören bzw. eine Einheit bilden.

Die Klausel untergräbt die gesetzliche Regelung des Zurückbehaltungsrechts (§ 273 BGB): Danach darf der Lieferant ihm obliegende Leistungen aus anderen Vertragsverhältnissen nach Treu und Glauben nur einstellen, wenn die Vertragsverhältnisse zeitlich und sachlich eng miteinander verbunden sind. Die Klausel unterscheidet danach nicht, sondern ordnet pauschal Rechtsfolgen an.

Auch Satz 2 der Klausel ist bedenklich: Das Recht nach Begleichung aller, auch der noch nicht fälligen Forderungen findet im Gesetz keine Stütze. Es umfasst nach dem ausdrücklichen Wortlaut der Klausel auch Forderungen, die zur Zeit nicht durchsetzbar sind. *Dieser* Gedanke (nicht der der Sicherheitsleistung) ist dem Gesetz fremd.

Beides setzt den Kunden wirtschaftlich stark unter Druck. Es ist kaum einzusehen, warum der Lieferant bei (bloßem) Zahlungsverzug des Kunden so weit soll gehen dürfen. Die Klausel dürfte den Kunden unangemessen benachteiligen und deshalb nach § 307 Abs. 1 und 2 BGB unwirksam sein.

2.3.2 Verzug des Kunden mit der Annahme der Leistung

(1) Recht des Lieferanten, anderweitig zu verfügen

„Nimmt der Kunde die ihm angebotene IT-Anlage nicht an, ist der Lieferant nach fruchtlosem Ablauf einer angemessenen Frist zur anderweitigen Verfügung über die IT-Anlage berechtigt. In diesem Fall wird er den Kunden binnen angemessen verlängerter Frist beliefern."

Der Kunde gerät in Annahmeverzug, wenn er eine ihm angebotene, erfüllungstaugliche Leistung des Lieferanten nicht annimmt (§ 293 BGB). Damit erlischt aber nicht die Verpflichtung des Lieferanten zur Lieferung *[IT-Vertragsrecht, Kapitel 3.11 (2)]*. Im Gegenteil: Nach der gesetzlichen Regelung müsste er sogar genau diese IT-Anlage auf Abruf lagern, es sei denn, er geht den umständlichen Weg eines Selbsthilfeverkaufs durch öffentliche Versteigerung.

Hiervon weicht die Klausel ab, indem sie dem Lieferanten das Recht einräumt, über die IT-Anlage anderweitig zu verfügen und den Kunden mit angemessen verlängerter Frist neu zu beliefern. Der Lieferant muss dem Kunden die geschuldete Leistung also nicht unmittelbar nach Beendigung des Annahmeverzugs neu anbieten.

Diese Klausel ist wirksam. Der Kunde wird durch die Lieferung einer anderen (gleichwertigen!) IT-Anlage nicht unangemessen benachteiligt. Außerdem hat die Klausel für ihn auch Vorteile, da er den Anspruch auf Ersatzlieferung auch dann haben dürfte, wenn der Lieferant nicht anderweitig über die IT-Anlage verfügt hat und genau diese IT-Anlage in der Zwischenzeit zerstört oder beschädigt wird. Das ist nach der gesetzlichen Regelung (§ 300 Abs. 1 BGB) nicht immer der Fall.

(2) Rücktritt und Schadensersatz

(a) „Nimmt der Kunde die ihm angebotene IT-Anlage nicht an, ist der Lieferant nach fruchtlosem Ablauf einer dem Kunden gesetzten Nachfrist von drei Wochen berechtigt, vom Vertrag zurückzutreten oder Schadensersatz statt der Leistung zu verlangen."

Diese Klausel setzt Annahmeverzug des Kunden voraus *[dazu (1)]*. Die Rechtsfolgen weichen zwar von den gesetzlich vorgesehenen Rechtsfolgen des Annahmeverzugs erheblich ab: Ein Recht zum Rücktritt oder einen Anspruch auf Schadensersatz soll der Lieferant bei der Nichtannahme der Leistung erst einmal nicht haben. Allerdings schwächt die Nachfrist als Voraussetzung für den Rücktritt oder den Schadensersatz die Klausel erheblich ab. Da der Lieferant ein Interesse daran hat, Klarheit darüber zu schaffen, ob der Kunde die IT-Anlage noch annimmt, dürfte die Klausel wirksam sein.

(b) „Nimmt der Kunde die angebotene IT-Anlage nicht an, kann der Lieferant ohne Nachweis 20 % des Kaufpreises als Entschädigung verlangen. Die Geltendmachung eines tatsächlich höheren Schadens bleibt vorbehalten, sofern nicht nachweislich nur ein wesentlich niedrigerer oder überhaupt kein Schaden entstanden ist."

Diese Klausel hält sich in Bezug auf den sog. pauschalierten Schadensersatz im Rahmen von § 309 Nr. 5a und b BGB und geht in Ordnung. Der Anspruch auf Zahlung bleibt davon unberührt.

(3) Ersatz von Kosten der Lagerung

„Wird der Versand auf Wunsch des Kunden verzögert, ist der Lieferant berechtigt, dem Kunden pro Monat die durch die Lagerung entstehenden Kosten, mindestens 0,5 % des Rechnungsbetrags, in Rechnung zu stellen. Dieser Anspruch steht dem Lieferanten ab dem ersten Monat nach Anzeige seiner Versandbereitschaft zu."

Diese Klausel ist wirksam, weil der Kunde nach ihr die Verzögerung zu vertreten hat („auf Wunsch des Kunden"). Einigen sich Lieferant und Kunde auf einen späteren Liefertermin, geht das aber als Individualvereinbarung gemäß § 305b BGB der Klausel vor *[Kapitel 1.5 (2)]*.

2.3.3 Ansprüche des Kunden bei Verzug des Lieferanten

(1) Entschädigung

„Kann der Lieferant verbindlich zugesagte Fristen und Termine nicht einhalten oder gerät er in Verzug, so kann der Kunde von da an eine Verzugsentschädigung in Höhe von 0,5 % für jede vollendete Woche, insgesamt jedoch höchstens bis zu 5 % des Auftragswerts der vom Verzug betroffenen Lieferungen und Leistungen verlangen. Darüber hinausgehende Schadensersatzansprüche des Kunden bestehen nur, wenn der Verzug infolge zumindest grober Fahrlässigkeit des Lieferanten eingetreten ist."

Mit dieser Klausel will der Lieferant seine Verpflichtung zum Ersatz des Verzugsschadens des Kunden begrenzen, wenn der Verzug nur auf leichter Fahrlässigkeit beruht. Das dürfte zulässig sein, wenn die Beträge angemessen sind. Das ist hier der Fall, auch im Hinblick auf die Höchstgrenze von 5 %.

Der Lieferant sollte den zweiten Satz allerdings sicherheitshalber so formulieren, dass weitergehende Schadensersatzansprüche des Kunden auch bei leichter Fahrlässigkeit des

Lieferanten bestehen, wenn der Lieferant eine wesentliche Vertragspflicht verletzt hat *[vgl. Kapitel 2.3.5 (1)]*.

(2) Rücktrittsrecht

„Will der Kunde vom Vertrag zurücktreten, hat er den Rücktritt unverzüglich nach Ablauf der gesetzten Nachfrist schriftlich zu erklären. Anderenfalls schuldet der Lieferant nur Schadensersatz."

Der Kunde hat gemäß § 323 Abs. 1 BGB ein gesetzliches Rücktrittsrecht für den Fall, dass der Lieferant eine fällige Leistung nicht vertragsgemäß erbracht hat und eine angemessene Frist zur Nacherfüllung erfolglos war. Für Kaufverträge geht § 440 BGB vor, bei Werkverträgen § 634 BGB. Das gesetzliche Rücktrittsrecht ist individualvertraglich abdingbar. In AGB ist das jedoch wegen § 309 Nr. 8a BGB außerhalb der dort genannten Grenzen nicht zulässig. Da die Klausel das Rücktrittsrecht pauschal ausschließt, ist sie unwirksam.

(3) Nachfrist von vier Wochen bei Verzug

„Gerät der Lieferant in Verzug, ist ihm eine Nachfrist von vier Wochen zu gewähren."

Diese Klausel dürfte auch im unternehmerischen Verkehr unwirksam sein, weil der Kunde es nicht hinnehmen muss, so lange zu warten. Schließlich kann der Kunde bereits anderweitig disponiert haben, so dass es ihm nicht zuzumuten ist, vier Wochen abzuwarten, ob der Lieferant nunmehr doch seiner Lieferpflicht nachkommt. Das dürfte u. E. sowohl für Hardware (PCs) als auch für Software-Produkte gelten: Letztere braucht der Kunde häufig zu einem bestimmten Zeitpunkt, so dass er durch die verspätete Lieferung erheblichen betriebswirtschaftlichen Schaden erleiden kann.

2.3.4 Gewährleistungspflicht des Lieferanten

(1) Beginn und Dauer der Verjährungsfrist für Ansprüche wegen Mängeln

(a) „Die Gewährleistungsfrist beginnt mit dem Zeitpunkt der Ablieferung."

Der Begriff „Gewährleistungsfrist" müsste nach der Schuldrechtsreform „Verjährungsfrist für Ansprüche wegen Mängeln" lauten. Es bleibt aber abzuwarten, ob die Praxis den bisherigen Begriff nicht weiter verwendet.

Man versteht darunter die Frist, in der Ansprüche des Kunden wegen Mängeln verjähren *[IT-Vertragsrecht, Kapitel 6.3.8]*. Diese Frist soll nach der Klausel mit dem Zeitpunkt der Ablieferung beginnen. Eine Sache ist abgeliefert, wenn sie in den Machtbereich des Kunden gelangt ist und er sie untersuchen kann. Eine IT-Anlage kann der Kunde meist aber nicht bereits bei Übergabe, sondern erst nach der Einweisung untersuchen *[IT-Vertragsrecht, Kapitel 6.3.8 (2)]*. Nach dem BGH beginnt die Gewährleistungsfrist mit der Ablieferung, vorausgesetzt, der Lieferant hat *alle* vereinbarten Leistungen erbracht.

Der Wortlaut legt nahe, dass mit „Ablieferung" die bloße Übergabe der Software-Produkte gemeint ist, so dass die Einweisung für den Beginn der Gewährleistungsfrist nicht erforderlich ist. So verstanden würde die Klausel der Situation nicht ausreichend Rechnung tragen und damit die gesetzliche Verjährungsfrist für Ansprüche wegen Mängeln verkürzen. Das könnte im unternehmerischen Verkehr gegen §§ 307, 309 Nr. 8b (ff) BGB verstoßen. Allerdings wäre die Klausel nur dann unwirksam, wenn die verbleibende Frist kürzer als ein (1) Jahr wäre. Das ist bei fehlender Einweisung normalerweise nicht der Fall, so dass die Klausel wirksam ist.

Bei Kaufverträgen zwischen Unternehmer und Verbraucher ist die Klausel allerdings unwirksam, da sie zu einer Verjährungsfrist von weniger als 2 Jahren, bei gebrauchten Sachen von weniger als 1 Jahr, führt. Das verstößt gegen zwingendes Recht (§ 475 Abs. 2 BGB).

(b) „Die Verjährungsfrist beginnt bei PCs 14 Tage nach Versand/Übergabe."

Diese Klausel ist wirksam. Der Lieferant räumt dem Kunden im Hinblick auf PCs eine angemessene Frist zur Überprüfung ein.

(2) Ausschluss der Gewährleistung wegen Ablaufs der Rügefrist

„Der Kunde hat offensichtliche Mängel innerhalb von zwei Wochen nach Ablieferung schriftlich mitzuteilen. Nach Ablauf dieser Frist sind jegliche Gewährleistungsansprüche ausgeschlossen."

Diese Klausel bezieht sich auf die im unternehmerischen Verkehr maßgebliche Regelung zur Rüge von Mängeln (§ 377 Abs. 1 HGB). Mangel kann in etwa mit Fehler gleichgesetzt werden *[IT-Vertragsrecht, Kapitel 6.3 (1)]*. Nach § 377 Abs. 1 HGB muss der Kunde die Kaufsache unverzüglich untersuchen und Mängel unverzüglich nach der Ablieferung anzeigen, anderenfalls entfallen seine Gewährleistungsansprüche gemäß § 377 Abs. 2 HGB *[IT-Vertragsrecht, Kapitel 6.3.9 (1)]*.

„Offensichtlich" sind Mängel, wenn sie so offen zutage treten, dass sie auch dem nicht fachkundigen Durchschnittskäufer ohne besondere Aufmerksamkeit auffallen. Solche müssen sehr bald entdeckt und gemeldet werden. Davon scheint die Klausel zugunsten des Kunden abzuweichen. Allerdings ordnet sie in Satz 2 an, dass bei Nichtmelden offensichtlicher Mängel *alle* Gewährleistungsansprüche ausgeschlossen sind („jegliche"). Das verstößt grob gegen Treu und Glauben, so dass die Klausel unwirksam ist. Im nicht-unternehmerischen Verkehr gibt es keine spezifischen Ausschlussfristen., so dass die Klausel hier erst recht unwirksam ist.

Ebenso unwirksam ist eine Klausel, nach der „Reklamationen jeder Art spätestens innerhalb von 10 Tagen geltend zu machen sind".

(3) Nachbesserungsrecht des Lieferanten

„Der Lieferant ist bei mangelhafter Lieferung oder Leistung nach seiner Wahl zur kostenlosen Nachbesserung oder zum Austausch der mangelhaften Teile berechtigt. Schlägt die Nachbesserung oder Ersatzlieferung endgültig fehl, kann der Kunde die gesetzlichen Ansprüche geltend machen. Die Nachbesserung oder Ersatzlieferung gilt nach drei Versuchen als endgültig fehlgeschlagen."

Einen Anspruch des Kunden auf Nachbesserung bei mangelhafter (= fehlerhafter) Ware *[siehe (2)]* sah das Gesetz bis zur Schuldrechtsreform im Kaufrecht nicht vor. Nunmehr darf (und muss) auch der Verkäufer wie der Werkunternehmer Nacherfüllung durch Nachbesserung oder Ersatzlieferung erbringen.

Nach dem Gesetz (§ 440 Satz 2 BGB) gilt die Nachbesserung nach zwei erfolglosen Versuchen als fehlgeschlagen, wenn sich nicht insbesondere aus der Art der Sache oder des Mangels oder den sonstigen Umständen etwas anderes ergibt. Die Klausel ändert das geltende Recht kaum ab und ist wirksam.

(4) Ausschluss der Gewährleistung bei fehlendem Vertretenmüssen des Lieferanten bzw. bei Änderungen/Eingriffen durch den Kunden

(a) „Sind die aufgetretenen Mängel auf Umstände zurückzuführen, die der Lieferant nicht zu vertreten hat, entfällt die Gewährleistung. Dies gilt z. B. bei Störungen infolge Benutzung ungeeigneten Betriebsmaterials, oder wenn der Kunde die Installationsvoraussetzungen nicht eingehalten hat."

Der Lieferant will mit dieser Klausel klarstellen, dass Gewährleistungsansprüche des Kunden nicht bestehen, wenn die Störung auf Umständen aus dem Risikobereich des Kunden beruht. Das ist keine Einschränkung der Gewährleistungsansprüche, sondern entspricht der Gesetzeslage. Die Klausel ist deshalb wirksam.

Nach dem Wortlaut übernimmt der Lieferant die Beweislast dafür, dass die Gewährleistung entfällt.

(b) „Die Gewährleistung entfällt, wenn der Kunde Änderungen oder Eingriffe am Kaufgegenstand vorgenommen hat."

Mit dieser Klausel schließt der Lieferant seine Verpflichtung zur Gewährleistung zu pauschal aus *[bei der Überlassung von Software-Produkten ohne Hardware kann das anders sein, vgl. Kapitel 3.1.1 (3)]*: Der Kunde soll keine Möglichkeit haben nachzuweisen, dass sein Verhalten für das Auftreten eines Mangels nicht ursächlich gewesen ist. Das verstößt gegen § 309 Nr. 8b (aa) BGB, die Klausel ist somit (auch im unternehmerischen Verkehr) unwirksam.

Wirksam dürfte sie dagegen mit folgendem Zusatz sein:

„ [...] vorgenommen hat; es sei denn, der Kunde weist im Zusammenhang mit der Mängelmeldung nach, dass die Änderungen oder Eingriffe für den Mangel nicht ursächlich waren."

(5) Ausschluss der Gewährleistung für gebrauchte IT-Anlage/ bei Verwendung untauglichen Zubehörs

(a) „Eine Gewährleistung für eine gebrauchte IT-Anlage besteht nicht."

Eine Sache ist gebraucht, wenn sie bereits ihrem bestimmungsgemäßen Zweck entsprechend benutzt und in den Verkehr gelangt ist. Da § 309 Nr. 8b BGB nur auf neue Sachen Anwendung findet, ist gegen die Klausel im unternehmerischen Verkehr nichts einzuwenden. Bei Verbrauchern ist sie allerdings unwirksam, weil nach der Schuldrechtsreform in

§ 475 Abs. 2 BGB zwingend vorgeschrieben ist, dass die Gewährleistungsfrist bei gebrauchten Sachen nicht auf weniger als ein (1) Jahr verkürzt werden darf.

(b) „Verwendet der Kunde Zubehör, das nicht den Vorgaben des Lieferanten der Hardware entspricht, entfällt die Gewährleistung."

Es geht um Zubehör wie Disketten, Papier, Farbbänder oder Ähnliches. Untaugliches Zubehör stellt eine erhebliche Gefahr für Störungen dar. Deshalb besteht ein hohes Risiko des Lieferanten, in Beweisschwierigkeiten zu kommen. Dennoch geht u. E. eine Klausel zu weit, die die Gewährleistung schlechthin ausschließt. Auch hier dürfte allerdings eine Klausel wirksam sein, die die Beweislast im Falle, dass der Lieferant eine Garantie gibt, auf den Kunden zurücküberträgt *[vgl. Kapitel 3.1.1 (3)]*.

(6) Pflicht des Kunden, Mängel zu melden

„Der Kunde ist verpflichtet, Mängel, die bei vertragsgemäßer Nutzung auftreten, dem Lieferanten unverzüglich in nachvollziehbarer Form mit Angabe der für eine Mängelbeseitigung geeigneten Informationen zu melden. Auf Wunsch des Lieferanten wird diese Meldung schriftlich erfolgen. Bei der Mängelbeseitigung hat der Kunde den Lieferanten im Rahmen des Zumutbaren zu unterstützen."

AGB-Klauseln, die den Kunden zur unverzüglichen Mängelmeldung verpflichten, gehen von der Erfahrung aus, dass sich der Schaden häufig erheblich vergrößert, wenn der Kunde ein Mängelbild erst einmal nicht Ernst nimmt und keine Mängelmeldung macht.

Im unternehmerischen Verkehr hat die Klausel kaum Auswirkungen, weil sie der gesetzlichen Regelung in § 377 HGB entspricht: Der Kunde verliert seine Gewährleistungsansprüche, wenn er Mängel nicht unverzüglich meldet *[IT-Vertragsrecht, Kapitel 6.3.9]*. Das Schriftformerfordernis weicht zwar von der gesetzlichen Regelung ab, es dürfte aber sinnvoll sein. Die Klausel ist im unternehmerischen Verkehr wirksam.

Im nicht-unternehmerischen Verkehr gibt es keine Ausschlussfristen wie in § 377 HGB zur Anzeige von Mängeln. Deshalb verkürzt die Klausel aber nicht die gesetzliche Verjährungsfrist (§ 438 BGB), wie man zunächst meinen könnte. Wenn die Klausel das erreichen sollte, würde sie ihr Ziel verfehlen. Sie ist wirksam.

(7) Mängelbeseitigung am Sitz des Lieferanten; Kunde überspielt Korrekturmaßnahme

(a) „Bei PCs einschließlich Software findet die Mängelbeseitigung am Sitz des Lieferanten statt. Der Kunde wird den PC ordnungsgemäß verpackt einschließlich der Verbindungskabel anliefern."

Nach Satz 1 dieser Klausel hat der Kunde keinen Anspruch auf Mängelbeseitigung in seinen Räumen. Das hat er auch nach dem Gesetz nicht. Da die Klausel nur bei PCs gilt, ist der Ausschluss von Besuchen beim Kunden zur Mängelbeseitigung nach § 307 Abs. 1 und 2 BGB unbedenklich.

Auch Satz 2 der Klausel dürfte wirksam sein. Allerdings darf der Lieferant die Mängelbeseitigung im Hinblick auf Treu und Glauben kaum verweigern, wenn der PC nicht ordnungsgemäß verpackt ist.

(b) „Zum Zwecke der Mängelbeseitigung wird der Lieferant dem Kunden eine Korrekturmaßnahme zum Überspielen übersenden."

Diese Klausel zielt auf Software ab und dürfte wirksam sein: Es ist dann nichts dagegen einzuwenden, dass der Lieferant den Kunden dazu verpflichtet, Korrekturmaßnahmen, die er diesem übersendet, in die Programme einzufügen bzw. die korrigierten Programme neu zu überspielen (und ggf. Dateien umzustellen), wenn der Kunde das Einspielen sachgerecht handhaben kann. Ist das nicht der Fall, z. B. weil der Lieferant die beim Überspielen einzuhaltenden Schritte unvollständig oder falsch beschreibt, kann er sich auf die Klausel nicht berufen *[Kapitel 1.5 (5)]*.

(8) Kosten der Nachbesserung

„Der Kunde hat für die Dauer der Gewährleistungsfrist alle erforderlichen technischen Einrichtungen auf seine Kosten in Betrieb zu halten. Das gilt auch für Telefonverbindungen und Übertragungsleitungen."

Nach der gesetzlichen Regelung trägt der zur Nachbesserung verpflichtete Lieferant die dazu erforderlichen Aufwendungen (§ 439 Abs. 2 BGB). Davon kann in AGB zu Lasten des nicht-unternehmerischen Kunden nicht wirksam abgewichen werden (§ 309 Nr. 8b (cc) BGB): Der Lieferant darf die Kosten, die im Rahmen einer Nachbesserung anfallen, nicht auf den Kunden abwälzen, da er Nachbesserung (zunächst) an Stelle seiner Kardinalpflicht Gewährleistung schuldet und Kardinalpflichten nicht einschränken darf *[Kapitel 1.4 (1)]*.

Ob diese Bewertung auch für den unternehmerischen Verkehr gelten kann, ist umstritten. Der Lieferant muss u. E. nur diejenigen Kosten tragen, die normalerweise bei ihm anfallen *[IT-Vertragsrecht 6.3.7 (3)]*. Das dürfte hinsichtlich der in der Klausel genannten Kosten nicht der Fall sein. Vor der Schuldrechtsreform war die kostenmäßige Belastung des Kunden bei sechsmonatiger Gewährleistungsfrist vergleichsweise gering. Bei nunmehr – gesetzlicher – Gewährleistungsfrist von 24 Monaten dürfte das anders sein; es sei denn, im Individualvertrag ist Fernbetreuung vereinbart. Die Klausel dürfte deshalb auch im unternehmerischen Verkehr unwirksam sein.

(9) Vergütung des Aufwands bei nicht nachgewiesenem Mangel

„Ist der Lieferant auf Grund einer Mängelmeldung tätig geworden, ohne dass der Kunde einen Mangel nachgewiesen hat, kann der Lieferant Vergütung seines Aufwands verlangen."

Auch diese Klausel setzt voraus, dass der Lieferant zur Nachbesserung berechtigt ist *[siehe (3)]*. Der Lieferant will Vergütung seines Aufwands verlangen dürfen, wenn seine Suche nach einem Mangel erfolglos geblieben ist, der Kunde einen Mangel also nicht nachweisen konnte. Der Kunde will einen Auftrag zur Aufdeckung eines Bedienungsfehlers aber nur erteilen, wenn nachweislich kein Mangel vorliegt. Es geht allerdings weniger um die im Hinblick auf § 309 Nr. 12 BGB (bedenkliche) Umkehr der Beweislast als um die Definition des Auftrags („Ich habe eine Störung, also ein Problem. Bitte beseitigen Sie diese/dieses."). Deswegen dürfte die Klausel – zumindest im unternehmerischen Verkehr – wirksam sein.

(10) Ausschluss der Gewährleistung bei nicht reproduzierbaren Mängeln

(a) „Der Anspruch des Kunden auf Mängelbeseitigung ist ausgeschlossen, wenn der Mangel nicht reproduzierbar ist."

Klauseln, die die Reproduzierbarkeit des Mangels zur Voraussetzung für Gewährleistungsansprüche machen, sind bedenklich, wenn sie über das hinausgehen, was man dem Kunden für eine ordnungsgemäße Mängelmeldung zumuten kann.

Für die Inhaltskontrolle kommt es zunächst einmal darauf an, wie man diesen Begriff auslegt: Das Problem liegt darin, dass manche Mängelbilder nicht wiederholt werden können, wohl aber anhand von Ausgaben (z. B. Ausdrucken auf Papier oder Anzeige über den Bildschirm) belegt werden können. Der Kunde muss Mängelbilder aber in gewissem Umfang nachweisen, damit der Lieferant ausreichende Anhaltspunkte für die Mängelsuche hat.

Verlangt der Lieferant – wie in der zitierten Klausel – uneingeschränkte Reproduzierbarkeit des Mangels, dürfte das unwirksam sein, z. B. macht die Meldung: „Datei zerstört" eine Vorführung nahezu unmöglich.

(b) „Der Anspruch des Kunden auf Mängelbeseitigung ist ausgeschlossen, wenn der Mangel nicht reproduzierbar ist bzw. anhand von handschriftlich oder maschinell festgehaltenen Ausgaben aufgezeigt werden kann."

Diese Klausel sieht neben der Reproduzierbarkeit durch Vorführung ausdrücklich auch die Belegung anhand von Ausgaben vor. Letztere werden auch handschriftlich akzeptiert, z. B. wenn ein Programm bereits so weit „abgestürzt" ist, dass es selbst keine Ausgaben zum Fehler mehr aufzeichnen kann, aber eine entsprechende Fehlermeldung vom Bildschirm abgeschrieben werden kann. Das dürfte mit § 307 Abs. 1 und 2 BGB vereinbar sein. In Einzelfällen hat der Kunde aber keine Ausgaben zur Verfügung, dann muss der Lieferant trotzdem – gegen Vergütung – tätig werden, der Kunde wird also nicht allein gelassen. Dementsprechend ist die Klausel wirksam.

(11) Wartungsvertrag als Voraussetzung für Gewährleistungsansprüche

„Der Lieferant ist zur Gewährleistung nur verpflichtet, wenn der Kunde einen gesondert zu vergütenden Wartungsvertrag abschließt."

Ein Wartungsvertrag geht zwar in seinen Leistungen über die Pflicht zur Mängelbeseitigung hinaus, so dass die Klausel eine gewisse Berechtigung hat. Sie macht dann Sinn, wenn nach dem Ablauf der Gewährleistungsfrist Vollwartung *[IT-Vertragsrecht, Kapitel 13.1 (2)]* erforderlich ist.

Mit der Klausel wirft der Lieferant aber alle Fälle in einen Topf. Das benachteiligt die Kundenseite nach § 307 Abs. 1 und 2 BGB in Verbindung mit § 309 Nr. 8b BGB unangemessen. Die Klausel ist deshalb (auch im unternehmerischen Verkehr) unwirksam.

2.3.5 Einschränkung von Schadensersatzansprüchen des Kunden

Klauseln zur Einschränkung von Schadensersatzansprüchen sind schon unter Verzug des Lieferanten behandelt worden *[Kapitel 2.3.3]*. Schadensersatzansprüche werden von Lieferanten häufig im Zusammenhang mit Gewährleistungsansprüchen in einem Paragraphen behandelt. Aus der Sicht des Lieferanten macht es aber Sinn, Schadensersatzansprüche im Hinblick auf alle Anspruchsgrundlagen einzuschränken. Bei getrennter Behandlung des Themas entgeht der Lieferant dem Risiko (wegen der Unklarheitenregel in § 305c Abs. 2 BGB *[Kapitel 1.5 (3)]*), dass die Einschränkung von Schadensersatzansprüchen nur auf Gewährleistungsansprüche bezogen wird.

(1) Haftung bei leichter Fahrlässigkeit

(a) „Schadensersatzansprüche aus Verschulden bei Vertragsabschluss, positiver Vertragsverletzung sowie unerlaubter Handlung gegen den Lieferanten und seine Erfüllungsgehilfen sind ausgeschlossen, es sei denn, es liegt Vorsatz oder grobe Fahrlässigkeit vor oder zugesicherte Eigenschaften fehlen. Die Einschränkung gilt nicht bei leichter Fahrlässigkeit, wenn wesentliche Vertragspflichten verletzt worden sind. Der Lieferant haftet bei leichter Fahrlässigkeit auch, wenn die Schäden durch seine Betriebshaftpflichtversicherung gedeckt sind. Der Lieferant verpflichtet sich, den bei Vertragsabschluss bestehenden Versicherungsschutz aufrecht zu erhalten. Die Haftung für Personenschäden sowie nach dem Produkthaftungsgesetz bleibt unberührt."

Mit Satz 1 dieser Klausel schließt der Lieferant Schadensersatzansprüche des Kunden aus, wenn er den Eintritt des Schadens nur auf Grund leichter Fahrlässigkeit *[zum Begriff vgl. IT-Vertragsrecht, Kapitel 3.1 (3)]* herbeigeführt hat. Lange Zeit ist das als zulässig angesehen worden.

Nach der Rechtsprechung gelten davon heute Ausnahmen: So kann die Haftung für wesentliche Vertragspflichten (so genannte Kardinalpflichten: das sind Pflichten, deren ordnungsgemäße Erfüllung die Vertragsdurchführung überhaupt erst ermöglicht *[Kapitel 1.4 (1)]*) in AGB bei leichter Fahrlässigkeit nicht wirksam ausgeschlossen werden. Dem trägt die Klausel in Satz 2 Rechnung. Satz 3 ist für die Wirksamkeit der Klausel notwendig. Als Klarstellung ist Satz 5 sinnvoll, denn ausschließen kann man die Haftung für Personenschäden nach dem Produkthaftungsgesetz nicht, ob er notwendig ist, ist allerdings strittig.

Es wird daran erinnert, dass sich die Klausel wegen der (abschließenden) Aufzählung nicht auf alle Anspruchsgrundlagen bezieht *[vgl. 2.3.5]*. Der Lieferant sollte die Aufzählung im eigenen Interesse fortlassen.

(b) „Für entgangenen Gewinn und Vermögensschäden des Kunden, die z. B. durch den Ausfall von IT-Anlagen, mangelhafte Funktion von Programmen oder Datenverlust entstehen, ist eine Haftung des Lieferanten ausgeschlossen. Diese Haftungsbeschränkungen gelten nicht, wenn zwingende gesetzliche Vorschriften, z. B. über die Haftung für Vorsatz oder grobe Fahrlässigkeit, entgegenstehen."

Diese Klausel ist unwirksam: Der Lieferant kann seine Haftung für Vermögensschäden (darunter fällt entgangener Gewinn) zwar einschränken *[siehe (2)]*, die Klausel ist aber unwirksam, weil die erforderliche Differenzierung fehlt, dass der Lieferant für die Verletzung wesentlicher Vertragspflichten auch bei leichter Fahrlässigkeit hafte *[siehe (a)]*. Das verstößt gegen § 307 Abs. 1 und 2 BGB in Verbindung mit § 309 Nr. 7 b BGB.

(2) Kein Ersatz für mittelbare Schäden

„Wird dem Lieferanten nur leichte Fahrlässigkeit angelastet, ist die Haftung für mittelbare bzw. Folgeschäden, beispielsweise entgangenen Gewinn, ausgeschlossen. Das gilt nicht bei Verletzung wesentlicher Vertragspflichten."

Mit dieser Klausel will der Lieferant den Umfang seiner Schadensersatzpflicht einschränken. Man kann die Klausel nach dem zwingenden (!) § 444 BGB für unwirksam halten: Er erklärt jegliche Haftungsausschlüsse bei arglistig verschwiegenen Mängeln oder übernommenen Garantien für die Beschaffenheit der Kaufsache für unwirksam.

Der Lieferant dürfte mit dieser Klausel seine Haftung für das Fehlen garantierter Eigenschaften gar nicht einschränken wollen. Außerdem dürfte *der Lieferant sich wegen der Unklarheitenregel des § 305c Abs. 2 BGB ohnehin nicht auf den Ausschluss der Haftung wegen Fehlens garantierter Eigenschaften durch seine Klausel berufen* *[siehe Kapitel 1.5 (3)]*.

Im Übrigen spricht für die Wirksamkeit der Klausel schon der Umstand, dass diese Klausel von unternehmerischen Kunden (!) nicht als grob unbillig angesehen wird, wenn sie auf Fälle leichter Fahrlässigkeit begrenzt ist. Die Klausel dürfte wirksam sein. Sicherheitshalber sollten die Worte „und bei Fehlen garantierter Eigenschaften" am Ende ergänzt werden.

(3) Kein Ersatz bei Verlust von Daten

(a) „Schadensersatzansprüche für den Verlust gespeicherter Daten sind ausgeschlossen, wenn der Schaden bei ordnungsgemäßer Datensicherung nicht eingetreten wäre."

Datensicherung ist Sache des Kunden. Die Klausel schließt Schadensersatzansprüche pauschal aus, wenn Daten maschinell hätten rekonstruiert werden können, vorausgesetzt, der Kunde hätte eine ordnungsgemäße Datensicherung betrieben. Die Klausel ist unwirksam, weil der Lieferant nach der Rechtsprechung verpflichtet ist, den Kunden in die Datensicherung einzuweisen. Das berücksichtigt die Klausel nicht.

(b) Wirksam wird die Klausel mit folgendem Zusatz: „... nicht eingetreten wäre; es sei denn, der Lieferant hat den Kunden ordnungsgemäß in die Datensicherung eingewiesen."

2.4 Klauseln zu Rahmenbedingungen

2.4.1 Anwendbares Recht

„Dieser Vertrag unterliegt deutschem Recht."

Diese Klausel ist wirksam. Es ist darauf hinzuweisen, dass der Lieferant damit nicht ausschließt, dass das ins deutsche Recht übernommene UN-Kaufrecht anzuwenden ist, wenn der Kunde seinen Sitz in einem UN-Konventionsstaat hat *[IT-Vertragsrecht, Kapitel 1.4 (2)]*.

2.4.2 Gerichtsstandsvereinbarungen

(a) „Ausschließlicher Gerichtsstand ist, wenn der Kunde Kaufmann, eine juristische Person des öffentlichen Rechts oder öffentlich-rechtliches Sondervermögen ist, für alle Streitigkeiten aus diesem Vertragsverhältnis der Sitz des Lieferanten."

Diese Klausel richtet sich im Hinblick auf die Gerichtsstandsvereinbarung nach der Rechtsprechung im Rahmen der Zivilprozessordnung (§ 38 ZPO). Unter Unternehmern sei gewohnheitsrechtlich anerkannt, dass gerichtliche Auseinandersetzungen am allgemeinen Gerichtsstand eines der beiden Vertragspartner ausgetragen werden. Das geht in Ordnung.

(b) Deshalb ist auch gegen den folgenden Zusatz nichts einzuwenden:

„Der Lieferant ist jedoch auch berechtigt, am Hauptsitz des Kunden zu klagen."

(c) Unwirksam ist dagegen die folgende Klausel:

„Für sämtliche gegenwärtigen und künftigen Ansprüche aus der Geschäftsverbindung mit Kaufleuten [...] wird als ausschließlicher Gerichtsstand der Sitz des Lieferanten vereinbart."

Das weicht von der gesetzlichen Regelung in § 40 Abs. 1 ZPO ab. Danach ist eine Gerichtsstandsvereinbarung nur wirksam, wenn sie sich auf ein bestimmtes Rechtsverhältnis sowie der daraus entstehenden Rechtsstreitigkeiten bezieht. Das ist bei sämtlichen Ansprüchen aus einer Geschäftsverbindung nicht der Fall. Die Klausel ist deshalb bereits auf Grund der ZPO unwirksam.

Im Übrigen ist eine derartige Klausel als Rahmenvereinbarung („sämtliche ... Ansprüche aus einer Geschäftsverbindung") in AGB unzulässig *[Kapitel 2.1.2 (2) und 1.3 (1)]*.

2.4.3 Ausfuhrkontrollbestimmungen

(a) „Die Ausfuhr der IT-Anlage unterliegt deutschen und US-amerikanischen Ausfuhrkontrollbestimmungen. Sie bedarf der Zustimmung der zuständigen Stellen."

Nach § 7 Außenwirtschaftsgesetz können Rechtsgeschäfte und Handlungen im Außenwirtschaftsrecht beschränkt werden. Die Klausel dient als Hinweis auf diese Vorschrift und ist wirksam. Eine unangemessene Benachteiligung des Kunden liegt schon deshalb nicht vor, weil der Kunde bei Verletzung dieser Vorschrift schadensersatzpflichtig sein kann.

(b) „Die Ausfuhr der IT-Anlage unterliegt deutschen und US-amerikanischen Ausfuhrkontrollbestimmungen. Sie bedarf der Zustimmung der zuständigen Stellen und des Lieferanten."

Der Zusatz „und des Lieferanten" macht die Klausel nach §307 Abs. 1 und 2 BGB unwirksam. Ein berechtigtes Interesse des Lieferanten an einer Zustimmung ist bei der Ausfuhr in ein Land der Europäischen Gemeinschaft nicht zu sehen. Da die Klausel das zwingend mitumfasst („und"), ist sie insgesamt unwirksam *[Kapitel 1.5 (4)]*. – Das deutsche Außenwirtschaftsgesetz ist als zwingendes Recht zu beachten.

2.4.4 Teilunwirksamkeitsklausel und salvatorische Klausel

(1) Teilunwirksamkeitsklausel

„Wenn eine der Bestimmungen dieser Geschäftsbedingungen unwirksam ist oder wird, berührt das nicht die Wirksamkeit der übrigen Bestimmungen.“

Diese Klausel entspricht der in § 306 Abs. 1 BGB getroffenen Regelung und ist deshalb wirksam (und überflüssig). Sie dient meist als Einleitung zu der folgenden Klausel.

(2) Salvatorische Klausel

„[...]. Unwirksame Bestimmungen werden durch solche wirksamen Regelungen ersetzt, die dem angestrebten wirtschaftlichen Zweck der unwirksamen Bestimmung möglichst nahe kommen.“

Die Klausel weicht von der in § 306 Abs. 2 BGB vorgesehenen Rechtsfolge ab, nach der an die Stelle unwirksamer Bestimmungen die gesetzlichen Regelungen treten. Der Lieferant will damit das Risiko der Unwirksamkeit einer Klausel seiner Geschäftsbedingungen verringern. Welche Klausel gerade noch wirksam ist, ist oft schwer zu bestimmen, wie dieses Buch zeigt. Die Klausel überfordert den Kunden, weil er die (ersatzweise) geltenden Bestimmungen in Erfahrung bringen müsste, und ist deswegen unwirksam *[siehe auch Kapitel 1.5 (4)]*.

3 IT-spezifische AGB-Klauseln der Lieferanten

Inhaltsübersicht

Dieses Kapitel behandelt IT-spezifische Klauseln in Allgemeinen Geschäftsbedingungen der Lieferantenseite, insbesondere das Benutzungsrecht des Kunden an überlassenen Software-Produkten. Es ist nach den einzelnen Vertragstypen gegliedert.

Viele der in diesem Kapitel behandelten Fragen stehen in engem Zusammenhang mit dem Urheberrecht. Im Hinblick darauf kann es erforderlich sein, auf Lieferantenseite nach Händler, Softwareanbieter und Hersteller (von Hardware und Software) zu unterscheiden. Wenn (nur) vom Lieferanten die Rede ist, wird vorausgesetzt, dass dieser Inhaber der erforderlichen Rechte an den Software-Produkten nach dem Urheberrechtsgesetz (UrhG) ist. Kommt es auf die Unterscheidung zwischen dem Rechtsinhaber und dem Vertriebspartner des Rechtsinhabers an, werden die Begriffe Softwareanbieter (= Produzent und Rechtsinhaber) und Händler-Lieferant (= Vertriebspartner und Vertriebsrechtsinhaber) verwendet.

Im deutschen Recht gibt es kein Computer-Gesetzbuch. Statt dessen werden die allgemeinen Gesetze auf Computerrechtsfragen angewendet. Diese Gesetze enthalten mit Ausnahme des Urheberrechtsgesetzes keine Sonderregelungen zu Rechtsproblemen mit IT-spezifischem Gehalt. Deshalb verstoßen AGB-Klauseln nur in seltenen Fällen gegen gesetzliche Regelungen, so dass die in diesem Kapitel behandelten Klauseln überwiegend (nur) der Kontrolle nach § 307 Abs. 1 und 2 BGB dahingehend unterliegen,

- ob sie mit wesentlichen Grundgedanken der gesetzlichen Regelung, von der abgewichen wird, nicht zu vereinbaren sind oder
- ob sie wesentliche Rechte oder Pflichten, die sich aus der Natur des Vertrags ergeben, so einschränken, dass die Erreichung des Vertragszwecks gefährdet ist.

3.1 Klauseln zur Überlassung von Software-Produkten

Software-Produkte sind Programme, die unverändert oder mit Modifikationen (einschließlich Erweiterungen) an (möglichst) viele Kunden geliefert werden sollen *[IT-Vertragsrecht, Kapitel 8.1 (1)]*. Im Vordergrund steht die Frage, in welchem Umfang der Kunde die Software-Produkte benutzen darf *[dazu Kapitel 3.1.2 bis 3.1.4]*. Davon lassen sich Fragen des Programmschutzes gegen missbräuchliche Verwendung kaum trennen. Soweit das möglich ist, werden sie gesondert behandelt *[dazu Kapitel 3.1.5]*.

In der Praxis werden Software-Produkte in der Regel verkauft. Die folgende Darstellung orientiert sich am Regelfall des Kaufs. Besonderheiten bei Miete werden kurz erläutert *[Kapitel 3.1.6]*.

3.1.1 Ansprüche wegen Mängeln (Gewährleistung)

(1) Mängelfreiheit nicht geschuldet

„Es wird darauf hingewiesen, dass nach dem Stand der Technik Mängel unter allen Anwendungsbedingungen nicht gänzlich ausgeschlossen werden können.“

Eine solche Klausel findet sich im Zusammenhang mit der Mängelhaftung (früher: Gewährleistung) in zahlreichen AGB der Lieferantenseite. Im Folgenden wird der besseren Verständlichkeit wegen auch in diesem Kapitel (noch) der Begriff „Gewährleistung" verwendet, weil davon auszugehen ist, dass der Nicht-Jurist derzeit diesen Begriff besser einordnen kann.

Manchmal geht die Formulierung in der zitierten Klausel auch dahin, dass dieser Umstand dem Kunden bekannt sei bzw. dass die Vertragspartner darin übereinstimmen würden. Solche Klauseln sind IT-technisch richtig und wirksam. Nach deutschem Recht haben sie aber keine Bedeutung im Hinblick auf die Gewährleistung (anderenfalls wären sie unwirksam wegen Verstoßes gegen § 307 Abs. 1 und 2 BGB in Verbindung mit § 309 Nr. 8b BGB): Der Kunde hat durch den in der Klausel enthaltenen Hinweis weder eine über das Gesetz hinausgehende Pflicht, die Software-Produkte auf Mängelfreiheit zu überprüfen, noch muss er dadurch einen Verlust seiner Ansprüche wegen Mängeln (Gewährleistungsansprüche) befürchten.

Die Klausel kann deshalb nur als Klarstellung dahingehend verstanden werden, dass jeder Kunde sowieso einiges an Mängelbeseitigung (z. B. in der Anlaufphase) hinnehmen muss *[siehe Kapitel 2.3.4 (3)]*, bevor er den Vertrag rückgängig machen oder Herabsetzung des Kaufpreises verlangen darf. *Das* benachteiligt den Kunden nicht unangemessen *[vgl. auch (5)]*.

(2) Form der Mängelmeldung

(a) „Mängelmeldungen werden nur dann berücksichtigt, wenn sie schriftlich erfolgen."

Die Klausel hilft, späteren Streit zu vermeiden. Die Rechtsprechung hält eine solche Klausel für wirksam. Dem ist zuzustimmen *[unbeschadet dessen darf der Lieferant mündliche Mängelmeldungen nicht ignorieren, siehe IT-Vertragsrecht Kapitel 6.3.7 (1)]*.

(b) „Mängelmeldungen werden nur dann berücksichtigt, wenn sie auf einem Formular des Lieferanten erfolgen."

Mit einem eigenen Formular möchte der Lieferant das Erfassen von Mängelmeldungen vereinfachen. Auch für den Kunden kann es durchaus sinnvoll sein, jede Mängelmeldung als eigenen Vorgang zu behandeln. Andererseits stellt die Klausel einen bloßen Formalismus dar, der mit Treu und Glauben nicht mehr zu vereinbaren ist, z. B. wenn der Kunde kein Formular zur Hand hat oder das Ausfüllen unnötig kompliziert ist. In einem solchen Fall wird sich der Lieferant im Hinblick auf Treu und Glauben nicht auf die Klausel berufen dürfen *[vgl. Kapitel 1.5 (5)]*. Ähnlich zu beurteilen ist eine Klausel, die die Mängelbeseitigung von einer ordnungsgemäßen Verpackung abhängig macht *[dazu oben 2.3.4 (7)]*.

(3) Ausschluss der Gewährleistung bei Änderungen durch den Kunden

(a) „Die Gewährleistung entfällt hinsichtlich solcher Programme oder Programmteile, die vom Kunden selbst geändert oder erweitert worden sind."

Diese Klausel setzt von der technischen Seite her voraus, dass der Lieferant dem Kunden die Software-Produkte als Quellprogramme geliefert hat, so dass der Kunde Änderungen vornehmen kann. Denn wenn der Lieferant die Quellprogramme ausgeliefert hat, damit der Kunde Änderungen vornehmen kann, geht das als Individualvereinbarung vor, weil dann Änderungen der Software-Produkte durch den Kunden im Zielbereich von dessen Einsatz liegen. Ist das nicht der Fall, geht die Klausel sehr weit, weil sie auch für Mängel gilt, die nicht durch die Veränderung verursacht worden sein müssen.

Entscheidend für die rechtliche Bewertung dürfte sein, dass der Lieferant die Möglichkeiten des Kunden, das Programm zu ändern, faktisch ausschließen könnte, indem er die Software-Produkte nur als Objektprogramme liefert. Dann darf er nicht schlechter stehen, wenn er sie als Quellprogramme liefern würde (es sei denn, der Kunde soll wie dargelegt nach dem Überlassungsvertrag selbst ändern dürfen). Außerdem geht die Mehrzahl der Kunden (!) davon aus, dass die Gewährleistungspflicht des Lieferanten erlösche, wenn sie die Programme änderten, da der Lieferant dann nicht mehr die Verantwortung für Mängelfreiheit tragen könne *[vgl. Kapitel 4.3.2 (4.3)]*.

Insgesamt gesehen dürfte das den vollständigen Ausschluss der Gewährleistung bei Änderungen durch den Kunden jedoch nicht rechtfertigen. Die Klausel geht deshalb aus unserer Sicht zu weit, weil sie dem Kunden den Gegenbeweis vollständig abschneidet und deswegen unwirksam ist.

Anders ist die Klausel bei Programmen zu bewerten, die durch einen Interpreter ausgeführt werden müssen (man denke an Basic, PHP, XSLT usw.): In diesem Fall müssen die Quellprogramme zwingend ausgeliefert werden, dann ist die Klausel wirksam.

(b) Durch den Zusatz

„[...]; es sei denn, der Kunde weist nach, dass solche Änderungen oder Erweiterungen für den Mangel nicht ursächlich sind."

kann der Lieferant die Bedenken gegen die Wirksamkeit der Klausel ausräumen. Er bleibt dann aber ggf. zur Gewährleistung verpflichtet.

(4) Einsatz der Software-Produkte nur auf dafür freigegebenen Typen von IT-Anlagen

„Der Kunde darf die Software-Produkte nur auf dafür freigegebenen Typen von IT-Anlagen einsetzen."

In erster Linie beinhaltet diese Klausel eine Einschränkung des Benutzungsrechts des Kunden *[vgl. Kapitel 3.1.4 (1)]*. Sie hat aber auch Auswirkungen in Bezug auf die Gewährleistungspflicht des Lieferanten: Der Lieferant möchte unklare Fehlerbilder und damit Gewährleistungsrisiken ausschließen, die ihm zusätzlichen Aufwand bereiten und die seinen Ruf schädigen können *[IT-Vertragsrecht, Kapitel 8.2.4]*. Diese Risiken drohen bei Einsatz von Software-Produkten auf einer für diese nicht freigegebenen IT-Anlage, da erfahrungsgemäß nicht alle IT-Anlagen, die einem bestimmten Standard entsprechen sollen, das auch tatsächlich tun.

Die Klausel schließt nach ihrem Wortlaut die Gewährleistung zwar nicht ausdrücklich aus, sie umfasst diesen Ausschluss aber, weil sie sogar mehr bezweckt, nämlich auch den Ausschluss unklarer Fehlersituationen. Für den Kunden bedeutet das, dass er bei einer

Fehlermeldung darlegen muss, dass der Fehler bei Einsatz der Software-Produkte auf einem dafür freigegebenen Typ von IT-Anlage aufgetreten ist.

Die Klausel ist wirksam. Sie benachteiligt den Kunden in Bezug auf die Gewährleistungspflicht des Lieferanten nicht unangemessen, da der Lieferant nach Treu und Glauben verpflichtet ist, die Freigabe für die in Betracht kommenden IT-Anlagen auf Verlangen des Kunden zu erteilen, wenn dem nicht triftige Gründe entgegenstehen *[Kapitel 3.1.4 (1)]*. Hat der Lieferant die Freigabe erteilt, bleibt er (voll) zur Gewährleistung verpflichtet.

(5) Einschränkung/Ausschluss des Rücktritts

„Bleiben wiederholte Nachbesserungsversuche des Lieferanten erfolglos, kann der Kunde die Rückgängigmachung des Vertrags nur verlangen, wenn ein vernünftiger Kunde das tun würde."

Grundsätzlich sind Klauseln, die das gesetzliche Recht auf Rücktritt (= Rückgängigmachung des Vertrags) überhaupt oder im Falle des Fehlschlagens der Nachbesserung ausschließen oder einschränken (auch im unternehmerischen Verkehr) wegen Verstoßes gegen die §§ 307 Abs. 1 und 2, 309 Nr. 8b bb BGB unwirksam *[vgl. Kapitel 2.3.4 (3) sowie zum Ausschluss des Rücktritts überhaupt bei Erstellung von Programmen Kapitel 3.2.7 (2)]*.

Bei Software-Produkten gilt jedoch die Besonderheit, dass sie unvermeidbar Mängel haben können *[siehe (1)]*. Das dürfte es rechtfertigen, den Rücktritt nur eingeschränkt zuzulassen. Dann entspricht die Klausel vom Ansatz her Treu und Glauben. Die Rechtsprechung kommt teilweise zu diesem Prüfungsmaßstab, indem sie auf die Beeinträchtigung nicht nur einer Funktion, sondern auf die der Software-Produkte insgesamt abstellt. Die Klausel dürfte deshalb (zumindest im unternehmerischen Verkehr) wirksam sein.

Unwirksam (auch im unternehmerischen Verkehr) dürfte allerdings eine Klausel sein, die das Recht des Kunden auf Rücktritt nur bei *schwerwiegenden* Mängeln vorsieht und für die übrigen Fälle ausschließt: Ein vernünftiger Kunde kann auch wegen einer Reihe von nicht schwerwiegenden Mängeln vom Vertrag Abstand nehmen wollen. Das gilt auch bei Produkten von Vorlieferanten, selbst wenn der Lieferant die Quellprogramme nicht hat und also gar nicht in der Lage ist, Mängel zu beseitigen. Auch dieser Sachverhalt rechtfertigt es nicht, den Rücktritt derart weitgehend auszuschließen (allerdings dürfte das die Frist des Lieferanten für die Mängelbeseitigung verlängern).

(6) Keine Kombinierbarkeit der Funktionen bei Software-Produkten

(a) „Der Lieferant übernimmt keine Gewährleistung für die Kombinierbarkeit der Funktionen innerhalb des Software-Produkts."

Hier geht es um die interne Kombinierbarkeit von Funktionen eines Programms.

Beispiel: Nachdem man in einer Textverarbeitung den Text gespeichert hat, funktioniert das Drucken nicht mehr. Druckt man vor dem Abspeichern, klappt es. Der Lieferant möchte keine Gewähr dafür übernehmen.

Diese Klausel verstößt grob gegen Treu und Glauben und ist deshalb nach § 307 Abs. 1 und 2 BGB unwirksam: Der Kunde kann sich vor Vertragsabschluss nicht verlässlich mit Hilfe der Dokumentation über die wirkliche Leistungsfähigkeit der Software-Produkte informieren. Wenn der Lieferant Software-Produkte anbietet, die bestimmte Funktionen ausführen, darf man als Kunde aber erwarten, dass sich diese Funktionen (soweit das üblich ist, d. h. soweit ähnliche Software-Produkte anderer Lieferanten das tun) miteinander kombinieren lassen, es sei denn, der Lieferant schließt das ausdrücklich und für den Kunden erkennbar aus. Dafür genügt ein Hinweis in seinen AGB nicht.

(b) „Der Lieferant übernimmt keine Gewährleistung für die Kombinierbarkeit der Funktionen der zu liefernden Software-Produkte mit anderen Software-Produkten."

Hier geht es um die Zusammenarbeit mehrerer Programme (z. B. Schnittstellen zum Datenaustausch oder zur gegenseitigen Integration). Dabei kann es sich zunächst aufgrund der vom Kunden gestellten Anforderungen um eine Hauptleistungspflicht des Lieferant handeln.

Beispiel: Der Kunde bestellt beim Lieferanten ein Thesaurus-Plugin für eine bestimmte Textverarbeitung. Dann darf der Lieferant sich nicht per AGB freizeichnen, wenn das Plugin nicht in diese Textverarbeitung integrierbar ist.

Ferner gehen individualvertragliche Vereinbarungen (insbesondere Garantien) vor.

Von diesen Fällen abgesehen besteht aber ein Bedürfnis des Lieferanten, den Kunden darüber zu informieren, dass er eine weitgehende Beratungspflicht zur programmübergreifenden Kombinierbarkeit ablehnt. Die Integration mehrerer Programme (ggf. unterschiedlicher Hersteller) ist typischerweise ein anspruchsvolles Unterfangen, das riskant für den Lieferanten ist, wenn die Hersteller selbst keine Aussagen zur Kombinierbarkeit treffen.

Beispiel: Der Kunde bestellt beim Lieferanten eine Textverarbeitung von Hersteller A. Einige Wochen später bestellt er ein Thesaurus-Plugin von Hersteller B. Als sich dieses nicht in die Textverarbeitung integrieren lässt, möchte er Ansprüche gegen den Lieferanten geltend machen, da er der Meinung ist, dieser hätte ihn warnen müssen, dass das Plugin nicht nutzbar sei.

Ein solcher Hinweis des Lieferanten ist zu begrüßen, da er der Warnung des Kunden dient. Der Kunde wird dadurch auch nicht unangemessen benachteiligt, da er lediglich darauf verwiesen wird, seine Anforderungen bezüglich der Kombinierbarkeit mehrerer Programme bei Vertragsabschluss explizit zu äußern (damit der Lieferant sich bezüglich der Kombinierbarkeit vergewissern bzw. die Lieferung im Zweifel ablehnen kann). Die Klausel ist wirksam.

(7) Löschen von Kopien bei Vollzug des Rücktritts

(a) „Im Falle des Rücktritts vom Vertrag ist der Kunde verpflichtet, die Originaldisketten und alle Kopien der Software-Produkte einschließlich etwaiger abgeänderter Exemplare sowie des schriftlichen Materials zu vernichten."

Tritt eine Vertragspartei vom Vertrag zurück, müssen die Vertragspartner die empfangenen Leistungen gegenseitig zurückgewähren (§ 346 Abs. 1 BGB). Damit der Kunde die Software-Produkte (im Sinne von Benutzungskopien) zurückgeben kann, muss er sämtliche Kopien löschen. Ob der Kunde die Originaldisketten zurückgibt oder der Lieferant ihn zur Vernichtung der Originaldisketten verpflichtet, macht aus Sicht des Kunden keinen Unterschied. Die Klausel ist wirksam.

(b) Auch der Zusatz

„Der Kunde wird innerhalb von zwei Wochen schriftlich bestätigen, alle vorhandenen Kopien gelöscht zu haben."

dürfte wirksam sein *[vgl. Kapitel 3.1.5 (1.1)]*. Da die Software-Produkte in einer Vielzahl von Kopien beim Kunden verkörpert sein können, sichert eine solche Erklärung ab, dass der Kunde sich um die Löschung gekümmert hat. Urteile, bei denen die Überlassungsvergütung gegen Rückgabe der Software-Produkte zurückzuzahlen ist, dürften kaum anders als über eine solche Erklärung durchgeführt (vollstreckt) werden können.

(8) Mängelbeseitigung durch neue Version/Ausweichlösung

(a) „Der Lieferant kann seine Pflicht zur Mängelbeseitigung auch dadurch erfüllen, dass er eine neue Programmversion zur Verfügung stellt."

Bei Software-Produkten stellt die Frage, wie schnell der Lieferant Mängel beseitigen muss, ein besonderes Problem dar *[vgl. IT-Vertragsrecht, Kapitel 8.5.4 (4)]*.

Die Klausel wird in der Praxis relevant, wenn eine neue Programmversion (zur Zeit) nicht vorhanden ist (anderenfalls ist sie unbedenklich). Bei schweren Mängeln muss der Lieferant dann Korrekturmaßnahmen einspielen oder eine Umgehungslösung schaffen. Weniger schwere Mängel muss er (erst) in der nächsten Version beseitigen *[zur Situation bei Pflege siehe allgemein IT-Vertragsrecht, Kapitel 14.2.1 (1) sowie hier Kapitel 3.4.2 (2c), wenn die neue Version inkompatibel ist]*. Die Klausel berücksichtigt das („auch") und ist deshalb wirksam. Das Wort „auch" hat allerdings enorme Bedeutung (deswegen könnte ein Gericht die Klausel auch mangels Klarheit für unwirksam halten *[siehe Kapitel 1.5 (3)]*: Der Lieferant, der diese Klausel verwendet, kann sich nicht darauf berufen, er dürfe seine Pflicht zur Mängelbeseitigung auch dann durch Lieferung einer neuen Version erfüllen, wenn diese neue Version inkompatibel zu dem vom Kunden eingesetzten System oder der Funktionalität innerhalb des vom Kunden eingesetzten Systems ist. In diesem Fall ist es dem Kunden nicht zumutbar, die Mängelbeseitigung durch Lieferung einer für ihn inkompatiblen Version hinzunehmen *[vgl. auch hier (b) und (c)]*.

(b) „Der Lieferant kann dem Kunden bis zur Mängelbeseitigung durch Lieferung einer neuen Version eine Ausweichlösung bereitstellen, wenn das dem Kunden zumutbar ist."

Klauseln, die die Beseitigung von Mängeln pauschal erst in der nächsten Version vorsehen und bis dahin den Lieferanten nur zu Umgehungsmaßnahmen im Sinne einer Ausweichlösung verpflichten, dürften (nur) wirksam sein, wenn sie nur für den Fall gelten, dass dem Kunden das Abwarten zumutbar ist.

Die Klausel berücksichtigt das und ist deshalb wirksam. Es kommt nicht darauf an, dass manche Lieferanten nur das als Mängelbeseitigung betrachten, was an Korrekturmaßnahmen in eine neue offizielle Version aufgenommen wird. – Bei einer Ausweichlösung kommt es auf deren Qualität an.

(c) „Der Lieferant ist, an Stelle Mängel zu beseitigen, zu Umgehungsmaßnahmen berechtigt."

Diese Klausel schränkt das Recht des Kunden, Mängelbeseitigung verlangen zu dürfen, zu pauschal ein und dürfte deshalb nach § 307 Abs. 1 und 2 BGB unwirksam sein. – Etwas anderes ist es, dass Ausweichlösungen im Einzelfall zur Erfüllung der Gewährleistungspflichten ausreichen können, wenn die verbleibende Gebrauchsbeeinträchtigung für den Kunden nur (noch) unerheblich ist.

(9) Verbot für bestimmte Einsatzbereiche

„Die Software darf nur in den genannten Einsatzbereichen verwendet werden."

Mit dieser Klausel will der Lieferant sein Haftungsrisiko verringern. Das geht in Ordnung, darf allerdings nicht so verstanden werden, dass der Lieferant sich damit seiner Produkthaftung (gegenüber Dritten) völlig entziehen könnte. Die Klausel führt lediglich dazu, dass den Kunden ein Mitverschulden trifft, soweit er die Software in anderen Einsatzbereichen einsetzt und es dann zu Schäden kommt.

Da Kunde und Lieferant in den Bereichen, in denen die Klausel relevant wird, ohnehin von bestimmten Einsatzbereichen ausgehen dürften, ist die Klausel nicht überraschend im Sinne des § 305c Abs. 1 BGB.

(10) Kein vorausgesetzter Gebrauch geschuldet

„Dem Lieferanten ist nicht bekannt, wie der Kunde die Software-Produkte verwenden will."

Solche Klauseln schließen sich typischerweise an eine Einleitung an, in der die Haftung für Beratungsverschulden ausgeschlossen wird. Wir sind uns unsicher, ob die Klausel gegen § 307 Abs. 1 und 2 BGB verstößt. Einerseits ist es legitim, dass der Lieferant seine Produktbeschreibung maßgeblich sein lassen will, andererseits ist das nur verklausuliert ausgedrückt. Diese Frage dürfte wegen des Vorrangs der Individualvereinbarung (durch die Vertragsverhandlungen) gemäß § 305b BGB rein akademischer Natur sein: Die Klausel greift nicht ein, wenn die Vertragspartner den Gebrauch (verbindlich) besprochen haben.

Der ausdrückliche Ausschluss der Haftung für Beratungsverschulden ist indessen unwirksam *[vgl. Kapitel 2.3.5]*.

(11) Einschränkung der Rechtsmängelhaftung

„Macht ein Dritter geltend, dass seine Schutzrechte durch die gelieferten Software-Produkte verletzt werden, stellt der Lieferant den Kunden von Schadensersatzansprüchen Dritter frei. Im Falle leichter Fahrlässigkeit haftet der Lieferant nicht auf den Ersatz des sonstigen Schadens."

Diese Klausel dürfte (zumindest im unternehmerischen Verkehr) wirksam sein: Der Kunde kann die Situation durch den Erwerb eines legalen Vervielfältigungsstücks heilen. Diesen Betrag muss der Lieferant ihm auch dann ersetzen, wenn der Kunde vom Vertrag zurücktritt.

Es dürfte den Kunden nicht unangemessen benachteiligen, dass der Lieferant nur bei leichter Fahrlässigkeit auf den darüber hinausgehenden Schadensersatz haften will *[vgl.*

Kapitel 2.3.5 (1)]. Dafür, dass der Lieferant den Ersatz des sonstigen Schadens (wegen Nichtnutzbarkeit der Software-Produkte bzw. der Vorbereitung des Einsatzes anderer Software-Produkte) bei leichter Fahrlässigkeit in AGB grundsätzlich ausschließen darf, sprechen zudem die Erwägungen zur Einschränkung von Schadensersatzansprüchen *[Kapitel 2.3.5 (1) und (2)]*. Allerdings ist fraglich, ob die Haftungsbegrenzung nicht für den Fall eingeschränkt werden muss, dass der Lieferant wesentliche Vertragspflichten verletzt *[vgl. Kapitel 2.3.5 (1)]*.

3.1.2 Benutzungsrecht im Allgemeinen

Klauseln, die das Benutzungsrecht des Kunden regeln, unterliegen gemäß § 307 Abs. 3 Satz 1 BGB nicht der Inhaltskontrolle nach den §§ 305 ff. BGB, wenn sie (nur) die Leistung des Lieferanten beschreiben *[Kapitel 1.4 (1)]*. Mehr als eine Leistungsbeschreibung dürften Klauseln immer dann enthalten, wenn sie (auch) urheberrechtlichen Bezug haben. Die Rechtsprechung tendiert dazu, das anzunehmen.

Ist zweifelhaft, ob eine Klausel nur eine Leistungsbeschreibung enthält, wird das bei der jeweiligen Klausel erläutert. Vorsorglich werden aber auch diese Klauseln unter dem Gesichtspunkt der Inhaltskontrolle nach § 307 Abs. 1 und 2 BGB behandelt.

Seit der Schuldrechtsreform gibt es eine wichtige Änderung: Auch Leistungsbeschreibungen können den Anwender gemäß § 307 Abs. 3 Satz 2 BGB in Verbindung mit § 307 Abs. 1 Satz 1 und 2 BGB unangemessen benachteiligen und damit unwirksam sein, nämlich dann, wenn sie nicht klar und verständlich sind.

(1) Nutzungsrecht nur in Verbindung mit dem Abschluss eines Pflegevertrags

„Das Nutzungsrecht des Kunden entsteht erst mit dem Abschluss eines Pflegevertrags."

Es ist im Ansatz oberhalb der PC-Ebene sinnvoll, Pflege zu vereinbaren. Mit Überlassung der Software geht der Kunde davon aus, diese auch nutzen zu dürfen. Davon darf er ausgehen, weil er aus dem Kaufvertrag heraus zur Benutzung berechtigt ist. Er rechnet nicht damit, dass das Benutzungsrecht darüber hinaus noch vom Abschluss eines Pflegevertrags abhängig sein soll. Solche Klauseln sind für den Kunden daher überraschend im Sinne des § 305c Abs. 1 BGB *[vgl. Kap. 1.5 (1)]*. Aus dem gleichen Grund benachteiligt das den Kunden unangemessen im Sinne des § 307 Abs. 2 Nr. 1 BGB *[vgl. auch 1.4 (1)]*. Zur Situation bei Wartung bzw. Pflege als Voraussetzung für die Gewährleistung siehe Kapitel 2.3.4 (11).

(2) Eigentumsvorbehalt am Datenträger

„Das Nutzungsrecht an den Software-Produkten entsteht erst mit vollständiger Bezahlung durch den Kunden."

Eine solche Klausel ist sinnvoll, wenn ein Originaldatenträger geliefert wird, der das Benutzungsrecht repräsentiert. Der Kunde erwirbt das Eigentum am Datenträger dann erst mit vollständiger Bezahlung. Dagegen ist nichts einzuwenden. Die Klausel ist wirksam.

(3) Nutzungsrecht ruht bei Zahlungsverzug

„Das eingeräumte Nutzungsrecht ruht bei Zahlungsverzug des Kunden."

Mit dieser Klausel will der Lieferant Druck auf den Kunden ausüben: Bei Rückfragen und Mängelmeldungen möchte er sich taub stellen und seine Leistungen wegen des Zahlungsverzugs verweigern. Das darf er nach § 320 BGB in den Grenzen von Treu und Glauben tun. Die Klausel ist wirksam.

(4) Urheberrechtsschutz unterstellt

„Der Kunde erkennt die Urheberrechtsfähigkeit der Software-Produkte einschließlich der Benutzerdokumentation und weiterer gelieferter Unterlagen an. Die Bestimmungen des Urheberrechtsgesetzes gelten auch dann, wenn die nach § 69a Abs. 3 UrhG erforderliche Schöpfungshöhe nicht erreicht ist."

Urheberrechte bestehen entweder oder sie bestehen nicht. Im ersten Fall wirken sie gegenüber jedermann *[als absolute Rechte, zum Begriff siehe IT-Vertragsrecht, Kapitel 1.1.1 (3) und zur urheberrechtlichen Seite Kapitel 5.1 (1)]*. Der Lieferant will mit Satz 2 diesen Fall dem ersten gleichstellen: Die Vertragspartner sollen sich im Falle mangelnder Urheberrechtsfähigkeit der Software-Produkte so behandeln, wie das der Fall wäre, wenn die Software-Produkte urheberrechtlich geschützt wären. Zwar sind nach der Änderung des Urheberrechtsgesetzes nur noch triviale Programme nicht urheberrechtlich geschützt, gleichwohl ist eine solche Klausel sinnvoll, da über das Maß der erforderlichen Schöpfungshöhe in der Rechtsprechung keine Einigkeit besteht.

Derartige Klauseln haben (nur) schuldrechtliche Wirkung, d. h. die (unterstellte) Urheberrechtsfähigkeit der Software-Produkte wirkt nur im Verhältnis der Vertragspartner untereinander mit der Folge, dass im Streitfall die Urheberrechtsfähigkeit der Software-Produkte nicht geprüft zu werden braucht: Es soll unter Zugrundelegung des Urheberrechtsgesetzes entschieden werden.

Die Klausel ist wirksam: Es ist davon auszugehen, dass das Urheberrechtsgesetz faire Regelungen enthält. Außerdem ist der Softwareanbieter wegen seiner Investition grundsätzlich schutzwürdig. Schließlich gilt das UrhG nur ergänzend zu den ausdrücklich zwischen den Vertragspartnern getroffenen Vereinbarungen.

(5) Software-Produkte als Betriebsgeheimnisse

„Der Kunde erkennt die Software-Produkte als Betriebsgeheimnisse des Lieferanten an. Er erhält auf Wunsch auch die Quellprogramme. In diesem Fall ist er zu deren Geheimhaltung verpflichtet."

Programme sind Betriebsgeheimnisse, wenn der Lieferant für die Geheimhaltung der Quellprogramme sorgt *[IT-Vertragsrecht, Kapitel 5.4.1]*, was er mit Satz 1 der Klausel zum Ausdruck bringt. Allerdings darf der Kunde das in den Programmen enthaltene Know-how ‚ausspähen' (§ 69d Abs. 3 UrhG). § 69g Abs. 2 UrhG erklärt davon abweichende Regelungen für nichtig.

Satz 1 der Klausel ist unwirksam, weil er sich auch auf das Programm im Objektcode bezieht. Die Sätze 2 und 3 der Klausel sind wirksam *[zum Verbot der Kenntnisgabe der Quellprogramme an Dritte siehe Kapitel 3.1.5 (4) bei der Überlassung von Software-Produkten, sowie Kapitel 3.2.5 (1) bei der Erstellung von Programmen]*.

(6) Weitergabeverbot

„Der Kunde erhält das nicht übertragbare und nicht ausschließliche Recht, die überlassenen Programme zu nutzen. Eine Überlassung an Dritte ist nicht gestattet."

Wenn AGB-Klauseln vom „Nutzungsrecht" des Kunden sprechen, meinen sie damit (nur) das *Be*nutzungsrecht des Kunden an überlassenen Vervielfältigungsstücken der Software-Produkte, das der Lieferant ihm in Erfüllung des Überlassungsvertrags einräumt. Die Nutzungsrechte im urheberrechtlichen Sinne (Vervielfältigungs-, Bearbeitungs- und Verbreitungsrecht) verbleiben beim Lieferanten.

Der Kunde darf bestimmte (sonst nur dem Rechtsinhaber gestattete) Handlungen vornehmen, insbesondere die Software-Produkte vervielfältigen, soweit das zur bestimmungsgemäßen Benutzung der Software-Produkte notwendig ist und keine besonderen vertraglichen Bestimmungen vorliegen (§ 69d Abs. 1 UrhG).

Die Weitergabe von Software-Produkten (Überlassung an Dritte im Sinne der Klausel) ist in § 69c Nr. 3 Satz 2 UrhG geregelt: Das Verbreitungsrecht des Urhebers an den Vervielfältigungsstücken erschöpft sich (= endet) mit der Überlassung an den ersten Kunden *[mit Ausnahme des Vermietungsrechts, siehe Kapitel 3.1.6 (2)]*. Damit endet also der urheberrechtliche Schutz des Lieferanten an *diesen* Vervielfältigungsstücken der Software-Produkte.

Das macht eine AGB-Klausel, die ein uneingeschränktes Weitergabeverbot enthält, nicht schlechthin unwirksam. Wenn das vom Gesetzgeber bei der Ergänzung des UrhG im Jahre 1993 gewollt gewesen wäre, hätte er die Vorschrift des § 69c Nr. 3 Satz 2 UrhG in § 69g Abs. 2 UrhG aufgenommen, der vertragliche Abweichungen von bestimmten urheberrechtlichen Regelungen verbietet *[da § 69c Nr. 3 Satz 2 UrhG nicht zwischen der Lieferung von Objektprogrammen und Quellprogrammen unterscheidet, hat der Gesetzgeber das mit gutem Grund – vgl. (6.1) – nicht getan, sondern die schuldrechtliche Gestaltung im Einzelfall den Vertragspartnern überlassen]*.

Gleichwohl ist ein uneingeschränktes Weitergabeverbot in AGB (zumindest) bedenklich. Ob der Lieferant sich auf seine Klausel berufen darf, kann aber (wie so häufig) nur im Einzelfall beurteilt werden *[dazu (6.1 bis 6.9)]*. – An der rechtlichen Bewertung dürfte sich dabei nichts ändern, wenn Software-Produkte nicht urheberrechtlich geschützt sind.

Etwas anderes ist es, wenn der Lieferant die Weitergabe an Dritte nicht (uneingeschränkt) verbietet, sondern an den Vorbehalt seiner Zustimmung knüpft *[dazu (7)]*.

(6.1) **Lieferung der Quellprogramme:** Wenn der Lieferant dem Kunden Software-Produkte als Quellprogramme überlassen hat, ist seine Investition bei Weitergabe an Dritte u. U. erheblich gefährdet. Also muss er bestimmen können, in wessen Hände die Quellprogramme gelangen (würde man ein Weitergabeverbot hier nicht zulassen, wären Strohmanngeschäften Tür und Tor geöffnet). Dafür genügt theoretisch zwar ein Verbot der Kenntnisgabe der Quellprogramme *[Kapitel 3.1.5 (4)]*, die Interessen des Lieferanten dürften aber auch ein uneingeschränktes Weitergabeverbot rechtfertigen.

(6.2) **Lieferung der Objektprogramme:** Wenn der Einsatz von Software-Produkten nur auf einer (1) IT-Anlage zulässig ist *[zum Mehrfacheinsatz siehe 6.6)]*, ist kein Ansatz für die Zulässigkeit des Weitergabeverbots zu sehen (dass dadurch dem Schaffen von Raubkopien besser entgegengewirkt werden könne, dürfte sich ebenso wenig beweisen lassen wie das Gegenteil). Die Klausel ist u. E. unwirksam.

Das gilt erst recht, wenn die Datenträger eine Legitimierungsfunktion haben oder wenn Autorisierungsinstrumente vorhanden sind *[IT-Vertragsrecht, Kapitel 8.1 (4)]*, weil die Software-Produkte dann auf Weitergabe hin angelegt sind, so dass es für den Lieferanten kaum einen Unterschied macht, wer die Software-Produkte letztlich benutzt.

(6.3) **Langfristige Benutzungsmöglichkeit:** Der Lieferant kann dem Kunden eine langjährige Benutzung von Software-Produkten über einen Pflegevertrag sichern, indem er sich zur Weiterentwicklung, zur Anpassung an weiterentwickelte Versionen der Systemsoftware und zur Lieferung anderer Varianten (soweit vorhanden) bei Einsatz der Software-Produkte auf einem anderen Typ von IT-Anlage verpflichtet. Das Weitergabeverbot spricht für eine gewisse Interessengerechtigkeit. Wenn der Kunde die Software-Produkte nach fünf oder noch mehr Jahren Pflege weitergeben dürfte, hätte er nur für die Pflege (die Weiterentwicklung) bezahlt und könnte (dann) neuwertige Software-Produkte gewinnbringend weiterveräußern. Ob die Rechtsprechung diese Argumentation anerkennt, ist allerdings fraglich.

(6.4) **Systemsoftware:** Der Lieferant kann bei proprietärer Systemsoftware dem Kunden nicht in AGB verbieten, die Software zusammen mit der Hardware zu veräußern: Wer Hardware und Systemsoftware als Einheit verkauft hat, kann sich durch seine AGB nicht dazu in Widerspruch setzen, indem er dem Kunden verbietet, diese Einheit weiterzuverkaufen.

(6.5) **Weitergabeverbot bei größenbezogener Vergütung:** Ist mit dem Ersterwerber größenbezogene Vergütung *[IT-Vertragsrecht, Kapitel 8.2.3 (2)]* vereinbart, dürfte eine Pflicht zur Nachzahlung bei Erweiterung des Benutzungsumfangs durch einen Zweiterwerber für den Lieferanten nur schwer durchsetzbar sein. Ob das allerdings ein Weitergabeverbot rechtfertigt, ist eine andere Frage. Zur Wahrung der Interessen des Lieferanten dürfte ein Zustimmungsvorbehalt *[siehe (7.2)]* bzw. die Bindung des Zweiterwerbers an den Überlassungsvertrag *[siehe (7.1)]* ausreichen.

(6.6) **Weitergabeverbot bei Mehrfacheinsatz:** Wenn der Lieferant dem Kunden Software-Produkte zum Mehrfacheinsatz liefert, ist hinsichtlich des Weitergabeverbots danach zu unterscheiden, ob der Kunde die Software-Produkte (nur) auf einer bestimmten Zahl von IT-Anlagen oder auf allen von ihm genutzten IT-Anlagen benutzen darf.

Im ersten Fall gelten die dargestellten Ausführungen *[(6.1) bis (6.5)]* entsprechend: Ein uneingeschränktes Weitergabeverbot ist bei Lieferung der Objektprogramme unwirksam, wenn der Kunde sein Benutzungsrecht *insgesamt* übertragen will.

Anders ist das zu beurteilen, wenn der Kunde X Benutzungsrechte (und nicht 1 Benutzungsrecht für den Mehrfacheinsatz) erworben hat und eine Teilmenge davon übertragen möchte *[IT-Vertragsrecht, Kapitel 5.3.3 (6)]*: Das Weitergabeverbot greift dann ein, wenn und weil der Kunde das Benutzungsrecht mit einem hohen Mengenrabatt erworben hat (was der Regelfall ist). Denn dann könnte er durch eine Weiterveräußerung einen Gewinn erzielen, der dem Lieferanten zusteht.

Wenn *im zweiten Fall* der Kunde die Software-Produkte auf beliebig vielen Anlagen einsetzen darf, dürfte das Weitergabeverbot in der Regel wirksam sein, denn die Vergütung richtet sich in der Regel nach dem geschätzten Benutzungsumfang, der Zweiterwerber kann aber einen erheblich größeren Benutzungsumfang haben *[vgl. für die so genannte „Firmenlizenz" hier (6.8)]*.

(6.7) **Weitergabeverbot bei Überlassung als „Lizenzvertrag":** In der IT-Branche versteht man unter dem Begriff „Lizenzvertrag" einen Überlassungsvertrag über urheberrechtlich geschützte Software-Produkte, d. h. in der Regel einen Kaufvertrag. Dann gelten gegenüber den obigen Ausführungen keine Besonderheiten.

Ist damit allerdings – juristisch korrekt *[vgl. IT-Vertragsrecht, Kap. 8.2.1]* – die Übertragung eines (einfachen) urheberrechtlichen Nutzungsrechts durch einen Lizenznehmer im urheberrechtlichen Sinne gemeint, wiederholt die Klausel nur die Rechtslage. Dann ist die Klausel unbedenklich.

(6.8) **Weitergabeverbot bei Nutzungsrecht für eine Unternehmensgruppe:** In dieser Konstellation ist die Klausel mit Treu und Glauben vereinbar. Allerdings soll es nach der Vorstellung beider Seiten erlaubt bleiben, die Rechtsposition an eine andere Gesellschaft innerhalb der Gruppe zu übertragen, auf die die IT-betreuungsmäßige Zuständigkeit übergeht. Das dürfte so selbstverständlich sein, dass es nicht extra in die Klausel aufgenommen werden muss, um deren Wirksamkeit abzusichern.

(6.9) **Weitergabeverbot bei urheberrechtlich nicht geschütztem Programm:** „Das Verbot der Weitergabe gilt auch dann, wenn die nach § 69 a Abs. 3 UrhG erforderliche Schöpfungshöhe nicht erreicht ist."

In diesem Fall ist die Klausel erforderlich. Denn anders wäre der Zweiterwerber nicht gehindert, weitere Kopien zu machen und zu benutzen. Gleichwohl dürfte die Klausel in den wenigsten Fällen (praxis-)relevant sein, da nur triviale Programme nicht dem urheberrechtlichen Schutz unterfallen *[siehe aber (4)]*. Die Klausel ist wirksam.

(7) Weitergabe an Dritte unter Bindung des Zweiterwerbers/nur mit Zustimmung des Lieferanten

(7.1) **Bindung des Zweiterwerbers an den Überlassungsvertrag:**

(a) „Der Kunde darf die Vervielfältigungsstücke an einen Dritten weiterveräußern, wenn er auf die Benutzung der Programme verzichtet und der Dritte sich durch schriftliche Erklärung gegenüber dem Lieferanten zum Programmschutz verpflichtet sowie die Grenzen des Benutzungsrechts an den Vervielfältigungsstücken, wie sie für den Kunden bestehen, anerkennt."

Diese Klausel ist wirksam. Die in ihr enthaltenen Beschränkungen dienen der Absicherung berechtigter Interessen des Lieferanten: Es besteht die Gefahr, dass der Dritte die Vervielfältigungsstücke ohne die besonderen vertraglichen Bestimmungen zur Begrenzung des Benutzungsrechts des Kunden übernimmt *[IT-Vertragsrecht, Kapitel 5.3.3 (7)]*. Das muss der Lieferant nicht hinnehmen.

Kunde und Zweiterwerber werden dadurch nicht unangemessen benachteiligt: Der Kunde will sein Benutzungsrecht übertragen, also kann er darauf verzichten. Der Zweiterwerber würde die gleichen Einschränkungen des Benutzungsrechts erhalten, wenn er die Software-Produkte vom Lieferanten selbst erwürbe.

(b) Dubios ist die Bestimmung in AGB, dass der Dritte das Benutzungsrecht des Kunden in derartigen Fällen nur nach den *dann* geltenden Allgemeinen Geschäftsbedingungen des Lieferanten soll erwerben dürfen:

„[...] sowie die Grenzen des Benutzungsrechts an den Vervielfältigungsstücken, wie sie in den dann geltenden Allgemeinen Geschäftsbedingungen des Lieferanten festgelegt sind, anerkennt."

Diese Klausel schränkt die Übertragbarkeit des Benutzungsrechts, so wie der Kunde es erworben hat, ein. Das beinhaltet ein teilweises Weitergabeverbot: Der Dritte soll vom Kunden nur erwerben dürfen, was zum Zeitpunkt des Erwerbs (noch) dem Willen des Lieferanten entspricht. Man denke an den Fall, dass der Lieferant die Benutzungsvergütung nicht mehr nach der Größe der Zentraleinheit differenziert, sondern nach der Zahl der Benutzer. Auch Sondervereinbarungen mit dem ersten Kunden sollen entfallen. Die Klausel dürfte unwirksam sein.

(c) „Der Erwerber verpflichtet sich, eventuell bestehende Beschränkungen hinsichtlich der Software dem Zweiterwerber aufzuerlegen."

Die Klausel schützt berechtigte Interessen des Lieferanten: Ohne die Klausel könnte der neue Erwerber die Software-Produkte ohne Beschränkungen einsetzen. Die Klausel ist wirksam.

(d) „Der Zweiterwerber tritt durch den Erwerb der Software-Produkte in sämtliche Rechte und Pflichten des Ersterwerbers ein."

Mit dieser Klausel will der Lieferant einen Parteiwechsel erreichen. Das kann dem Wortlaut nach so weit führen, dass der Zweiterwerber ggf. den vom Ersterwerber noch nicht gezahlten Kaufpreis nachentrichten muss. Das geht zu weit, die Klausel ist deshalb unwirksam.

(7.2) **Zustimmungsvorbehalt:**

(a) „Eine Überlassung der Vervielfältigungsstücke an Dritte bedarf der vorherigen schriftlichen Zustimmung des Lieferanten."

Diese Klausel ist unwirksam, wenn sie auch Fälle erfasst, in denen der Dritte sich mit den Einschränkungen des Benutzungsrechts einverstanden erklärt. Ob dies der Fall ist, ist eine Frage der Auslegung *[vgl. 1.5 (5)]*. Hier spricht viel dafür, dass diese Fälle eingeschlossen sind, deshalb ist die Klausel unwirksam.

(b) Zur Wirksamkeit der Klausel führt allerdings folgender Zusatz:

„Die Zustimmung darf nicht gegen Treu und Glauben verweigert werden."

Der Lieferant darf die Zustimmung nicht entgegen Treu und Glauben verweigern, wenn der Dritte sich mit den Einschränkungen des Benutzungsrechts, die dem Kunden obliegen, einverstanden erklärt. Die Klausel dient dann der notwendigen Absicherung der Verpflichtung des Zweiterwerbers. Denn es besteht die Gefahr, dass der Kunde das Vervielfältigungsstück ohne die besonderen vertraglichen Einschränkungen des Benutzungsumfangs (§ 69d Abs. 1 UrhG) überträgt. Insofern reicht auch eine bloße Pflicht zur Information des Lieferanten nicht.

Sind Quellprogramme geliefert worden, ist die Klausel unproblematisch wirksam, da dann sogar ein Weitergabeverbot wirksam ist. Bei Lieferung der Quellprogramme kann der Lieferant aufgrund der Interessenlage auch die Weitergabe an einen konkurrierenden Anbieter untersagen.

(8) Verbot von Änderungen/Änderungen nur mit Zustimmung des Lieferanten

AGB-Klauseln, die dem Kunden verbieten, Programme zu ändern, stehen im Zusammenhang mit dem Verbot des Dekompilierens *[wenn nur Objektprogramme geliefert worden sind, siehe Kapitel 3.1.5 (5)]* und dem Verbot der Kenntnisgabe der Quellprogramme an Dritte *[Kapitel 3.1.5 (4): ein Dritter soll Programme erst recht nicht ändern dürfen]*.

Beim Verbot von Änderungen (einschließlich Erweiterungen) geht es dem Lieferanten (auch) darum, Streit mit dem Kunden zu vermeiden, da eine erhebliche Gefahr besteht, dass durch Änderungen seitens des Kunden Fehler in die Programme kommen, was sich meist zu Lasten des Lieferanten auswirkt *[und deshalb auch den Ausschluss der Gewährleistung rechtfertigen könnte, siehe Kapitel 3.1.1 (3) sowie IT-Vertragsrecht, Kapitel 8.2.2.2 (1)]*.

(a) „Der Kunde darf die Software-Produkte nicht ändern."

Wenn der Kunde die Software-Produkte nur als Objektprogramme erhält, sind Änderungen nur sehr beschränkt möglich. Solche Änderungen führen mit hoher Wahrscheinlichkeit zu Fehlern. Das allein rechtfertigt in diesen Fällen das Änderungsverbot.

Wenn der Kunde die Quellprogramme erhält, besteht für den Lieferanten die Gefahr, dass der Kunde durch Änderungen des Werkes als Bearbeitungen eigene Urheberrechte an Teilen der Programme erwirbt *[IT-Vertragsrecht, Kapitel 5.3.3.3]*. Es leuchtet ein, dass der Lieferant das vermeiden will. – § 69g Abs. 2 UrhG steht einem Änderungsverbot nicht entgegen. Gegen die Klausel ist bei Lieferung der Quellprogramme nichts Entscheidendes einzuwenden, da der Lieferant die Software-Produkte ohnehin nur als Objektprogramme hätte liefern können, so dass dem Kunden Änderungen weitgehend unmöglich wären *[siehe Kapitel 3.1.1 (3a)]*.

Haben Lieferant und Kunde vereinbart, dass die Auslieferung der Quellprogramme Änderungen gerade ermöglichen soll, ist das eine Individualvereinbarung, die der Klausel vorgeht *[Kapitel 1.5 (2)]*. Das Verbot läuft dann leer.

Das Änderungsverbot (und damit auch ein Kenntnisgabeverbot der Quellprogramme an Dritte) dürfte in besonderen Fällen entfallen, z. B. wenn der Lieferant den Vertrieb der Software-Produkte vollständig einstellt oder über sein Vermögen das Insolvenzverfahren eröffnet ist, oder wenn der Kunde den Pflegevertrag wegen Vertragsverletzungen des Lieferanten ordnungsgemäß kündigt *[siehe Kapitel 3.1.5 (4)]*.

(b) „Der Kunde darf die Software-Produkte nur mit Zustimmung des Lieferanten ändern."

Auch diese Klausel trägt den berechtigten Interessen des Lieferanten Rechnung, Änderungen verhindern oder auf deren Durchführung Einfluss nehmen zu können. Sie enthält zwar nicht den ausdrücklichen Zusatz, dass der Lieferant die Zustimmung nicht gegen Treu und Glauben verweigern darf, weil der Lieferant aber Änderungen sogar ganz verbieten könnte (vgl. (a)), ist die Klausel wirksam.

(c) „Die Lieferung von Quellprogrammen wird nicht geschuldet. Der Lieferant stellt Software-Produkte grundsätzlich als Objektprogramme zur Verfügung."

Diese Klausel verbietet zwar nicht ausdrücklich Änderungen durch den Kunden, sie bewirkt aber ebenfalls ein Änderungsverbot. Da der Lieferant die Quellprogramme gar nicht zu liefern braucht, ist die Klausel wirksam.

(9) Kopierbeschränkungen/Kopierverbote

„Das Anfertigen von Kopien, Abschriften oder sonstigen Vervielfältigungen der Software-Produkte ist ausschließlich für den eigenen Gebrauch zu internen Sicherungs- und Dokumentationszwecken zulässig."

Wenn der Überlassungsvertrag sachgerechte Gründe für das Erstellen von Kopien vorsieht *[IT-Vertragsrecht, Kapitel 5.3.3 (6)]*, z. B. wenn der Einsatz der Software-Produkte auf mehreren IT-Anlagen zugelassen ist, ist der Kunde nach § 69d Abs. 1 UrhG zum Herstellen von Kopien berechtigt, ohne dass das der Zustimmung des Lieferanten bedarf. Dann darf der Lieferant das nicht ausschließen: Die Klausel steht im Widerspruch zum Vertrag und ist rechtlich wegen Vorrangs der Individualvereinbarung *[Kapitel 1.5 (2)]* bedeutungslos.

Geht der Überlassungsvertrag dahin, dass der Kunde die Software-Produkte nur auf einer IT-Anlage einsetzen darf, ist die Klausel unwirksam, weil sie nach ihrem Wortlaut auch das Speichern der Software-Produkte auf einer Plattenbibliothek der IT-Anlage und das anschließende Laden in den Hauptspeicher verbietet. Denn das sind Vervielfältigungsschritte, die auf jeden Fall unter die bestimmungsgemäße Benutzung im Sinne von § 69d Abs. 1 UrhG fallen *[IT-Vertragsrecht, Kapitel 5.3.3.1]*.

Soweit das Erstellen von *Sicherungs*kopien durch den Kunden betroffen ist, hält sich die Klausel zwar im Rahmen des gesetzlich Zulässigen. Nach § 69d Abs. 2 UrhG hat der Kunde das Recht, Sicherungskopien herzustellen, wenn das für die Sicherung der künftigen Benutzung erforderlich ist. Da die Klausel aber nicht nach den genannten Fällen unterscheidet, ist sie unwirksam.

(10) Verbot der Mängelbeseitigung

„Der Kunde ist zur Mängelbeseitigung nicht berechtigt."

Ein Verbot, die Software zu ändern, dürfte nicht zugleich auch das Verbot der Mängelbeseitigung beinhalten. Denn in der Praxis werden diese Tätigkeiten als ganz verschieden angesehen. Der Lieferant will die Wirksamkeit eines Änderungsverbots nicht durch die Erstreckung auf ein unwirksames Verbot gefährden, Mängel zu beseitigen.

§ 69d Abs. 1 UrhG stellt klar, dass die Mängelbeseitigung zur bestimmungsgemäßen Benutzung gehört. Die Klausel setzt voraus, dass der Kunde auf Grund der Lieferung der

Quellprogramme zur Mängelbeseitigung in der Lage ist *[vgl. Kapitel 3.1.1 (3) zur gewährleistungsrechtlichen Problematik und vorstehend (8) zum Änderungsverbot]*.

Das Recht zur Mängelbeseitigung ist desto elementarer, je schwerer sich ein Mangel auswirkt. Die Klausel kann deshalb nur wirksam sein, wenn der Lieferant Mängelbeseitigung einschließlich Bereitstellung einer Ausweichlösung zeitnah zusagt *[vgl. Kapitel 3.1.1 (8)]*. Denn es ist grob unangemessen, dass der Kunde längere Zeit mit einem Mangel leben soll (unabhängig davon, ob er das im Einzelfall möchte).

Soll das Verbot auch gelten, wenn nach Ablauf der Gewährleistungsfrist keine Pflege vereinbart bzw. diese beendet ist, dürfte es schlechthin unwirksam sein.

3.1.3 Umfang des Benutzungsrechts

Technischer Ausgangspunkt und Normalfall für AGB-Klauseln, die den Umfang des Benutzungsrechts des Kunden regeln, ist, dass ein Programm in den Hauptspeicher geladen werden muss, von dem aus es durch einen Prozessor abgearbeitet werden kann. Dieser Prozessor ist in der Regel Teil einer Zentraleinheit, kann aber auch zu einem einzelnen Gerät gehören.

Wenn in den folgenden Klauseln von „IT-Anlage/Zentraleinheit" gesprochen wird, sind damit vorrangig große Einheiten gemeint (Universalrechner oder Server). Teilweise wird der Begriff „Konfiguration" verwendet, damit ist die gesamte IT-technische Umgebung des Kunden gemeint. Damit wird bezüglich der verwendeten Hardware der Akzent weniger auf die Zentraleinheit und mehr auf die Vernetzung von Einheiten gelegt. Für die folgenden Klauseln macht es keinen Unterschied, ob der Begriff „IT-Anlage/Zentraleinheit" oder der Begriff „IT-Anlage/Konfiguration" verwendet wird. Wenn es um den Einsatz auf einzelnen PCs geht, wird in der Praxis ausdrücklich von PCs gesprochen, dann entfällt ein Teil der Probleme, und ein Teil der Klauseln ist nicht einschlägig.

(1) Installation und Einsatz der Software-Produkte auf irgendeiner/einer bestimmten IT-Anlage

AGB-Klauseln dahingehend, dass der Kunde die Software-Produkte nur auf einer bestimmten IT-Anlage installieren oder benutzen darf, sind wegen der Abhängigkeit der Überlassungsvergütung vom Benutzungsumfang nahezu unvermeidbar. Solche Klauseln sind wirksam, wenn sie die Benutzung auf einer anderen IT-Anlage als der ursprünglich vorgesehenen nicht ausschließen *[siehe (3)]*. Ob das der Fall ist, ist bei Klauseln fraglich, die das Benutzungsrecht auf eine *bestimmte* IT-Anlage beschränken *[dazu (b)]*.

(a) „Der Kunde darf die Software-Produkte immer nur auf einer (1) IT-Anlage nutzen."

Diese Klausel ist wirksam. Sie schließt nicht aus, dass der Kunde die Software-Produkte auch auf einer Ausweichanlage einsetzen darf, wenn die normalerweise benutzte Anlage nicht einsetzbar ist: Die Einschränkung (Benutzung „immer nur auf einer IT-Anlage") bleibt erfüllt.

Bei vereinbarter größenabhängiger Vergütung dürfte es wegen der Notlage keine Rolle spielen, wenn die Ausweichanlage in eine höhere Größenklasse fällt, so dass der Lieferant dann für die Übergangszeit keine höhere Vergütung verlangen kann.

(b) „Der Kunde erhält das Recht, die Software-Produkte auf der im Vertrag genannten IT-Anlage/Zentraleinheit zu nutzen."

Der Lieferant beschränkt das Benutzungsrecht des Kunden nach dem Wortlaut zwar auf eine bestimmte IT-Anlage/Zentraleinheit. Die Klausel enthält aber kein ausdrückliches Verbot, die Software-Produkte auf einer anderen IT-Anlage/Zentraleinheit zu benutzen, und dürfte das auch nicht beabsichtigen. Der Lieferant möchte mit ihr (nur) sicherstellen, dass der Kunde die Software-Produkte immer nur auf einer IT-Anlage/Zentraleinheit einsetzt *[zur Bindung des Benutzungsrechts des Kunden an bestimmte Typen von IT-Anlagen siehe Kapitel 3.1.4]*. Zur Kontrolle soll diese im Vertrag benannt werden, damit sie nicht laufend gewechselt werden kann.

Das benachteiligt den Kunden nicht unangemessen, weil der Kunde in Notfällen die Software-Produkte auf einer Ausweichanlage einsetzen darf: Das dürfte üblicherweise gewollt sein, so dass sich der Lieferant auf seine Klausel in solchen Fällen nicht berufen kann. Manche Lieferanten stellen das durch folgenden Zusatz klar:

„Ist die im Vertrag genannte IT-Anlage/Zentraleinheit nicht einsatzfähig, ist die Nutzung vorübergehend auf einer anderen IT-Anlage/Zentraleinheit zulässig."

Der Zusatz ist im Hinblick auf den (dauerhaften) Wechsel der IT-Anlage *[siehe (3)]* unbedenklich, auch wenn er nur den vorübergehenden Einsatz auf einer anderen IT-Anlage erlaubt, weil diese Einschränkung auf Ausfälle („nicht einsatzfähig") begrenzt ist.

(c) „Der Kunde darf die Software-Produkte nur auf einer (1) IT-Anlage installieren."

Auch mit dieser Klausel möchte der Lieferant in erster Linie einen ständigen Wechsel der IT-Anlage ausschließen. Das ist verständlich, weil der Lieferant ohnehin kaum kontrollieren kann, ob der Kunde die Software-Produkte nur auf jeweils einer (1) Anlage gleichzeitig benutzt. Bedenken gegen die Klausel bestehen nur deshalb, weil die Benutzung auf einer Ausweichanlage nicht ausdrücklich zugestanden wird. Die Klausel dürfte auf diese Fälle aber gar nicht anwendbar *[siehe (b)]* und deshalb wirksam sein.

(2) Benutzung von gebündelten Software-Produkten nur auf einem PC

„Das gesamte Software-Paket darf nur auf einem (1) PC eingesetzt werden. Es ist nicht zulässig, einzelne Teile dieses Pakets auf verschiedenen PCs einzusetzen."

Diese Klausel findet sich häufig im Zusammenhang mit Produkten, die gebündelt zu einem sehr günstigen Vorzugspreis vertrieben werden, z. B. Office-Suiten (Textverarbeitung, Terminkalender, Adressverzeichnisse usw.). Diese Klausel ist wirksam: Wenn der Kunde die Software-Produkte einzeln gekauft hätte, hätte er höhere Einzelpreise bezahlen müssen. Der Vorzugspreis rechtfertigt deshalb die Beschränkung des Benutzungsrechts.

(3) Begrenzung bei Einsatz der Software-Produkte innerhalb einer IT-Anlage/Konfiguration

Der Lieferant kann das Benutzungsrecht des Kunden an überlassenen Software-Produkten wirksam auf eine IT-Anlage/Konfiguration beschränken *[siehe (1)]*. Problematisch sind Klauseln, die weitergehende Beschränkungen innerhalb einer IT-Anlage/Konfiguration vorsehen.

Wie diese zu bewerten sind, hängt eng mit der Frage zusammen, ob solche Klauseln überhaupt der Inhaltskontrolle nach den §§ 305 ff. BGB unterliegen *[dazu (a)]* und wann der (notwendigen) Verbindung zwischen dem Benutzungsumfang und der Vergütungspflicht des Kunden bei vereinbartem Mehrfacheinsatz Grenzen gesetzt sind *[dazu (b) bis (d)]*.

(a) „Die Überlassungsvergütung richtet sich nach der Größe der IT-Anlage/Konfiguration. Vergrößert der Kunde die im Vertrag bestimmte IT-Anlage/Konfiguration oder nutzt er die Software-Produkte auf einer größeren IT-Anlage/Konfiguration, ist er zur Zahlung einer zusätzlichen Vergütung gemäß der dann gültigen Preisliste des Lieferanten verpflichtet.“

Der Lieferant macht mit Satz 1 der Klausel die Überlassungsvergütung für die Software-Produkte vom Benutzungsumfang abhängig, indem er auf die Leistungsfähigkeit der IT-Anlage/Konfiguration (und der damit verbundenen theoretischen Zahl an maximal anschließbaren Endgeräten) abstellt. – Eine Variante dieser Klausel zielt im Hinblick auf die Überlassungsvergütung direkt auf die maximale Zahl der anschließbaren oder angeschlossenen Endgeräte ab.

Satz 2 der Klausel enthält eine so genannte Preisnebenabrede *[siehe Kapitel 1.4 (1)]* und muss deshalb an § 307 Abs. 1 und 2 BGB gemessen werden. Vom Ansatz her ist die Klausel insgesamt positiv einzustufen: Sie ermöglicht eine Preisdifferenzierung, die Software-Produkte auch für kleine Kunden erschwinglich macht. Freilich führt das bei Vergrößerung der IT-Anlage/Konfiguration zu einer großen Nachzahlung im Einzelfall, auch wenn der Kunde die Software-Produkte nicht in größerem Umfang als bisher nutzt. Hier ist zwischen System- und Anwendungssoftware zu unterscheiden. Erstere wird zwangsläufig in größerem Umfang genutzt, wenn die Zentraleinheit vergrößert wird, dann ist die Klausel interessengerecht. Bei Anwendungssoftware kann der Benutzungsumfang hingegen trotz Vergrößerung der IT-Anlage gleich bleiben. Wenn sich die Klausel gleichermaßen auf Systemsoftware und Anwendungssoftware bezieht, ist sie unwirksam.

(b) „Die Nutzung ist nur auf der Zahl der im Vertrag angegebenen Endgeräte zulässig.“

Auch diese Klausel baut auf einer Klausel auf, die die Überlassungsvergütung von der Größe der IT-Anlage/Konfiguration abhängig macht *[siehe (a)]*. Sie ermöglicht es, größere Anlagen als eine kleinere Maschinenklasse zu behandeln, und zwar auch, wenn sich die Zentraleinheit vergrößern sollte. Die Klausel ist wirksam.

(c) „Die Nutzung ist nur für die im Vertrag angegebene maximale Zahl der Benutzer zulässig.“

Diese Klausel stellt auf die maximale Zahl der tatsächlichen Benutzer ab, die das Programm gleichzeitig benutzen (concurrent user). Dabei geht es um die Zahl der aktiven

Benutzer (also solche, die die Benutzung der Software-Produkte gestartet und noch nicht beendet haben). Vom Ansatz her ist das besonders sachgerecht. Die Klausel ist wirksam.

(d) „Die Benutzung ist nur für die im Vertrag benannten Benutzer zulässig."

Diese Klausel hat den Vorteil, dass ein Benutzer, der mehrere Prozesse startet, nur einmal gezählt wird. Andererseits zählen aufgrund der Klausel Halbtagskräfte doppelt (so dass der Lieferant durch die Klausel doppelt verdient!). Die Antwort der Anbieterseite – auf informeller Arbeitsebene – lautet, dass die zweite Halbtagskraft den Namen der bereits angemeldeten ersten Halbtagskraft verwenden solle; auch Vertreter einer nicht anwesenden Arbeitskraft könnten entsprechend vorgehen. Das ist zwar problematisch, wenn (= weil) über den Namen Zugriffs- und Verarbeitungsrechte definiert und Verarbeitungsschritte protokolliert werden, so dass das im Ergebnis das gesamte Sicherheitskonzept des Unternehmens über den Haufen werfen könnte. Außerdem könnte die durch die Klausel verursachte fortlaufende Änderung der Nutzungsberechtigten die Anwenderseite unangemessen benachteiligen.

Lieferanten differenzieren heutzutage allerdings häufig nach der Art der Nutzer, d. h. der Häufigkeit/Intensität, mit der diese die Programme benutzen. Ist eine solche Differenzierung vom Lieferanten in der Preisliste vorgesehen, ist die Klausel wirksam.

(e) Eine Kombination von b) und d) stellt eine Klausel dar, die die Benutzung von der angegebenen Zahl der Benutzer *und* der Größe der Zentraleinheit abhängig macht.

Der Verwender dieser Klausel kann argumentieren, dass der Vorteil je Benutzer mit der Größe der Zentraleinheit wachse. Das ist zwar nur beschränkt plausibel, dürfte aber noch keinen groben Verstoß gegen Treu und Glauben beinhalten.

(f) „Als Erweiterung des Benutzungsumfangs gilt auch die Nutzung von Teilen der Software-Produkte durch Zusatzprogramme des Kunden."

Häufig hat der Benutzer Teile des Software-Produkts auf seinem PC installiert, mit deren Hilfe er auf den Hauptteil des Software-Produkts auf dem Server zugreift. Der Kunde kann alternative Routinen schreiben, die die (beschränkte) Nutzung des Hauptteils ermöglichen, z. B. damit weitere Benutzer Informationen abrufen können. Auch diese Kunden benutzen das Software-Produkt und müssen/dürfen – wenn sich der Kaufpreis nach dem Benutzungsumfang richtet – mitgezählt werden. Die Klausel ist mithin wirksam.

(4) Keine Benutzung auf einer anderen IT-Anlage/Zentraleinheit

Bei den folgenden Klauseln geht es um die Frage, ob der Lieferant dem Kunden in AGB untersagen darf, die Software-Produkte überhaupt (also nicht nur in Notfällen) auf einer anderen als der bisherigen IT-Anlage/Zentraleinheit zu benutzen. Das verschärft die Klausel, dass der Kunde die Software-Produkte nur auf einer bestimmten IT-Anlage einsetzen darf *[siehe (1)]*.

Ausgangspunkt für die Beantwortung ist die folgende Überlegung: Der Einsatz von Software-Produkten auf einer bestimmten IT-Anlage/Zentraleinheit verliert für deren bestimmungsgemäße Benutzung im Sinne von § 69d Abs. 1 UrhG in dem Maße an Bedeutung, in dem die Benutzungsmöglichkeit des Kunden nach dem Überlassungsvertrag zwischen Lieferant und Kunde in den Vordergrund tritt. Je stärker Letzteres der Fall ist, desto weniger spricht dafür, dass der Lieferant einen bloßen Wechsel auf eine andere IT-Anlage/Zentraleinheit in seinen AGB ausschließen *[dazu (4.1)]* bzw. diesen von einer zusätzlichen Vergütung abhängig machen *[dazu (4.2)]* darf.

Dieses Argument tritt bei *größenabhängiger Vergütung* noch deutlicher zutage: Wenn der Kunde den Benutzungsumfang erweitern und damit die Pflicht zur Zahlung eines Zuschlags auslösen *darf*, macht es wenig Sinn, dass der Lieferant berechtigt sein soll, die Möglichkeit eines Wechsels einzuschränken.

Es wird daran erinnert, dass der Lieferant mit der Klausel:

„Der Kunde erhält das Recht, die Software-Produkte auf der im Vertrag genannten IT-Anlage/ Zentraleinheit zu nutzen."

nur sicherstellen will, dass der Kunde die Software-Produkte immer nur auf einer bestimmten IT-Anlage/Zentraleinheit benutzt *[siehe (1b)]*. Da der Wechsel auf eine andere IT-Anlage/ Zentraleinheit nicht ausdrücklich eingeschränkt ist, ist jene Klausel wirksam.

(4.1) **Benutzung ausgeschlossen:** „Die Nutzung der Software-Produkte ist beschränkt auf die Dauer der Nutzung der im Vertrag aufgeführten IT-Anlage/Zentraleinheit. Die Software-Produkte sind zu vernichten, wenn der Kunde die im Überlassungsvertrag genannte IT-Anlage/Zentraleinheit ständig nicht mehr benutzt."

Diese Klausel dürfte nur wirksam sein, wenn Hardware regelmäßig erst nach vielen Jahren außer Betrieb gesetzt würde. Das ist aber nicht der Regelfall: In der Praxis kommt es häufig vor, dass eine bestimmte IT-Anlage schon nach kurzer Zeit gegen eine andere, insbesondere eine leistungsfähigere, ausgetauscht wird.

Die Anlagengebundenheit dürfte deshalb grob gegen Treu und Glauben verstoßen, es sei denn, der Lieferant räumt dem Kunden einen Anspruch auf angemessene Rückzahlung der Überlassungsvergütung für den Fall ein, dass der Kunde die Hardware vor Ablauf der normalen Nutzungszeit außer Betrieb setzt.

Klauseln mit Anlagengebundenheit dürften darüber hinaus immer unwirksam sein, wenn die AGB des Lieferanten zusätzlich ein Weitergabeverbot *[siehe Kapitel 3.1.2 (6) und (7)]* enthalten: Ist das Weitergabeverbot wirksam formuliert, muss der Kunde wenigstens berechtigt sein, die Software-Produkte auf einer Nachfolgeeinheit einzusetzen (weil das Weitergabeverbot darauf basiert, dass der Kunde die Software-Produkte langfristig benutzt). Ist das Weitergabeverbot unwirksam formuliert, ändert das nichts an der Bewertung, denn der Lieferant schränkt die Möglichkeit, die Software-Produkte an einen Dritten zu überlassen, dadurch massiv ein, dass diese nur zusammen mit der IT-Anlage weitergegeben werden dürfen.

(4.2) **Benutzung vergütungspflichtig:** „Nutzt der Kunde die Software-Produkte auf einer anderen als der im Vertrag genannten IT-Anlage/Zentraleinheit, ist er zur Zahlung einer angemessenen zusätzlichen Vergütung verpflichtet."

Der Lieferant, der diese Klausel verwendet, geht davon aus, dass die ursprünglich gezahlte Vergütung die Benutzung seiner Software-Produkte für eine gewisse Dauer, nämlich für die Lebensdauer der gleichzeitig erworbenen Hardware, abdecken soll. Der Kunde hat die

Software-Produkte aber aus seiner Sicht für die im Überlassungsvertrag festgelegte Vergütung für unbestimmte Zeit erworben (und darf das mangels anderweitiger „Aufklärung" durch den Lieferanten auch so verstehen).

Da die Klausel nicht berücksichtigt, dass der Wechsel der Hardware zu einem beliebigen Zeitpunkt stattfinden kann, ist sie nach § 307 Abs. 1 und 2 BGB unwirksam *[vgl. (3.1)]*.

(4.3) **Benutzung zustimmungsbedürftig:** „Der Kunde darf die Software-Produkte nur mit Zustimmung des Lieferanten auf eine andere IT-Anlage/Zentraleinheit übertragen."

Diese Klausel ist wirksam, wenn sie im Zusammenhang mit technischen Bedenken steht *[siehe Kapitel 3.1.4 (1)]*. Wenn sie im Zusammenhang mit der Vergütung steht, will der Lieferant dasselbe wie bei (4.2) erreichen. Die Klausel ist dann unwirksam.

(5) Benutzung für RZ-Dienstleistungen

„Die Software-Produkte dürfen nicht für einen Rechenzentrumsbetrieb für Dritte eingesetzt werden."

Werden die Software-Produkte für das Erbringen von RZ-Leistungen an Dritte eingesetzt, erweitert das die Benutzungsintensität erheblich. Das ist durch den normalen Preis nicht abgedeckt. Die Klausel dürfte wirksam sein.

Wenn die Überlassungsvergütung aber nach dem Benutzungsumfang gestaffelt ist *[siehe (2)]*, hat der Lieferant den Benutzungsumfang bereits „bepreist". Eine zusätzliche Einschränkung ist dann grob unangemessen und unwirksam. Der Lieferant kann sein Ziel aber dadurch erreichen, dass er für den Einsatz seiner Software-Produkte im RZ-Betrieb gesonderte (höhere) Preise vorsieht.

(6) Kein Vorzugspreis bei Lieferung einer neuen Version

„Der Kunde hat keinen Anspruch auf Vorzugspreise bei Lieferung einer neuen Version der Software-Produkte."

Nach dieser Klausel soll der Kunde eine neue Version, die er möglicherweise dringend benötigt, z. B. wegen Änderungen von Gesetzen, auf denen die Software-Produkte aufbauen, voll bezahlen *[zur Situation bei Pflege vgl. Kapitel 3.4.2 (1)]*. Wenn der Lieferant eine neue Version oder eine neue Generation der Software-Produkte freigibt, möchten viele Kunden diese allerdings nur gegen einen Vorzugspreis erwerben *[IT-Vertragsrecht, Kapitel 8.2.1 (3)]*.

Ist die neue Version eine Weiterentwicklung der bisher eingesetzten Version, ist zu berücksichtigen, dass der Kunde für die Investition des Lieferanten in die Software-Produkte bereits gezahlt hat. Weiterentwicklungen beinhalten für den Lieferanten typischerweise nur eine beschränkte zusätzliche Investition. In der Praxis werden diese Fälle meist über eine reduzierte Überlassungsvergütung (Upgrade-Preis) geregelt. Andererseits ist zu berücksichtigen, dass es einen Eingriff in die Preisgestaltung und damit die Autonomie des Lieferanten bedeutet, wenn man eine *Verpflichtung* des Lieferanten annimmt, neue Versionen für Altkunden zum Vorzugspreis anzubieten. Dem Kunden steht hingegen frei, schon beim ersten Vertragsabschluss einen Pflegevertrag oder die Konditionen für Folgeversionen/-generationen (Updates/Upgrades) zu verhandeln. Sofern der Kunde dies nicht vereinbart, zeigt er damit, dass es ihm für den ersten Vertragsabschluss nicht wichtig ist. Daher ist die obige Klausel als wirksamer Hinweis dahin gehend zu verstehen, dass der Lieferant nicht bereit ist, sich zur Gewährung von Vorzugspreisen für Altkunden zu *verpflichten*. Damit ist nicht ausgeschlossen, dass er später tatsächlich einmal Vorzugspreise anbieten wird, wenn es seine Kalkulation erlaubt.

(7) Ausschluss des Anspruchs auf eine nach Wechsel des Typs der IT-Anlage erforderliche Variante

(a) „Wechselt der Kunde den Typ der IT-Anlage, unter dem er die Software-Produkte einsetzt, hat er keinen Anspruch auf Lieferung der dafür benötigten Variante der Software-Produkte."

Im Kern geht es hier um eine ähnliche Fragestellung wie in (6): Hat der Kunde Anspruch auf einen Vorzugspreis? Bei (6) geht es um das Upgrade auf eine neue Version der Software. Bei der Klausel hier geht es dagegen um den Wechsel von einer Plattform (z. B. Betriebssystem) zu einer anderen. Es sind dabei zwei Fälle zu unterscheiden: Die Software existiert für die Zielplattform bereits oder nicht.

Wenn die Software auf der Zielplattform nicht existiert, kann vom Lieferanten nicht ohne entsprechende Vereinbarung verlangt werden, sie auf die Zielplattform zu portieren. Eine Portierung ist oft gar nicht möglich (zumindest bei wirtschaftlicher Betrachtung), weil auf der Zielplattform benötigte Schnittstellen nicht zur Verfügung stehen. Eine Nachbildung derartiger Schnittstellen würde jeden vernünftigen Rahmen sprengen.

Beispiel: Portierung von Windows-Software, die extensiv Microsoft-Technologien wie DirectX, .NET o. ä. benötigt, auf ein spezielles Unix-Derivat, das keine derartige Schnittstelle besitzt.

In diesen Fällen ist die Klausel unkritisch und wirksam. Schließlich ist es der Anwender, der hier (nach Vertragsabschluss!) einen Wechsel des Typs der IT-Anlage veranlasst. Also benachteiligt es ihn nicht unangemessen, wenn er die daraus resultierenden Kosten tragen soll.

Anders könnte der Fall aber liegen, wenn der Lieferant bereits eine Version für die Zielplattform vertreibt. Denn dann stehen obige technische Aspekte nicht mehr im Wege. Es geht dann um eine rein wirtschaftliche Betrachtung: Der Lieferant hat in die Portierung bereits investiert und muss nun die Möglichkeit zur Refinanzierung haben. Verpflichtet man ihn, die Software zu einem eher symbolischen Betrag zu liefern, schneidet man ihm die Refinanzierungsmöglichkeit ab. In der Folge würde es tendenziell keine Unterstützung für weitere Plattformen geben. Das wäre ein Ergebnis, das auch den Interessen der Kunden zuwider liefe. Denn der Kunde gewinnt unabhängig vom Preis schon, wenn es *überhaupt* eine Version für die Zielplattform gibt, die er erwerben kann. Daher ist die Klausel auch in diesen Fällen wirksam.

(b) Eine Ausnahme gilt jedoch für den Fall, dass die Portierung außergewöhnlich *günstig* war.

Beispiel 1: Die Software (Kaufpreis 1 Mio. EUR) konnte bekanntermaßen durch einfaches Neuübersetzen auf der Zielplattform, z. B. mit einem auf jedem Zielsystem ohne weitere Kosten vorhandenen Übersetzer, bei geringem Zeitbedarf (bei Abrechnung nach Aufwand: wenige tausend EUR), vollständig portiert werden.

Dass die Portierung nur *technisch* einfach war, kann auch eine Rolle spielen.

Beispiel 2: Die Software (Kaufpreis 100 00 EUR) konnte – wie oben – mit Hilfe eines Tools oder einer Software-Bibliothek einfach portiert werden. Dafür musste der Lieferant das Tool für a) 2000 EUR bzw. b) 500 000 EUR anschaffen.

In den Fällen 1 und 2 a) ist es mit Treu und Glauben nicht zu vereinbaren, wenn der Lieferant dem Kunden den Neupreis der Software in Rechnung stellt, da dieser deutlich über den eigentlichen Portierungskosten (plus angemessener Zuschläge) liegt. Der Kunde hat dann Anspruch auf Lieferung der Portierung, und zwar für einen angemessenen Preis, das ist der Preis für die zusätzliche Schnittstelle *[vgl. IT-Vertragsrecht, Kapitel 8.2.3 (4)]*. Wie viele Kunden die portierte Version gekauft haben, spielt hingegen keine Rolle. Wollte man das berücksichtigen, würde man dem Lieferanten letztlich keine Gewinnchance zugestehen. Eine unangemessene Benachteiligung ist also nur dann gegeben, wenn der Kaufpreis absolut gesehen wesentlich über den Portierungskosten liegt, wenn selbst die Abrechnung nach Aufwand für den Kunden noch günstiger gewesen wäre als der Neukauf.

(8) Benutzung über das Internet

„Die Vergütung richtet sich nach der Zahl der Benutzer. Dabei sind auch solche Benutzer mitzuzählen, die die Anwendung über das Internet nutzen."

(a) Auf den ersten Blick erscheint die Differenzierung nach Benutzern besonders fair. Dabei kommt es aber darauf an, was man unter „Benutzer" genau versteht. Es gibt dabei mehrere Variationen.

Einmal kann man darunter so genannte „dedicated/named user" verstehen. Diese Art der Abrechnung ist bei Programmen üblich, bei denen vorher die Rechte der einzelnen Benutzer festgelegt werden können oder die benutzerbezogene Aufzeichnungen (z. B. Protokollierungen) machen.

Beispiel: Herr Meier und Frau Müller dürfen mit dem Programm arbeiten. Sie sind dem Lieferanten dafür explizit benannt worden, so dass ein Vertragsverstoß vorliegt, wenn Herr Schmidt sich beim Programm anmeldet.

Bei einer solchen Abrechnung ist die Klausel unkritisch und wirksam, denn es spielt keine Rolle, wie Herr Meier die Anwendung nutzt, so lange er dem Lieferanten für die Nutzung allgemein benannt wurde.

(b) Es gibt aber auch so genannte „concurrent user". Diese Variante wird gerne für Client/Server-Programme benutzt, deren Definition technisch gesehen schwierig ist. Einmal kann man darunter die Benutzer verstehen, die zur gleichen Zeit beim Programm angemeldet sind. Das setzt voraus, dass die Software serverseitig einen Zustand der Benutzer verwaltet.

Beispiel: Benutzer A meldet sich am Datenbankserver an. Dieser speichert nun für A die Änderungen zwischen, so lange kein Commit der Transaktion erfolgt. Auch wenn Benutzer B zwischendurch eine Anfrage an den Datenbankserver stellt, bleibt der Zustand der Transaktion für A erhalten. Beim nächsten technischen Zugriff auf den Server kann A dort weiter machen, wo er beim letzten technischen Zugriff aufgehört hat. Entsprechendes gilt für B.

Auch hier ist die Klausel unproblematisch, da es keinen Unterschied macht, wie der Benutzer an seinen serverseitigen Zustand kommt.

Es kann aber auch vorkommen, dass der Server überhaupt keinen Zustand des Benutzers hält. Faktisch meldet sich der Benutzer also jedes Mal für eine sehr kurze Zeit beim Server an, die Anfrage wird vollständig bearbeitet, dann meldet sich der Benutzer wieder ab. In der Regel erledigt das die Client-Software, so dass der Benutzer dies nicht selbst erledigen muss.

Beispiel: Ein einfacher Webserver (ohne Nutzung von Cookies o.ä.) erhält die Anfrage eines Benutzers, verarbeitet sie, liefert das Ergebnis direkt zurück und beendet die Verbindung. Ähnlich könnte man auch einen Fileserver implementieren, wobei dort typischerweise ein serverseitiger Zustand gehalten wird, um Zugriffsrechte schneller ermitteln zu können.

Für diesen Fall würde die reine Anzahl der Benutzer regelmäßig zu einer unangemessenen Benachteiligung des Kunden führen. Er müsste eine Lizenz für eine sehr große Anzahl von Benutzern erwerben, auch wenn gleichzeitig nur wenige Benutzer die Software einsetzen. Das liegt daran, dass die Klausel nicht regelt, in welcher Zeit die Anzahl der Benutzer gemessen werden soll. Für diesen Fall liegt es nahe, die Klausel wegen § 307 Abs. 1 Satz 2 BGB für unwirksam zu erklären, da sie zumindest unverständlich ist. Darüber hinaus könnte sie auch ganz allgemein eine unangemessene Benachteiligung entgegen Treu und Glauben darstellen (§ 307 Abs. 1 Satz 1 BGB), wenn der Kunde aufgrund der Natur der Software für sehr hohe Benutzerzahlen bezahlen müsste, ohne dafür einen Mehrwert zu erhalten. Für den oben genannten Fall des Webservers könnte man ohne Angabe der Messzeitdauer zu praktisch unbegrenzt hohen Benutzeranzahlen gelangen.

(c) Man kann den Begriff „concurrent" aber auch wörtlich nehmen und nur die Benutzer zählen, die technisch gleichzeitig (Parallelverarbeitung im Sinne der Nutzung z. B. mehrerer Prozessoren) mit dem Programm arbeiten.

Höchst problematisch ist die Benutzerzählung (insbesondere zusammen mit Satz 2 der Klausel), wenn es sich um Multiplexing handelt, denn dann würde die Benutzerzahl nicht nur des Webservers, sondern z. B. auch die Benutzerzahl der vom Webserver benutzten Datenbanksoftware grenzenlos erhöht. Multiplexing bedeutet, dass mehrere Benutzer über eine einzige Verbindung bedient werden, z. B. indem eine Software in sehr kurzen Intervallen zwischen verschiedenen Clients umschaltet (Zeitscheibenverfahren) und deren Anfragen weiterleitet.

Beispiel: Ein Webserver ist mit einem Datenbankserver verbunden, zu dem er eine einzige Verbindung unterhält. Also ist technisch nur der Benutzer *webserver* bei der Datenbank angemeldet, der Datenbankserver hält nur seinen Zustand über die einzelnen Aufrufe hinweg. Der Webserver möge nun mit Sessions arbeiten, d. h. er kann Benutzer A und B auseinander halten. Um die Anfrage von A zu bedienen, hängt er an die Anfrage zum Datenbankserver das Suchkriterium „where benutzer=‚A'", bei B entsprechend „where benutzer=‚B'" (oder generiert entsprechend modifizierte Tabellennamen, z. B. „A_BUCHUNGEN" und „B_BUCHUNGEN"). Auf diese Art können A und B die Datenbank nutzen, ohne dass zwei Benutzer bei der Datenbank eingetragen sind. Der Webserver dient hier als Multiplexer, der vor die Datenbank geschaltet ist.

Bei der Betrachtung der Benutzeranzahl auf dem System hinter einem Multiplexer – also der Datenbank im obigen Beispiel – kommt man zu zwei völlig verschiedenen, aber gleichermaßen vertretbaren Ergebnissen:

(aa) Technisch gibt es nur einen angemeldeten Benutzer bei der Datenbank, sie speichert nur einen einzigen Zustand. Beispielsweise werden nur Rollback-Daten für einen einzigen Benutzer gespeichert, auch sind die zur Verfügung gestellten Schemata, also insbesondere die Zugriffsrechte auf Tabellen, identisch. Fähigkeiten zur Verwaltung von mehreren Benutzern werden nicht genutzt.

(bb) Logisch arbeiten durchaus mehrere Benutzer mit der Datenbank. Die mit dem Programm arbeitenden Menschen haben jedenfalls diesen Eindruck.

Das Beispiel offenbart Widersprüche bei dieser Abrechnungsmethode: Argumentiert der Lieferant mit der erhöhten Nützlichkeit (mehr Benutzer können auf die Datenbank zugreifen), so muss er sich fragen lassen, ob er bei geringerer Nützlichkeit bereit ist, den Preis nach unten anzupassen.

Beispiel: Herr Meier nutzt als Controller die Datenbank nur am Monatsende. Er soll aber nach der Vorstellung des Lieferanten genau so abgerechnet werden wie die Buchhalterin, Frau Müller, die jeden Tag etwa sieben Stunden lang auf die Datenbank zugreift.

Das Problem liegt darin, dass sich der „power user“ *[Frau Müller]* sowohl bezüglich der Nützlichkeit als auch rein technisch nicht von dem Webserver/Multiplexer unterscheiden lässt. Sofern sich die Klausel also auf Software bezieht, die hinter einem Multiplexer eingesetzt wird, dürfte sie den Kunden unangemessen benachteiligen und damit unwirksam sein.

Wie intensiv ein Benutzer die Software nutzt, ist aber seine Sache. Diese Betrachtung liegt auch im Interesse des Lieferanten, der sonst bei geringerer Nutzung *[Herr Meier]* den Preis mindern müsste. In Frage kommt aber je nach Art der Software auch eine Unwirksamkeit nach § 305c BGB, da die Regelung, gerade wegen der obigen Auslegungsschwierigkeiten, überraschend sein kann.

Dem Lieferanten ist hier zu raten, sehr viel genauer zu bestimmen, wie die Vergütung zu bemessen sein soll. Bei Web-Servern, Datenbanken o. Ä. könnte die Bindung an die Anzahl und ggf. den Typ der Prozessoren (ggf. auch andere Hardware-Komponenten) sinnvoll und leicht zu überprüfen sein. Dadurch ist rein technisch eine bestimmte maximale Benutzeranzahl bereits vorgegeben. Eine erhöhte Vergütung beim Einsatz von Multiplexern ist dagegen sehr bedenklich.

3.1.4 Klauseln zur Bindung des Benutzungsrechts an bestimmte Typen von IT-Anlagen

Es geht hier um den Fall, dass ein Lieferant seine Software-Produkte nur zusammen mit oder für den Einsatz auf einer von ihm zu liefernden IT-Anlage anbietet und in seinen AGB vorsieht, dass der Kunde diese nur auf einer von ihm gelieferten IT-Anlage einsetzen darf. Das ist etwas anderes als eine Beschränkung des Benutzungsrechts auf nur eine bestimmte IT-Anlage/Zentraleinheit *[dazu Kapitel 3.1.3 (1)]*, weil der Lieferant hier mehr bezweckt, nämlich eine Bindung des Benutzungsrechts an einen bestimmten Typ von IT-Anlage überhaupt. Für den Kunden wirken sich derartige Klauseln hauptsächlich bei Ersatzbeschaffungen aus.

Lieferanten führen dafür den Gesichtspunkt der technischen Zuverlässigkeit ins Feld. Das kann, braucht aber nicht berechtigt zu sein. Man darf nicht verkennen, dass das (auch) eine äußerst wirksame Methode ist, den Absatz von Hardware zu fördern. Für die Wirksamkeit derartiger Klauseln ist entscheidend, ob die Bindung an den Typ von IT-Anlage (vornehmlich) aus technischen Gründen oder (vornehmlich) aus Gründen der Absatzförderung geschieht.

(1) Einsatz von Anwendungssoftware nur auf freigegebenen Typen von IT-Anlagen

„Der Kunde darf Anwendungssoftware nur auf einer dafür vom Lieferanten freigegebenen IT-Anlage einsetzen."

Bei dieser Klausel geht es dem Lieferanten darum, die technische Zuverlässigkeit des Einsatzes seiner Software-Produkte abzusichern und der Gefahr vorzubeugen, dass beim Einsatz seiner Anwendungssoftware unerklärliche Fehlersituationen entstehen *[vgl. Kapitel 3.1.1 (3) zur gewährleistungsrechtlichen Problematik]*. Das kann z. B. der Fall sein, wenn die vom Kunden benutzte IT-Anlage mit der vom Lieferanten zum Testen verwendeten Zielanlage nicht kompatibel (richtig nach DIN-Norm: verträglich) ist.

Diese Gefahr besteht in besonderem Maße, wenn die Software-Produkte unter halbwegs standardisierter Systemsoftware entwickelt worden sind, so dass mehrere Typen von IT-Anlagen als Betriebsmittel zur Auswahl stehen. Wenn die Software-Produkte unter proprietärer Systemsoftware entwickelt worden sind, führt das in der Regel erst einmal dazu, dass nur eine Anlagenfamilie als Basis für die Software-Produkte in Betracht kommt. Kommt Konkurrenz auf, geht es um ähnliche Probleme wie bei standardisierter Systemsoftware.

Die Klausel ist wirksam: Der Lieferant hat ein verständliches Interesse daran, dass die Software-Produkte nur auf solchen IT-Anlagen eingesetzt werden, auf denen er sie erfolgreich getestet hat. Wenn die vom Kunden eingesetzte IT-Anlage zu den Software-Produkten nicht (vollständig) kompatibel ist, kann der Lieferant dem nur durch programmtechnische Maßnahmen in der Anwendungssoftware begegnen. Das ist dann ein zusätzlicher Aufwand, den der Kunde zu vertreten hat, dessen vollständige Bezahlung sich aber in der Praxis für den Lieferanten häufig nicht oder nur schwer durchsetzen lässt.

Außerdem ist dann Streit über die Ursache des Fehlers vorprogrammiert: Der Lieferant der fremden IT-Anlage wird sich darauf berufen, dass die Ursache nicht darin liege, dass seine IT-Anlage nicht dem Standard entspreche, sondern darin, dass die IT-Anlage, auf der der Softwareanbieter seine Software-Produkte getestet hat, diese Bedingung nicht erfülle.

Der Lieferant ist – wenn er diese Klausel verwendet – nach Treu und Glauben verpflichtet, die Ablauffähigkeit der Software-Produkte auf den in Betracht kommenden (= marktstarken) IT-Anlagen zu überprüfen und seine Produkte für den Einsatz auf diesen nach erfolgreichem Test freizugeben, so dass der Kunde durch diese Einschränkung in seiner Auswahlfreiheit nicht unangemessen benachteiligt wird.

Da die Rechtfertigung der Klausel weitgehend darauf beruht, dass der Lieferant zur Mängelbeseitigung verpflichtet ist, dürfte sie nur für die Zeit gelten, in der die Pflicht zur Mängelbeseitigung besteht (also nicht mehr, wenn die Gewährleistungsfrist abgelaufen und kein Pflegevertrag geschlossen worden ist).

(2) Einsatz von Systemsoftware nur auf freigegebenen Typen von Hardware

„Der Kunde darf Systemsoftware nur auf dafür vom Lieferanten freigegebener Hardware einsetzen."

Bei Systemsoftware, insbesondere beim Betriebssystem, besteht die Gefahr, dass ihr Einsatz auf anderer als vom Anbieter dafür vorgesehener Hardware zu Inkompatibilität und damit zu Fehlern führt. Je größer die Gefahr ist, desto stärker spricht dieser technische Grund für die Wirksamkeit der Klausel. Dahinter kann bei dieser Klausel zwar auch das Interesse des Lieferanten stehen, den Absatz der eigenen Hardware zu fördern. Für die Erstbeschaffung ist das aber unter dem Gesichtspunkt der Inhaltskontrolle von AGB rechtlich belanglos, da der Softwareanbieter die Situation ohnehin dadurch entscheidend beeinflussen kann, dass er Systemsoftware und Hardware nur gemeinsam anbietet (das kann allerdings kartellrechtlich relevant sein).

Bei standardisierten Betriebssystemen dürfte die Gefahr gering sein. Bei proprietären Betriebssystemen ist sie größer.

(3) Bindung des Einsatzes von Anwendungssoftware an Herstellerhardware

„Der Kunde darf die Software-Produkte nur auf vom Lieferanten gelieferter und/oder vermittelter Hardware nutzen."

Diese Klausel ist wegen Verstoßes gegen § 307 Abs. 1 und 2 BGB unwirksam. In technischer Hinsicht gibt es kaum einen Grund, den Einsatz von Anwendungssoftware direkt an die Hardware zu binden, da die Funktionen der Hardware über die Systemsoftware vermittelt werden. Der Lieferant, der diese Klausel verwendet, will seine Software-Produkte unabhängig von der Existenz anderer geeigneter Hardware nur für von ihm gelieferte oder vermittelte Hardware freigeben. Es geht also nicht (auch) um technische Zuverlässigkeit, sondern (nur) um Absatzförderung.

Der Kunde rechnet nicht mit einer solchen Klausel und braucht das auch nicht zu tun *[was für Nichtigkeit der Klausel bereits nach § 305c Abs. 1 BGB spricht, vgl. Kapitel 1.5 (1)]*.

3.1.5 Programmschutz

Unter Programmschutz versteht man die rechtlichen und tatsächlichen Maßnahmen der Lieferantenseite, die den Kunden dazu anhalten sollen, Software-Produkte und das in ihnen enthaltene Know-how nicht über die Zielsetzung des Überlassungsvertrags hinaus zu benutzen und sie vor unberechtigter Benutzung durch Dritte zu schützen.

Dieses Interesse ist bereits an anderen Stellen angeklungen: Der Lieferant kann sein Ziel durch eine genaue Beschreibung des Benutzungsrechts des Kunden *[Kapitel 3.1.2 und 3.1.3]* sowie durch das Verbot der Kenntnisgabe der Quellprogramme an Dritte *[dazu (4)]* erreichen. Daneben kommen Maßnahmen organisatorischer und technischer Art in Betracht. Diese Aspekte werden im Folgenden behandelt.

(1) Pflichten des Kunden

Der Kunde ist aus dem Überlassungsvertrag verpflichtet, missbräuchliche Benutzung zu unterlassen und (in gewissem Umfang) Programmschutzmaßnahmen zu treffen *[IT-Vertragsrecht, Kapitel 8.2.5 (3)]*.

(1.1) **Vernichtungsgebot oder Rückgabe bei Benutzungsende:** „Bei Beendigung des Nutzungsrechts ist der Kunde verpflichtet, die Originale sowie alle Kopien einschließlich etwaig abgeänderter Exemplare der Software-Produkte an den Lieferanten herauszugeben oder zu vernichten und dies dem Lieferanten auf Verlangen zu bestätigen. Ausgenommen von der Löschungspflicht ist die Aufbewahrung einer Sicherungskopie zu Archivzwecken."

Diese Klausel ist unbedenklich *[vgl. Kapitel 3.1.1 (7)]*. Sie beinhaltet nur eine Vorgabe zur Entsorgung der Software-Produkte, Satz 2 berücksichtigt § 69d Abs. 2 UrhG.

(1.2) **Vertragsstrafe:** „Verstößt der Kunde gegen die in diesen Bedingungen genannten Regelungen zum Programmschutz, ist er zur Zahlung in Höhe des x-fachen Betrags der Überlassungsvergütung verpflichtet."

Der Lieferant räumt sich mit dieser Klausel einen Anspruch gegen den Kunden auf Zahlung einer Vertragsstrafe *[IT-Vertragsrecht, Kapitel 3.9 (1)]* ein, wenn der Kunde die überlassenen Software-Produkte missbräuchlich verwendet.

Grundsätzlich ist dagegen nichts einzuwenden, weil der Schaden des Lieferanten sich oft nur schwer beziffern lässt. Die Frage ist nur die, wie hoch x sein darf, insbesondere im unternehmerischen Verkehr. Die Rechtsprechung hat die Klausel bei Vertriebsverträgen über Software-Produkte unter Unternehmern über das 10-fache und mehr der Überlassungsvergütung als wirksam angesehen.

(1.3) **Erlöschen des Benutzungsrechts:** „Verstößt der Kunde gegen eine der in diesen Bestimmungen enthaltenen Regelungen zum Programmschutz, ist der Lieferant berechtigt, die Programmnutzung mit sofortiger Wirkung zu kündigen."

Diese Klausel ist in rechtstechnischer Hinsicht unglücklich formuliert, weil man einen Kaufvertrag nicht kündigen kann. Bei Miete ist das anders. Dem Inhalt nach ist gegen sie aber in beiden Fällen nichts einzuwenden: Das Benutzungsrecht soll enden. *Sogar* Vertragsstrafen, die den Kunden noch stärker belasten, sind für diesen Fall zulässig *[siehe (1.2)]*. Die Klausel ist wirksam.

Wenn der Lieferant Quellprogramme ausgeliefert hat, ist die Klausel sogar nahezu notwendig. Da der Lieferant dadurch deren Status als Betriebsgeheimnisse *[IT-Vertragsrecht, Kapitel 5.4.1]* gefährdet, darf er den Kunden zum Ausgleich massiv zum Programmschutz verpflichten.

(2) Technische Maßnahmen des Lieferanten

„Die Software-Produkte sind nach der Installation für einen begrenzten Zeitraum ablauffähig. Innerhalb dieses Zeitraums muss der Kunde dem Lieferanten system- und hardwarebezogene Daten übermitteln. Er erhält dann eine Berechtigungsnummer, die er eingibt.

Geschieht das nicht alsbald, hat er Funktionsnachteile zu erwarten (z. B. Verlangsamung des Programmablaufs)."

Mit dieser Klausel will der Lieferant verhindern, dass Dritte die Software-Produkte (auch nur vorübergehend) unberechtigt benutzen. Den Kunden benachteiligt das nicht, wenn der Zeitraum („alsbald") nicht zu knapp bemessen ist. Die Klausel ist wirksam. Sie ist auch erforderlich, weil der Lieferant im Falle der Nichtbeachtung der Klausel die Zustimmung des Kunden im Hinblick auf die Verschlechterung der Einsetzbarkeit der Software-Produkte benötigt *[IT-Vertragsrecht, Kapitel 8.2.5 (2)]*. Allerdings ist die Klausel wegen der Formulierung „alsbald" im Hinblick auf das Verständlichkeitsgebot *[siehe Kapitel 1.3 (3)]* bedenklich. Es empfiehlt sich, statt „alsbald" eine bestimmte Frist anzugeben.

(3) Kontrollrechte des Lieferanten

„Der Kunde gewährt einem zur Verschwiegenheit verpflichteten Sachverständigen zur Kontrolle der ordnungsgemäßen Ausübung seines Nutzungsrechts Zutritt zu seinen Betriebsräumen."

(a) Diese Klausel dürfte mit § 307 Abs. 1 und 2 BGB vereinbar sein, da der Lieferant ein legitimes Interesse daran hat, die Einhaltung der Vertragsbestimmungen durch den Kunden kontrollieren zu können und das einen (vertragstreuen) Kunden nicht unangemessen benachteiligt.

Die Klausel schweigt zu der Frage, ob der Lieferant verpflichtet ist, die Überprüfung vorher anzukündigen. Dafür spricht, dass die Zutrittsgewährung (und die dann folgende Überprüfung) zu einer Störung des Betriebs führen kann. Sie kann ungelegen kommen und sogar Schaden verursachen. Andererseits läuft eine angekündigte Überprüfung mit ziemlicher Sicherheit ins Leere, da ein vertragsbrüchiger Kunde die Chance erhält, die nicht ordnungsgemäßen Installationen zu beseitigen (und bei entsprechender Hartnäckigkeit direkt danach wieder in Betrieb zu nehmen). Die Unklarheitenregel *[siehe Kapitel 1.3 (3)]* dürfte nicht anwendbar sein, weil der Wortlaut der Klausel eindeutig ist. Da sie auf die berechtigten Interessen eines vertragstreuen Anwenders keine Rücksicht nimmt, ist die Klausel unwirksam.

(b) Eine Klausel, mit der sich der Lieferant selbst (also nicht einem Sachverständigen) ein Kontrollrecht mit oder ohne vorherige Ankündigung einräumt, dürfte dagegen unwirksam sein.

Ein Händler-Lieferant hat oft kein Interesse daran, einem Missbrauchsverdacht bei einem seiner Kunden nachzugehen. Einige Softwareanbieter verlangen deshalb häufig von ihren Händler-Lieferanten, dass diese ihnen in deren AGB Kontrollrechte einräumen. In dem Umfang, in dem der Händler-Lieferant sich über einen Sachverständigen Kontrollrechte in seinen AGB einräumen darf, darf er das auch zugunsten des Softwareanbieters tun.

Lieferanten sollten die Funktion der Klausel nicht überbewerten. Denn es fragt sich, wie der Lieferant sein Kontrollrecht (ohne einen Vorwarn-Effekt) durchsetzen will. Ein um nicht vertragsgemäße Nutzung wissender Kunde kann z. B. den Sachverständigen (zumindest vorläufig) am Betreten der Räume hindern (z. B. unter Verweis auf mögliche Produktionsstörungen sowie eventuelle Schäden) und in dieser Zeit die nicht ordnungsgemäßen Installationen beseitigen. Zwar mag man den Zutritt notfalls gerichtlich durchsetzen können. Dennoch vergeht dann wertvolle Zeit, so dass man illegale Nutzungen nicht aufdecken wird.

Was verbleibt, ist die Aufdeckung schlichter Missverständnisse der vertraglichen Vereinbarungen und Grenzfälle, wegen derer kein Lieferant einen guten Kunden verprellen möchte. Die Klausel ist also keinesfalls *die* Lösung im Kampf gegen Vertragsverletzungen, für die man sie bei erster Betrachtung halten könnte. Sie kann aber von Kunden für unverschämt gehalten werden und damit zu (negativen) emotionalen Reaktionen führen. Durch die Regelung bewirkt man typischerweise nur bei unwissentlichen Vertragsverstößen eine Aufdeckung und Nachberechnung der Überlassungsvergütung. Daher stellt sich die Frage, ob man als Lieferant nicht besser ganz auf die Klausel verzichtet und seinen Kunden eine kooperative Beratung zu Lizensierungsfragen anbietet. Im Rahmen dessen kann es natürlich auch zu einem Termin vor Ort kommen.

(4) Verbot der Kenntnisgabe der Quellprogramme an Dritte

„Die Kenntnisgabe der Quellprogramme an Dritte ist dem Kunden nicht gestattet."

Der Hersteller hat ein Interesse daran, dass die Quellprogramme (einschließlich der Entwicklungswerkzeuge) Dritten nicht bekannt werden. Dritter kann insbesondere ein anderer Lieferant oder ein RZ-Dienstleistungsunternehmen sein *[IT-Vertragsrecht, Kapitel 8.2.2.4 (3)]*. Das Urheberrechtsgesetz verbietet dem Kunden nicht, Dritten Kenntnis von den Quellprogrammen zu verschaffen. Das ist aus Sicht des Gesetzgebers konsequent, weil das Urheberrecht nur die Darstellung, nicht das in der Darstellung enthaltene Know-how schützt *[IT-Vertragsrecht, Kapitel 5.3.1 (3)]*.

Es ist deswegen Sache des Lieferanten, den Charakter von Quellprogrammen als Betriebsgeheimnisse zu wahren und dazu durch eine Vereinbarung den Kunden zur Geheimhaltung der Quellprogramme zu verpflichten. Gibt er Quellprogramme ohne die Verpflichtung zur Geheimhaltung aus der Hand, verzichtet er auf deren Geheimhaltung.

Die Klausel ist deswegen wirksam. Es gibt aber Einzelfälle, in denen sich der Lieferant auf seine Klausel nicht berufen kann, weil das grob unbillig wäre *[vgl. Kapitel 1.5 (5)]*, beispielsweise wenn der Kunde Zugriff auf hinterlegte Quellprogramme erhält *[IT-Vertragsrecht, Kapitel 14.5 (1)]* oder wenn die Pflege gekündigt wird.

Kündigung der Pflege: Wenn die Pflege gekündigt wird, benötigt der Kunde Unterstützung bei der weiteren Pflege. Ohne Quellprogramme ist das grundsätzlich nicht möglich. Das kann die Wirksamkeit des Kenntnisgabeverbots einschränken: Kündigt der *Lieferant* die Pflege vor Ablauf der Zeit, während der er zur Pflege verpflichtet ist *[IT-Vertragsrecht, Kapitel 14.2 (3)]*, verletzt er zwar den Vertrag, es ist aber strittig, ob der Kunde die Quellprogramme in diesem Fall einem anderen Auftragnehmer zur Kenntnis geben darf.

Wenn der Lieferant nicht mehr zur Pflege verpflichtet ist, gilt das nur, wenn der Lieferant tatsächlich und erkennbar kein Interesse mehr an der Geheimhaltung hat, z. B. weil er die Produktlinie insgesamt eingestellt hat.

Kündigt der *Kunde* die Pflege, kommt es auf den Grund der Kündigung an. Eine ordentliche Kündigung berührt das Geheimhaltungsgebot des Kunden nicht. Wenn der Kunde wegen Pflichtverletzung des Lieferanten kündigt, hängt die Beurteilung wieder davon ab, ob die Mindestpflegefrist bereits abgelaufen ist. Ist das der Fall, gilt das Gleiche wie vorher, wenn der Lieferant vorzeitig kündigt. Ist das nicht der Fall, kann man kaum pauschal beurteilen, ob die Kenntnisgabe ausnahmsweise zulässig ist.

(5) Verbot des Dekompilierens

(a) „Der Lieferant stellt Software-Produkte grundsätzlich als Objektprogramme zur Verfügung. Eine auch nur teilweise Umwandlung in Quellprogramme durch den Kunden ist unzulässig."

Software-Produkte sind grundsätzlich Betriebsgeheimnisse *[IT-Vertragsrecht, Kapitel 5.4.1]*. Der Lieferant hat dem Kunden das Betriebsgeheimnis, wenn er nur Objektprogramme liefert, nicht offen, sondern wohlverpackt zur Verfügung gestellt. Der Kunde soll das Betriebsgeheimnis respektieren, solange es eines ist. Außerdem hat er mit dem Erwerb der Software-Produkte als Objektprogramme darauf verzichtet, selbst Mängel beseitigen oder die Software-Produkte ändern zu können. Dann soll er sich diese Möglichkeit nunmehr nicht durch die Hintertür verschaffen dürfen.

Gemäß § 69e UrhG ist es unter bestimmten Voraussetzungen (auch ohne Zustimmung des Rechtsinhabers) erlaubt, Programme zum Ermitteln von Schnittstellen zu dekompilieren *[vgl. IT-Vertragsrecht, Kapitel 5.3.3.1]*. Zu anderen Zwecken ist Dekompilieren nur erlaubt, wenn das zur bestimmungsgemäßen Benutzung gehört, was kaum der Fall ist. Deshalb ist das Verbot des Dekompilierens grundsätzlich wirksam.

Die Klausel verbietet dem Kunden aber mehr, als das Gesetz das tut: Dekompilieren soll nicht einmal zum Ermitteln von Schnittstellen zulässig sein. Ein derartiges (vollständiges) Dekompilierungsverbot ist nur wirksam, wenn der Lieferant sich durch einen Zusatz in der Klausel bereit erklärt, dem Kunden Schnittstelleninformationen zu liefern (dafür kann er Zahlung einer Vergütung verlangen). Anderenfalls verstößt ein vollständiges Dekompilierungsverbot gegen § 69g Abs. 2 UrhG. Danach sind vertragliche Bestimmungen nichtig, die im Widerspruch zu § 69e UrhG stehen. Die Klausel ist deshalb unwirksam.

(b) Wirksam (und überflüssig) ist die folgende Klausel:

„Jede auch nur teilweise Rückumwandlung (Dekompilierung) in eine andere Ausdrucksform ist unzulässig, sofern sie nicht durch ausdrückliche, gesetzliche Regelung unabdingbar vorgesehen ist."

Diese Klausel ist zwar bedenklich im Hinblick auf das Verständlichkeitsgebot *[Kapitel 1.3 (3)]*, weil der Lieferant nur pauschal auf die gesetzliche Regelung verweist. Wenn man sie deshalb aber für unwirksam hält, folgt das gleiche Ergebnis aus (dem dann anwendbaren) § 306 Abs. 2 BGB: Es gelten die gesetzlichen Vorschriften *[vgl. Kapitel 1.5 (4)]*.

3.1.6 Besonderheiten bei Miete

(1) Mängelhaftung (Gewährleistung)

„Bei Miete haftet der Lieferant für Mängel der Software-Produkte, die bereits bei Abschluss des Vertrags vorhanden waren, nur, wenn ihm Verschulden zur Last fällt."

Der Vermieter haftet nach der gesetzlichen Regelung (§ 536a Abs. 1 BGB) für Mängel der Mietsache, die bei Vertragsabschluss vorhanden sind, auch dann auf Schadensersatz (!), wenn er diese Mängel nicht verschuldet hat. Diese weitgehende Haftung will der Lieferant verständlicherweise einschränken. Das dürfte wirksam sein.

(2) Vermietungsverbot

„Der Kunde darf vermietete Software-Produkte nicht ohne Zustimmung des Lieferanten weitervermieten."

Gemäß § 69c Nr. 3 Satz 2 UrhG steht dem Rechtsinhaber die Kontrolle über eine Weitervermietung zu. Da eine Weitervermietung das Herstellen von Raubkopien (zumindest) ermöglicht, verstößt ein Verbot der Weitervermietung wegen der Missbrauchsgefahr nicht gegen § 307 Abs. 1 und 2 BGB. Die Klausel ist wirksam.

(3) Erhöhung des Mietzinses

„Der Mietzins richtet sich nach den jeweils gültigen Listenpreisen des Lieferanten."

Diese Klausel ist vom Ansatz her verständlich, wenn der Mieter im Rahmen der Pflege weiterentwickelte Versionen erhält. Denn dann wendet der Lieferant erhebliche Kosten für die Weiterentwicklung auf. Diese soll der Kunde nach der Klausel entsprechend der Wertsteigerung der Software-Produkte tragen. Das kommt am besten im durchgesetzten Listenpreis zum Ausdruck. Im Hinblick auf die strenge Haltung der Rechtsprechung empfiehlt es sich, den Preisvorbehalt auf den Pflegekostenanteil zu beschränken.

3.2 Klauseln zur Erstellung von Programmen

Bei der Erstellung von Programmen gibt der Kunde dem Lieferanten den Auftrag, Programme zu entwickeln. Das können vollständig neue Programme sein, aber auch selbständig einsetzbare Zusatzprogramme zu (bereits vorhandenen) Software-Produkten. Die Darstellung geht vorrangig vom ersten Fall aus.

3.2.1 Erstellungsphase

(1) Erstellung der Spezifikation

„Der Lieferant erstellt mit Unterstützung des Kunden eine Spezifikation. Der Kunde wird innerhalb von 14 Tagen nach Vorlage der Spezifikation schriftlich Stellung nehmen. Die genehmigte Spezifikation ist verbindlich. Soweit nichts anderes vereinbart ist, wird diese Leistung nach Aufwand vergütet."

Diese Klausel greift ein, wenn sich die Anforderungen des Kunden nicht bereits aus dem Vertrag ergeben und ist dann wirksam *[anderenfalls gehen die vertraglichen Vereinbarungen als Individualvereinbarungen der Klausel vor, Kapitel 1.5 (2)]*.

Die Frist von 14 Tagen zur Genehmigung der Spezifikation ist angemessen. Wenn der Lieferant die genehmigte Spezifikation als „verbindlich" bestimmt, ist das dahingehend auszulegen, dass sie die verbindliche Vorgabe für die weitere Arbeit ist. Der Lieferant schließt damit nicht aus, dass im Laufe der Umsetzung der Spezifikation die Arbeit in Abstimmung mit dem Kunden verfeinert oder geändert werden kann *[dazu (2)]*.

Satz 4 berücksichtigt den Vorrang von (auch mündlich getroffenen) Individualvereinbarungen *[Kapitel 1.5 (2)]*. – Wenn der Lieferant für abweichende Vereinbarungen Schriftform vorschreibt („soweit nichts anderes *schriftlich* vereinbart ist"), schließt er damit nicht aus, dass der Kunde sich auf eine entgegenstehende mündliche Vereinbarung berufen kann, so dass auch eine solche Formulierung wirksam ist *[vgl. Kapitel 2.1.3 (3)]*.

(2) Wunsch des Kunden wie vom Lieferanten bestätigt

„Vereinbarungen über Änderungen der Anforderungen bedürfen der Schriftform. Erklärt der Kunde einen Änderungswunsch mündlich, kann der Lieferant diesen schriftlich bestätigen. Dessen Formulierung ist verbindlich, wenn der Kunde nicht unverzüglich widerspricht."

Jeder Änderungswunsch zur Aufgabenstellung ist rechtlich eine Vertragsänderung und ist deshalb nur verbindlich, wenn die Vertragspartner die Änderung gemeinsam vereinbaren. Nach Treu und Glauben ist der Lieferant weitgehend zur Zustimmung zu einem Änderungswunsch verpflichtet *[IT-Vertragsrecht, Kapitel 9.2.2 (1)]*.

Mit der Klausel räumt sich der Lieferant das Recht ein, einen mündlich geäußerten Wunsch des Kunden zwecks Klärung schriftlich zu fassen und diesem mitzuteilen. Schweigt der Kunde daraufhin, soll das als Zustimmung des Kunden zu der vom Lieferanten schriftlich festgehaltenen Fassung seines Änderungswunsches gelten.

Soweit kaufmännische (besser: geschäftliche) Bestätigungsschreiben von der Rechtsprechung zugelassen werden *[IT-Vertragsrecht, Kapitel 2.2 (2)]*, wirkt die Klausel gegen den Kunden, auch wenn dieser nicht Kaufmann (= Unterfall zum Rechtsbegriff des Unternehmers) ist: Die Klausel ist also in diesem Fall wirksam.

Gegenüber anderen Kunden, die nicht Adressaten eines kaufmännischen (geschäftlichen) Bestätigungsschreibens sein können, verstößt der Inhalt der Klausel gegen § 308 Nr. 5 BGB. Nach dieser Vorschrift kann man eine nicht abgegebene Erklärung (= Zustimmung zum Änderungswunsch wie vom Lieferanten bestätigt) nur unter bestimmten, in der Klausel nicht enthaltenen Voraussetzungen fingieren.

3.2.2 Leistungspflichten

(1) Einschränkungen der Lieferpflicht des Lieferanten

Wenn der Lieferant in seinen AGB eine ihm nach dem Vertrag obliegende Hauptpflicht einschränkt, benachteiligt das den Kunden nach § 307 Abs. 2 Nr. 1 BGB unangemessen, so dass solche Klauseln grundsätzlich unwirksam sind *[Kapitel 1.4 (1)]*; es sei denn, der Lieferant hat ein begründetes Interesse für die Einschränkung. Solche Klauseln können zusätzlich als überraschende Klauseln unwirksam sein *[Kapitel 1.5 (1) und 2.2.1 (6)]*.

Als Hauptpflicht gelten bei der Erstellung von Programmen auch die Lieferung der Quellprogramme sowie – mit Einschränkungen – der Benutzerdokumentation *[IT-Vertragsrecht, Kapitel 9.3.1 (1)]*.

(1.1) **Keine bzw. eingeschränkte Lieferung der Quellprogramme:**

(a) „Der Kunde erhält die Programme in ablauffähiger Form (Objektprogramme). Dem Kunden werden keinerlei Rechte an den Quellprogrammen, insbesondere kein Nutzungs- und/oder Besitzrecht eingeräumt."

Der Lieferant ist aus dem Programmerstellungsvertrag verpflichtet, die Programme vollständig als Quellprogramme zu liefern, so dass der Kunde sie selbst pflegen kann *[IT-Vertragsrecht, Kapitel 9.3.1 (1)]*. Für den pauschalen Ausschluss dieser Verpflichtung gibt es keinen sachlichen Grund. Die Klausel ist unwirksam.

(b) „[...]. Sofern der Lieferant eigene Module oder Module von Drittanbietern verwendet, wird er deren Quellprogramme nicht mit ausliefern. Der Lieferant übernimmt aber die Pflege der betroffenen Module. Wenn die Pflege der Module von Drittanbietern nicht mehr wirtschaftlich sinnvoll ist, darf der Auftragnehmer diese Module auf seine Kosten gegen neue Module mit gleichem Leistungsumfang austauschen."

Bei der Verwendung von Bausteinen sprechen gute Gründe dafür, die Nichtlieferung zuzulassen. Denn dabei handelt es sich um Vorinvestitionen, die zu einem geringen Anteil ihrer Kosten geliefert werden. Die Situation ist wie bei Software-Produkten. Der Auftragnehmer muss dann allerdings die Pflege der Bausteine übernehmen. Die Klausel berücksichtigt das und ist deshalb wirksam.

(1.2) **Keine Lieferung von Entwicklungswerkzeugen:** „Der Lieferant ist nicht verpflichtet, dem Kunden die Entwicklungswerkzeuge zu liefern, die er für die Erstellung der Programme einsetzt."

Auch diese Klausel ist unwirksam: Sie umfasst (auch) Fälle, in denen der Kunde die Entwicklungswerkzeuge für die Pflege zwingend benötigt und sie sich auf dem Markt selbst nicht beschaffen kann.

Dementsprechend braucht der Lieferant aber Entwicklungswerkzeuge nicht zu liefern, wenn derjenige, der Programme erstellen lässt und ändern will, sich diese auf dem Markt beschaffen kann. Hat der Lieferant aber solche Entwicklungswerkzeuge geändert, muss er diese Änderungen liefern (die Entwicklungswerkzeuge hingegen nur gegen übliche Vergütung) *[IT-Vertragsrecht, Kapitel 9.3.1 (1)]*.

(1.3) **Benutzerdokumentation nur, falls vereinbart:** „Eine Benutzerdokumentation wird nur geliefert, wenn das ausdrücklich vereinbart ist.“

Die Benutzerdokumentation ist im Ansatz wie bei Software-Produkten erforderlich *[Kapitel 2.2.1 (8)]*, sie muss aber nicht gleichermaßen ausführlich sein *[IT-Vertragsrecht, Kapitel 6.2.1 (1)]*. Sie wird aber als Hauptpflicht geschuldet.

Die Klausel schränkt die Lieferpflicht pauschal ein und unterscheidet nicht nach Fällen, in denen die Nichtlieferung durchaus Sinn machen kann (z. B. wird die Benutzerdokumentation bei Vergütung nach Aufwand häufig aus Kostengründen nicht erstellt). Der pauschale Ausschluss verstößt gegen § 307 Abs. 1 und 2 BGB, die Klausel ist deshalb unwirksam.

(2) Vergütung von Nebenkosten durch den Kunden

„Alle Unterstützungsleistungen werden nach Aufwand vergütet. Dabei richten sich Stundensätze, Reisekosten und Nebenkosten nach der jeweils gültigen Preisliste des Lieferanten. Reisezeiten sind Arbeitszeiten. Der Lieferant kann monatlich abrechnen.“

Bei der Erstellung von Programmen muss der Lieferant grundsätzlich alle dazu erforderlichen Tätigkeiten erbringen. Unterstützungsleistungen durch den Lieferanten liegen weniger nahe als bei der Überlassung von Software-Produkten, weil die Auftraggeber von Individualprogrammierungen oft über erheblichen IT-Sachverstand verfügen und das Einrichten nur geringen Umfang hat.

Mit Satz 1 der Klausel will der Lieferant von ihm durchgeführte Unterstützungsleistungen gesondert nach Aufwand vergütet haben. Bei Vereinbarung eines Festpreises liegt es nahe, dass einzelne Unterstützungen gemäß Vertrag durch den Festpreis abgegolten sein sollen, das geht dann als Individualvereinbarung gemäß § 305b BGB der Klausel vor *[Kapitel 1.5 (2)]*. Ist Vergütung nach Aufwand vereinbart, kommt ebenfalls in Betracht, dass Individualvereinbarungen der Preisliste des Lieferanten vorgehen.

Nebenkosten: Da Reisekosten und Reisezeiten in der Klausel gesondert aufgeführt sind, kommen als Nebenkosten im Sinne von Satz 2 der Klausel im Wesentlichen (nur) Maschinenkosten und Leitungskosten für Datenfernübertragung in Betracht. Dass der Kunde diese gemäß Preisliste tragen soll, ist unbedenklich.

Reisezeiten: Mit Satz 3 der Klausel will der Lieferant Reisezeiten wie Arbeitszeiten vergütet haben. Diese Regelung wird von der Rechtsprechung teilweise als so genannte Preisnebenabrede *[vgl. Kapitel 1.4 (1)]* eingestuft, unterliegt damit der Inhaltskontrolle und wird dann als unwirksam eingestuft (das bewirkt Teilunwirksamkeit der Klausel *[vgl. Kapitel 1.5 (4)]*) – obwohl die Kundenseite damit weitgehend einverstanden ist).

3.2.3 Abnahme

Programmerstellung wird nach der Schuldrechtsreform voraussichtlich nach Kaufvertragsrecht in der Variante Werklieferungsvertrag behandelt: Ausgangspunkt ist, dass die Rechtsprechung Programme wie Sachen behandelt. Die Herstellung nicht vertretbarer, also auf den Anwender zugeschnittener Sachen unterliegt dem genannten Vertragstyp *[IT-Vertragsrecht, Kapitel 6.1 (2)]*. Dieser sieht keine Abnahme vor. Es liegt aber nahe, dass der Kunde – wie vor der Schuldrechtsreform – bei Programmerstellung eine Abnahme verlangt. Die im Folgenden beurteilten Klauseln setzen voraus, dass eine Abnahme vereinbart ist (im individuellen Vertragsteil oder in den AGB).

Die Abnahme ist im Gesetz in § 640 BGB geregelt. Danach ist der Kunde verpflichtet, das vertragsmäßig hergestellte Werk abzunehmen. Abnehmen im Sinne des Gesetzes heißt entgegennehmen und billigen. Die bloße Entgegennahme reicht für die Abnahme also nicht aus. Um Programme billigen zu können, muss der Kunde sie zunächst erproben können *[IT-Vertragsrecht, Kapitel 9.4 (1)]*. Das muss er erst dann tun, wenn der Lieferant alle Leistungen erbracht hat. Dazu zählen grundsätzlich auch die Einweisung und die Lieferung der Benutzerdokumentation *[vgl. IT-Vertragsrecht, Kapitel 6.2.1. (1) und (3) sowie 9.3.1 (2)]*.

Klauseln, die eine Abnahme fingieren *[zum Begriff „Fiktion" siehe IT-Vertragsrecht, Kapitel 2.1.5 (1) und Anhang 1.2]*, sind weit verbreitet und vom Ansatz her zulässig; das gilt insbesondere, wenn die Fiktion nicht alleine an den Ablauf einer Frist, sondern an Handeln des Kunden anknüpft (die Abnahme kann auch durch schlüssiges Verhalten erfolgen, der Kunde muss sie also nicht ausdrücklich erklären). Der Lieferant, der seine Pflichten erfüllt hat, hat ein starkes Interesse an der Abnahme durch den Kunden: Erst mit Abnahme wird sein Zahlungsanspruch fällig, die Gewährleistungsfrist beginnt zu laufen und der Kunde trägt die Beweislast dafür, dass ein Mangel vorliegt *[IT-Vertragsrecht, Kapitel 9.4 (1)]*. Für die Beurteilung der Wirksamkeit von Klauseln, die die Abnahme fingieren, kommt es deshalb in erster Linie darauf an, ob die Frist, nach deren Ablauf die Abnahmeerklärung des Kunden als erfolgt gilt, angemessen ist.

(1) Keine Meldung eines schweren Mangels innerhalb einer bestimmten Frist

„Der Kunde wird die Programme innerhalb einer Frist von einem Monat ab Versand bzw. Installation auf deren Vertragsgemäßheit hin überprüfen. Die Programme gelten als abgenommen, soweit nach Ablauf der Prüffrist für eine weitere Frist von zwei Wochen die Nutzbarkeit der Programme nicht wegen gemeldeter Mängel erheblich eingeschränkt ist."

Diese Klausel ist wirksam. Der Kunde ist nach § 640 Abs. 1 Satz 2 BGB zur Abnahme verpflichtet, wenn die Programme nur noch geringfügige Mängel enthalten. Die Klausel begründet eine Abnahmefiktion zugunsten des Lieferanten und beschränkt diese Abnahmefiktion darauf, dass die Nutzbarkeit der Programme nicht erheblich eingeschränkt sein darf. Die Regelung entspricht damit in etwa § 640 Abs. 1 S. 3 BGB. Danach steht es einer Abnahme gleich, wenn der Besteller das Werk nicht innerhalb einer ihm vom Unternehmer bestimmten angemessenen Frist abnimmt, obwohl er dazu verpflichtet ist. Da die Pflicht, erhebliche Mängel innerhalb von 6 Wochen (oder mehr) zu melden, dem Kunden zuzumuten ist, ist die Klausel wirksam.

§ 308 Nr. 5 BGB, der fingierte Erklärungen verbietet, steht der Wirksamkeit der Klausel zumindest im unternehmerischen Verkehr nicht entgegen, da dem Kunden eine angemessene Frist zur Abgabe der Erklärung eingeräumt wird: Vier Wochen sind für eine normale Anlaufphase und die sich daran anschließende Abnahmeprüfung nicht zu beanstanden. Im nicht-unternehmerischen Verkehr sollte der Lieferant sich in der Klausel wegen § 308 Nr. 5a BGB verpflichten, den Kunden bei Lieferung entsprechend zu warnen.

(2) Produktive Nutzung

(a) „Die Abnahme gilt als erfolgt, wenn der Kunde die Programme produktiv nutzt."

Diese Klausel ist unwirksam. Produktives Nutzen kann als Testen in beschränkter Form auch ganz normaler Teil der Abnahmeprüfung sein *[IT-Vertragsrecht, Kapitel 9.4 (4)]*. Da die Klausel keine Frist enthält, kann durch produktive Nutzung allein noch nicht auf den Abnahmewillen des Kunden geschlossen werden. Außerdem zeigt sich die Verwendungsfähigkeit von Programmen erst nach einiger Zeit. Begonnener (und weiterer) Gebrauch können also überhaupt erst nach Ende einer Anlaufphase eine Abnahme durch schlüssiges Verhalten rechtfertigen.

(b) „Der Kunde hat die Software unverzüglich nach Übergabe abzunehmen. Die Software gilt bei Einsatz durch den Kunden als abgenommen."

Diese Klausel geht noch weiter als die soeben unter (a) Beschriebene und ist unwirksam.

(c) „Die Programme gelten als abgenommen, sobald das Programm vier Wochen produktiv genutzt worden ist und eine Meldung über Mängel nicht vorgelegen hat."

Hier ist die Abnahme an den Fristablauf geknüpft. Dabei dürfte eine Prüfungsfrist von vier Wochen auch im nicht-unternehmerischen Verkehr nicht zu beanstanden sein. Die Klausel ist wirksam.

3.2.4 Benutzungsumfang

(1) Benutzungsrecht des Kunden

„Der Kunde darf die Programme für eigene Zwecke unbeschränkt nutzen."

Eine Klausel ist erforderlich, weil es nach dem Gesetz unklar ist, in welchem Umfang der Kunde die Ergebnisse nutzen darf *[IT-Vertragsrecht, Kapitel 9.3.4 (1)]*. Diese Klausel ist zumindest nicht grob unangemessen, weil sie die Bedürfnisse des Kunden im Normalfall abdeckt. Wenn der Kunde seinerseits Softwareanbieter ist, schließen die Vertragspartner die – zumindest stillschweigende – vorrangige Individualvereinbarung *[Kapitel 1.5 (2)]*, dass der Kunde die Programme vertreiben darf.

(2) Einsatz nur auf bestimmten Typen von IT-Anlagen

(a) „Der Kunde darf die Programme nur auf der im Programmabnahmeprotokoll ausdrücklich benannten IT-Anlage einsetzen."

Bei dieser Klausel darf der Kunde die IT-Anlage auch im Zeitablauf nicht austauschen. Da es für eine so weitgehende Einschränkung in technischer Hinsicht keinen gerechtfertigten Ansatzpunkt gibt, ist die Klausel unwirksam.

(b) „Der Kunde darf die Programme nur auf den dafür vertraglich vorgesehenen Typen von IT-Anlagen einsetzen."

Derartige Klauseln dürften wie bei der Überlassung von Software-Produkten aus den dort genannten Gründen wirksam sein *[vgl. Kapitel 3.1.4 (1)]*.

(c) „Übernimmt der Lieferant die Pflege der Programme, darf der Kunde die Programme während dieser Zeit nur auf dafür vertraglich vorgesehenen Typen von IT-Anlagen nutzen."

Wenn der Lieferant die Programme pflegt, setzt sich das Problem der ungeklärten Mängelbilder für ihn fort *[vgl. Kapitel 3.1.4 (1) und hier (b)]*. Die Klausel benachteiligt den Kunden nicht unangemessen, da der Lieferant bei Wechsel des Typs der IT-Anlage die Fortsetzung der Pflege unter geänderten Bedingungen nicht entgegen Treu und Glauben verweigern darf. Die Klausel ist wirksam.

(3) Änderungen durch den Kunden

„Der Kunde ist zu Änderungen der Programme nicht berechtigt."

Diese Klausel verstößt gegen § 307 Abs. 1 und 2 BGB und ist deshalb unwirksam: Der Lieferant ist zur Lieferung der Quellprogramme verpflichtet, weil der Kunde die Programme selbst pflegen, also auch ändern können soll *[IT-Vertragsrecht, Kapitel 9.3.1 (1)]*. Damit verträgt sich der Ausschluss von Änderungen in AGB nicht.

3.2.5 Programmschutz

(1) Kenntnisgabe der Quellprogramme an Dritte

(a) „Der Kunde darf die Quellprogramme Dritten nicht zur Kenntnis geben."

Vom Ansatz her ist diese Klausel verständlich, wenn der Lieferant Lösungen in einem Spezialbereich erbringt: Er hat dann viel an Vorleistungen eingebracht, insbesondere Know-how, u. U. auch Entwürfe und Programmteile.

Die Klausel geht aber zu weit: Nicht immer ist der Kunde in der Lage, die Programme selbst zu pflegen. Es muss auch nicht immer so sein, dass der Lieferant Vorleistungen tatsächlich in erheblichem Umfang einbringt oder der Dritte, der die Quellprogramme erhält, das darin enthaltene Know-how tatsächlich gefährdet. Das sind keineswegs atypische Sonderfälle *[bei denen sich der Lieferant auf seine (grundsätzlich wirksame) Klausel nicht berufen könnte, vgl. Kapitel 1.5 (5)]*. Die Klausel ist deshalb unwirksam.

Anders liegt es, wenn die Programme vereinbarungsgemäß aus Rohlingssoftware erstellt werden sollen, die Vertragspartner also davon ausgehen, dass der Lieferant die gewünschte Lösung im Wesentlichen bereits erstellt hat *[IT-Vertragsrecht, Kapitel 9.6]*. Er hat dann ein erhebliches Interesse daran, Erweiterungen bzw. Anpassungen für andere Kunden wieder zu verwenden. Deshalb will er mit der Klausel sicher stellen, dass andere keine Kenntnis von den Quellprogrammen erhalten. Da das ein rechtlich anerkennenswertes Interesse des Lieferanten ist, ist die Klausel in diesem Fall wirksam.

(b) „Der Kunde darf die Quellprogramme Dritten nur mit Zustimmung des Lieferanten zur Kenntnis geben."

Nach der Rechtsprechung ist der Zusatz erforderlich, dass der Lieferant die Zustimmung nicht entgegen Treu und Glauben verweigern darf *[vgl. Kapitel 3.1.2 (7.2b)]*. Da der Zusatz fehlt, ist die Klausel unwirksam.

(2) Geheimhaltungspflichten des Lieferanten

(a) „Der Lieferant darf das bei der Erstellung der Programme gewonnene Know-how auch anderweitig verwerten."

Dem Lieferanten geht es bei dieser Klausel darum, in seiner Freiheit der Verwertung des gewonnenen Know-hows in keiner Weise beschränkt zu sein, insbesondere will er es für die Erstellung von Programmen für andere Kunden verwerten dürfen. Das ist vom Ansatz her berechtigt, weil Kunden in ihren Einkaufsbedingungen häufig ähnliche Klauseln haben. Die Klausel geht aber zu weit, weil sie Betriebsgeheimnisse des Kunden nicht ausnimmt, und ist deswegen – ohne Ergänzung durch eine entsprechende Geheimhaltungsklausel *[siehe (b)]* – unwirksam.

(b) „Der Lieferant ist verpflichtet, alle im Rahmen des Vertragsverhältnisses erlangten Kenntnisse von Betriebsgeheimnissen und von als vertraulich bezeichneten Informationen nur zur Durchführung des jeweiligen Auftrags zu verwenden und sie zeitlich unbegrenzt als vertraulich zu behandeln. Das gilt nicht für Ideen, Konzeptionen, Know-how und Techniken, die sich auf Programmerstellung beziehen, sowie für Daten, die dem Lieferanten bereits bekannt sind oder außerhalb des jeweiligen Auftrags bekannt waren oder bekannt werden."

Diese Klausel ist wirksam. Sie berücksichtigt in Satz 1 die in (a) genannten Bedenken und enthält in Satz 2 Ausnahmen davon, die den Kunden nicht unangemessen benachteiligen, weil sie sein Interesse an der Geheimhaltung seines Know-hows nicht berühren.

3.2.6 Einschränkung der Mängelbeseitigungspflicht des Lieferanten

(1) Kosten der Selbstvornahme

„Der Kunde ist nicht berechtigt, Mängel auf Kosten des Lieferanten zu beseitigen."

Bei dieser Klausel ist zu unterscheiden: Ist vereinbart, dass auf die Programmerstellung Werkvertragsrecht insgesamt angewendet werden soll *[zum Vertragstyp bei Programmerstellung siehe Kapitel 3.2.3]*, gilt: § 637 Abs. 1 BGB sieht vor, dass der Kunde berechtigt ist, Kosten der Ersatzvornahme dem Lieferanten in Rechnung zu stellen, wenn der Lieferant in Verzug mit der Mängelbeseitigung ist oder diese ablehnt *[IT-Vertragsrecht, Kapitel 9.5.2]*. Davon weicht die Klausel ab. Dem Kunden ist es nicht zuzumuten, dass ein Mangel auf Dauer nicht beseitigt wird. Die Klausel benachteiligt ihn deshalb unangemessen und ist nach § 307 Abs. 1 und 2 BGB unwirksam.

Ist keine Vereinbarung über den Vertragstyp getroffen, gilt voraussichtlich Kaufvertragsrecht in der Variante Werklieferungsvertrag. Dieses sieht ein Recht zur Selbstvornahme bei Verzug des Lieferanten mit der Mängelbeseitigung vor, so dass die Klausel auch in diesem Fall wegen groben Verstoßes gegen Treu und Glauben unwirksam ist.

(2) Keine Pflicht zur Mängelbeseitigung in Vorprodukten

„Die Verpflichtung des Lieferanten zur Mängelbeseitigung entfällt bezüglich solcher Bestandteile der Programme, die der Lieferant von Dritten bezogen hat. Der Lieferant wird dem Kunden bei Bedarf Umgehungsmaßnahmen entwickeln, soweit das dem Lieferanten zumutbar und technisch möglich ist."

Es ist schwer zu beurteilen, ob diese Klausel wirksam ist. Auf der einen Seite ist es verständlich, dass Lieferanten die Mängelbeseitigungspflicht in Vorprodukten, die Teile der Lösung werden, in AGB einschränken oder auch gänzlich ausschließen möchten. Denn teilweise hat der Lieferant überhaupt keinen Anspruch auf Mängelbeseitigung gegenüber seinen Vorlieferanten. Teilweise kann dieser Anspruch nur in langen Zeiträumen realisiert werden *[IT-Vertragsrecht, Kapitel 8.5.4 (4)]*, außerdem erhält der Kunde Umgehungsmaßnahmen, soweit das dem Lieferanten zumutbar und technisch möglich ist.

Auf der anderen Seite liegt es allein in der Verantwortung des Lieferanten, wie er seine Programme realisiert. Wenn er im Vorfeld im eigenen Interesse eine ungünstige, wenig offene und unflexible Entscheidung getroffen hat, kann ihm – aus seiner Sicht – später die Entwicklung einer Umgehungsmaßnahme unzumutbar sein. Der Kunde müsste dann bei Wirksamkeit der Klausel die Folgen einer Fehlentscheidung des Lieferanten tragen, obwohl er diese gar nicht gekannt hat und er sie schon gar nicht hat beeinflussen können. Ferner muss der Lieferant nicht unbedingt Mängel *in* den Vorprodukten beseitigen. Er muss nur dafür sorgen, dass der Kunde ein mangelfreies Programm erhält. Wie er das macht, ist allein seine Sache. Wenn der Lieferant zugekaufte Komponenten einsetzt, muss er auch das Risiko tragen, diese im Mangelfall notfalls ersetzen zu müssen. Wenn der Lieferant die Verantwortung nicht voll übernehmen möchte, so kann man ihm nur empfehlen, den Kunden individualvertraglich „mit ins Boot zu holen", indem er über die Alternativen und ihre Risiken aufklärt und dem Kunden die Auswahl zwischen verschiedenen Realisierungsmöglichkeiten, ggf. mit unterschiedlichen Preisen, überlässt. Die obige Klausel krankt daran, dass selbst ein branchenerfahrener Kunde nicht einschätzen kann, wie hoch das Risiko für ihn ist, da er gar nicht erfährt, um welche Vorprodukte es sich überhaupt handelt. Die Klausel dürfte unwirksam sein.

3.2.7 Einschränkung von weiteren Mängelhaftungsansprüchen („Gewährleistungsansprüchen“) des Kunden

(1) Ausschluss des Rücktritts

„Der Anspruch des Kunden auf Rückgängigmachung des Vertrags ist ausgeschlossen.“

Gemäß § 309 Nr. 8b (aa) BGB dürfen Ansprüche des Kunden wegen eines Mangels nicht insgesamt ausgeschlossen werden. Man kann bei der Erstellung von Programmen dagegen zwar ins Feld führen, dass schwere Mängel, die den Rücktritt sachlich rechtfertigen könnten, nach einer gründlichen Abnahmeprüfung nicht mehr vorkommen sollten.

Das Gesetz spricht aber eine klare Sprache. Dem hat sich die Rechtsprechung – auch für den unternehmerischen Verkehr – angeschlossen und die Klausel für unwirksam erklärt. Das ist auch plausibel: Treten schwerwiegende Mängel auf, sollte es für den Lieferanten nicht schwieriger sein, sie zu beseitigen als solche Mängel, die vor der Abnahmeprüfung gefunden worden sind.

(2) Pauschale Mindestfrist zur Mängelbeseitigung

„Der Lieferant braucht Mängel nicht vor Ablauf eines (1) Monats zu beseitigen.“

Der Lieferant hat ein Interesse daran, nicht sofort bzw. unverzüglich tätig zu werden.

Auch wenn es sehr zeitaufwendig sein kann, einen Mangel zu finden und zu beseitigen, verstößt es u. E. gegen § 307 Abs. 1 und 2 BGB, wenn der Lieferant sich eine *pauschale Mindestfrist* zur Mängelbeseitigung einräumt, sei es auch nur eine von einem Monat. Denn bei schwerwiegenden Mängeln ist es dem Kunden unzumutbar, einen Monat lang auf deren Beseitigung warten zu müssen.

(3) Entkoppelung mehrerer Verträge

„Macht der Kunde Gewährleistungsrechte geltend, so bleiben etwaige andere zwischen den Vertragspartnern geschlossene Verträge davon unberührt.“

Mit dieser Klausel will der Lieferant verhindern, dass Gewährleistungsansprüche des Kunden auf weitere, mit ihm geschlossene Verträge durchschlagen, insbesondere, dass der Kunde auch diese rückgängig machen kann. Vertragstechnische Voraussetzung ist, dass der Lieferant mit getrennten Vertragsformularen arbeitet *[IT-Vertragsrecht, Kapitel 6.4.1 (2)]*.

Es gilt dann nichts anderes als bei einer Dreierbeziehung *[siehe Kapitel 2.1.4 (4)]*: Wenn die Verträge miteinander stehen und fallen sollen, geht das als Individualvereinbarung gemäß § 305b BGB der Klausel vor *[Kapitel 1.5 (2)]*. Ist das nicht ausdrücklich vereinbart (wie es bei IT-Geschäften meist der Fall sein dürfte), kommt in Betracht, die Klausel bereits als überraschend und damit nichtig zu werten (§ 305c Abs. 1 BGB) *[Kapitel 1.5 (1)]*. Davon abgesehen verstößt sie grob gegen Treu und Glauben und ist deshalb nach § 307 Abs. 1 und 2 BGB unwirksam.

3.3 Klauseln zur Wartung/Reparatur von Hardware

Der Wartungsvertrag ist ein Vertrag über laufende Betreuung von Hardware. *Voll*wartung umfasst gegen Zahlung einer pauschalen Vergütung typischerweise Instandhaltung (vorbeugende Wartung), die Instandsetzung (Störungsbeseitigung und/oder Reparatur) sowie die telefonische Beratung bei Schwierigkeiten *[IT-Vertragsrecht, Kapitel 13.1 (2)]*.

Hardware kann auch auf der Basis von *Zeit und Material* gewartet werden *[IT-Vertragsrecht, Kapitel 13.4]*. Der folgenden Darstellung liegt ein Vollwartungsvertrag zugrunde; Sonderfragen zur Wartung nach Zeit und Material werden in Kapitel 3.3.4 behandelt.

3.3.1 Wartungspflicht des Lieferanten

(1) Vereinbarung einer Beendigungsmöglichkeit

„Dieser Vertrag wird auf unbestimmte Zeit geschlossen. Er ist kündbar mit einer Frist von drei Monaten, jeweils zum Ende eines Kalenderjahres. Soweit dieser Vertrag während eines laufenden Kalenderjahres beginnt, ist die Kündigung erstmals zum Ende des ersten ganzen Kalenderjahres möglich.“

Nach dieser Klausel können beide Vertragspartner, also auch der Lieferant, den Wartungsvertrag nach einem ganzen Jahr beenden. Das ist für den Kunden, der Wartung für die Einsatzdauer der Hardware benötigt, nach § 307 Abs. 1 und 2 BGB bedenklich. Der Lieferant hat zwar (wenn die Wartungspauschale angemessen ist!) kaum ein Interesse daran, den Wartungsvertrag zu kündigen, er will sich diese Möglichkeit aber mit der Klausel offen halten. Das benachteiligt den Kunden bei größeren Beschaffungen unangemessen. Da die Klausel nicht nach der Höhe der Beschaffung differenziert, dürfte sie unwirksam sein. (Allerdings erleidet der Kunde im Regelfall durch die Kündigung kaum einen Schaden, weil er einen Dritten mit der Wartung beauftragen kann.) Hat der Kunde Hardware vom Lieferanten mit dessen Hilfe über Leasing bezogen, gilt der Kündigungstermin u. E. nicht, wenn der Kunde den Wartungsvertrag zum Ende des Leasingvertrags kündigen möchte. Denn die Vertragspartner gehen bei Leasing davon aus, dass der Kunde zu diesem Zeitpunkt die Möglichkeit zur Kündigung haben soll. Das dürfte eine (stillschweigend geschlossene) Individualvereinbarung sein, hinter die die AGB-Klausel gemäß § 305b BGB zurücktritt *[Kapitel 1.5 (2)]*.

Nutzt der Kunde die Hardware nicht mehr, hat er ein Interesse daran, den Wartungsvertrag mit sofortiger Wirkung zu kündigen. Das ist grundsätzlich sein Risiko. Wenn der Kunde aber nach Ablauf der vereinbarten Mindestfrist (hier: von einem Kalenderjahr) von einer alten auf eine neue Anlage umstellen will, kann der Lieferant nicht darauf bestehen, dass der Kunde nur zum Ende des Kalenderjahres kündigen kann. Dieser kann verlangen, dass für das letzte anteilige Jahr – gegen einen Aufpreis – das Recht zur Kündigung zu einem beliebigen Zeitpunkt vereinbart wird.

(2) Beginn mit Installation

„Der Wartungsvertrag beginnt mit Installation der IT-Anlage."

Dagegen, dass ein Vollwartungsvertrag mit Installation beginnen soll, ist grundsätzlich nichts einzuwenden, weil der Kunde Leistungen benötigt, die über die Gewährleistungspflicht des Lieferanten hinausgehen *[zur Klausel, dass ein Wartungsvertrag Voraussetzung für Gewährleistungsansprüche aus dem Kaufvertrag ist, siehe Kapitel 2.3.4 (11)]*. Bedenklich ist die Klausel im Hinblick auf die Vergütungspflicht des Kunden, wenn dieser die volle Wartungsvergütung (auch) während der Gewährleistungsfrist zahlen soll. Das erweckt den Anschein, der Kunde solle die Mängelbeseitigung (auf Grund des Wartungsvertrags) vergüten.

Für die Wirksamkeit der Klausel könnte sprechen, dass sich der Kaufpreis für alle Kunden um die Wartungspauschale erhöht, die sie während der Gewährleistungsfrist zahlen müssen, weil alle die Wartung brauchen. Der einzelne Kunde, der Mängel geltend macht, wird nicht schlechter gestellt. Lieferanten, die nur eine verminderte Wartungspauschale während der Gewährleistungsfrist beanspruchen, haben diese Kosten hingegen (von vornherein in den entsprechend höheren) Kaufpreis einbezogen.

Die Klausel dürfte aus formalen Gründen dennoch unwirksam sein. Die Wartungspauschale muss wohl formal während der Gewährleistungsfrist ermäßigt werden *[zur Situation bei Pflege von Software-Produkten siehe Kapitel 3.4.1 (4)]*.

3.3.2 Leistungspflichten des Lieferanten

Der Lieferant schuldet nicht nur die Beseitigung von Störungen, sondern er ist auch dafür verantwortlich, dass die Hardware einsatzfähig ist, sogar eine hohe Verfügbarkeit erreicht *[IT-Vertragsrecht, Kapitel 13.3.2 (1)]*. Die Frage ist, welche Leistungen durch die Pauschale abgedeckt sind und welche nicht.

(1) Verbrauchsmaterial/Ersatzteile

„Gesondert berechnet wird die Lieferung von Datenträgern, Farbbändern, Toner, Batterien, Typenrädern, Druckköpfen."

Diese Klausel ist wirksam. Der Lieferant listet in seinen AGB meist auf, welches Verbrauchsmaterial gesondert zu vergüten ist. Das dient der Klarheit und ist deshalb zu begrüßen. Hinsichtlich zweifelhafter Teile dürfte die Auflistung abschließend sein.

(2) Austausch durch gebrauchte Teile

(a) „Der Lieferant ist berechtigt, auszutauschende Teile durch gebrauchte Teile zu ersetzen."

Für diese Klausel besteht eine gewisse Berechtigung, da elektronische Komponenten anders als andere Komponenten nicht oder kaum der Abnutzung unterliegen. Deshalb dürfte die Klausel wirksam sein *[anders beim Verkauf von IT-Anlagen, vgl. Kapitel 2.2.1 (6)]*, denn der Lieferant trägt die Kosten vorzeitiger Ausfälle (solange ein Vollwartungsvertrag mit ihm besteht).

(b) „Ausgetauschte Teile gehen unentgeltlich in das Eigentum des Lieferanten über."

Im Zuge der Wartung werden oft ganze Baugruppen ausgetauscht. Die Preise der Ersatzbaugruppen sind zwischen Lieferant und Vorlieferant in der Regel daraufhin ausgerichtet, dass der Lieferant die bisher eingesetzte (teilweise defekte) Baugruppe im Gegenzug erhält. Da der Kunde kaum ein Interesse an teilweise defekten Baugruppen haben dürfte, dürfte die Klausel bei Vollwartung wirksam sein.

(3) Instandhaltung auf Abruf

„Der Lieferant ist zur Instandhaltung nur auf Abruf durch den Kunden verpflichtet."

Der Lieferant, der diese Klausel verwendet, muss sich fragen lassen, was sie beinhalten soll. Sie bezieht sich nicht darauf, dass der Lieferant Instandhaltung möglichst im Zusammenhang mit Instandsetzung erbringen will (wenn er sowieso vor Ort ist). Dann bleibt nur übrig, dass Instandhaltung nur auf Aufforderung hin zu erbringen ist (dass Instandsetzung nur auf Abruf erfolgt, versteht sich von allein).

Es ist aber nicht einzusehen, dass sich der Kunde um die (regelmäßige) Instandhaltung kümmern soll. Die Klausel dürfte unwirksam sein.

(4) Bestimmte Reparaturen außerhalb der Pauschale

AGB enthalten typischerweise Auflistungen, welche Art von Reparaturen aus der Abgeltung durch die Pauschale ausgenommen bleiben. Solche Klauseln beschreiben (nur) die Leistung des Lieferanten. Ob sie im Einzelnen wirksam oder unwirksam sind, muss wegen § 307 Abs. 3 BGB dahinstehen *[Kapitel 1.4 (1)]*, da sie nicht der Inhaltskontrolle unterliegen.

3.3.3 Zahlungspflicht des Kunden

Der Kunde muss die Pauschale für den Wartungsvertrag auch dann zahlen, wenn keine Wartungsarbeiten anfallen. Eine andere Frage ist, ob der Lieferant zur periodischen Instandhaltung verpflichtet ist *[siehe Kapitel 3.3.2 (3)]*.

(1) Vorauszahlungspflicht

„Die monatlichen Pauschalen sind kalendervierteljährlich im Voraus ohne Abzug zu zahlen."

Diese Klausel ist (zumindest im unternehmerischen Verkehr) wirksam, schließlich muss der Lieferant die gesamte Organisation von vornherein vorhalten. Eine entsprechende Klausel mit jährlicher Vorauszahlungspflicht dürfte auch den unternehmerischen Kunden unangemessen benachteiligen und deshalb nach § 307 Abs. 1 und 2 BGB unwirksam sein.

(2) Preisvorbehalt des Lieferanten

(a) „Der Lieferant ist berechtigt, auch ohne eine Kündigung des Vertrags durch schriftliche Erklärung gegenüber dem Kunden die Wartungspauschale nach billigem Ermessen (vgl. § 315 BGB) anzupassen."

Preisvorbehalte sind aus Lieferantensicht verständlich. Sie sind auch allgemein üblich und werden von der Kundenseite akzeptiert, so dass gegen sie grundsätzlich kaum etwas einzuwenden ist.

Die Klausel dürfte deshalb wirksam sein, obgleich sie unglücklich formuliert ist: Es gibt einen Graubereich, innerhalb dessen sich der Lieferant auf seine Klausel nicht berufen darf, weil das grob gegen Treu und Glauben verstoßen würde, etwa wenn der Vertrag zum 5.12. geschlossen wird und der Lieferant zum 1.1. (also wenige Tage später) die Wartungspauschale erhöhen möchte. Da dieser Sonderfall von den Vertragspartnern mit der Klausel nicht gemeint sein dürfte, führt das nicht zur Unwirksamkeit der Klausel *[vgl. Kapitel 1.5 (5)]*.

Außerdem liegt die Klausel an der Grenze dessen, was nach dem Verständlichkeitsgebot *[Kapitel 1.3 (3)]* zulässig ist. Rechtstechnische Begriffe wie „billiges Ermessen" oder der Verweis auf gesetzliche Regelungen („§ 315 BGB") sind in AGB grundsätzlich unzulässig *[und sind hier auch unnötig, wie (b) zeigt]*, dürften hier aber (auch dem nicht-unternehmerischen Kunden) noch verständlich sein.

(b) „Der Lieferant ist berechtigt, die Pauschale anzupassen. Die Anpassung erfolgt anhand der jeweils aktuellen Listenpreise."

Der Lieferant kann einen Preisvorbehalt an dem jeweils gültigen aktuellen Listenpreis ausrichten.

Diese Klausel dürfte wirksam sein. Auch sie hat allerdings juristische Tücken: Zum einen muss der Lieferant auch Preisnachlässe weitergeben *[siehe Kapitel 1.4 (1)]*. Zum anderen dürfte der Lieferant (zumindest im nicht-unternehmerischen Verkehr) nach Treu und Glauben verpflichtet sein, Preiserhöhungen drei Monate vorher anzukündigen und dem Kunden für diesen Fall ein Kündigungsrecht einzuräumen. Der Lieferant sollte die Klausel vorsorglich um beides ergänzen.

3.3.4 Wartung nach Zeit und Material/zu Reparaturaufträgen

(1) Berechnungsgrundlage

(a) „Angefangene Stunden werden als volle Stunden berechnet."

Vom Ansatz her geht es bei dieser Klausel um eine Leistungsbeschreibung, die gemäß § 307 Abs. 3 BGB nicht an den §§ 305 ff. BGB zu messen ist. In der Rechtsprechung ist die Klausel aber teilweise als Preisnebenabsprache *[vgl. Kapitel 1.4 (1)]* eingeordnet worden, so dass sie der Inhaltskontrolle unterlag. Zum Teil heißt es auch, dass angesichts der heute üblichen Arbeitseinheit von 5 oder 10 Minuten die Klausel unwirksam sein müsse. Zur Sicherheit sollte der Lieferant in derart kurzen Einheiten abrechnen und die Vergütung von Fahrtzeiten gesondert vereinbaren, um sie nicht über eine derartige Klausel pauschalieren zu müssen.

(b) „Fahrtzeiten gelten als Arbeitszeiten"

Die Rechtsprechung hat diese Klausel zunächst als unwirksam eingestuft, sodann als nicht der Inhaltskontrolle unterliegende Preisabrede. Die Regelung darf also heute nach der

Rechtsprechung in AGB vereinbart werden. Allerdings ist die schematische Gleichbehandlung der Fahrtzeiten mit den Wartungszeiten bedenklich, da für die Wartungszeiten auch Gewährleistungsrisiken abzudecken sind, die bei der Anfahrt nicht entstehen können. Um sicher zu gehen, sollte der Verwender daher einen separaten, niedrigeren Stundensatz für Fahrtzeiten festlegen, die Preise für Fahrtzeiten in den individuellen Vertragsteil aufnehmen oder die Euro-Beträge in der Preisliste angeben.

(c) „Bei der Berechnung von Fahrweg und Fahrzeit wird der Einsatz des Technikers ab der für den Kunden zuständigen Geschäftsstelle berechnet."

Bei dieser Klausel handelt es sich um eine Preisnebenabrede, die der Inhaltskontrolle unterworfen ist. Sie ist nach der Rechtsprechung zulässig. Allerdings ist zu bedenken, dass auch mehrere angefahrene Filialen des Kunden direkt neben einander liegen können – dann wäre die Abrechnung jeweils ab der (entfernten) Geschäftsstelle des Auftragnehmers eine unangemessene Benachteiligung. In diesem Sonderfall darf sich der Lieferant nicht auf seine Klausel berufen *[Kapitel 1.5 (5)]*. – Zu empfehlen ist daher eine Formulierung, die einen Gegenbeweis seitens des Kunden offen lässt. Beispiel: „[...], sofern nicht tatsächlich geringere Kosten angefallen sind.". Mit der Ergänzung ist die Klausel wirksam.

(2) Austauschteile

„Der Lieferant kann nach seiner Wahl Neuteile oder Austauschteile einsetzen."

Gegenüber der Vollwartung *[Kapitel 3.3.2 (2)]* besteht bei der Wartung nach Zeit und Material bzw. bei Reparaturaufträgen ein erheblicher Unterschied: Bei Vollwartung ist der Lieferant zur ständigen Wartung gegen pauschale Vergütung verpflichtet, er trägt die Kosten vorzeitiger Ausfälle wegen gebrauchter Austauschteile.

Bei Wartung nach Zeit und Material ist dem Lieferanten zuzumuten, dass er neuwertige Materialien einsetzt, weil der Kunde die Kosten eines neuerlichen – vorzeitigen – Austauschs trägt. Da der Lieferant sich mit seiner Klausel ein pauschales Wahlrecht einräumt, ohne dabei nach technischen Gegebenheiten wie Abnutzung zu differenzieren, ist die Klausel bei Wartung nach Zeit und Material bei Reparaturaufträgen *[wie beim Verkauf von IT-Anlagen, siehe Kapitel 2.2.1 (6)]* nach § 307 Abs. 1 und 2 BGB unwirksam.

3.3.5 Haftung des Lieferanten

Der Lieferant hat bei Wartungsleistungen das gleiche Interesse daran, seine Haftung einzuschränken, wie er das in einem Liefervertrag hat. Klauseln, mit denen der Lieferant Schadensersatzansprüche des Kunden bei leichter Fahrlässigkeit oder bei Datenverlust ausschließt, sind weit verbreitet. Bei der Bewertung solcher Klauseln dürfte kein wesentlicher Unterschied gegenüber der Bewertung solcher Klauseln in einem Liefervertrag bestehen *[deshalb gelten die Ausführungen in Kapitel 2.3.5 entsprechend]*.

3.4 Klauseln zur Pflege von Software-Produkten

Die Pflege von Software-Produkten ist für beide Vertragspartner ein besonders sensibles Gebiet. Für den Kunden ist sie wichtig, da er die Programme langfristig einsetzen möchte, außerdem sind Pflegeverträge für ihn ein teures Vergnügen. Wenn der Lieferant in AGB seine Pflegepflicht einschränkt, sollte er diese Aspekte in besonderem Maße berücksichtigen, weil das in die Beurteilung, wann eine Klausel den Kunden unangemessen benachteiligt, einfließen kann (und die Gerichte im Zweifel eher dazu neigen, eine Klausel als unwirksam einzustufen).

3.4.1 Pflegepflicht des Lieferanten

Gegenstand der Pflege sind im Wesentlichen Mängelbeseitigung nach Ablauf der Gewährleistungsfrist, Unterstützung bei der Handhabung der Programme, Beratung im Allgemeinen sowie Weiterentwicklung (= Lieferung neuer Versionen) *[im Einzelnen siehe IT-Vertragsrecht, Kapitel 14.1. (2)]*. Ausgangspunkt für die Erörterung der folgenden Klauseln ist, dass der Kunde eine Pauschale für ein Grundbündel an Leistungen zahlt (Vollpflege gegen pauschale Vergütung).

(1) Ablehnung des Lieferanten in den Überlassungs-AGB, Pflegeleistungen zu erbringen

„Es besteht keine vertragliche Verpflichtung zur Pflege überlassener Programme, insbesondere nicht zur nachträglichen Durchführung von Verbesserungen oder Weiterentwicklungen."

Der Lieferant ist zur Pflege verpflichtet, wenn er sie im Rahmen der Vertragsanbahnung ausdrücklich oder implizit angekündigt hat (andernfalls ist er dazu (nur) nach Treu und Glauben verpflichtet, wenn Pflegeleistungen für die Benutzung von Software-Produkten für einen gewissen Zeitraum unverzichtbar sind, z. B. bei Überlassung eines Lohnprogramms). Im Übrigen gilt: Je stärker das Bedürfnis des Kunden nach Weiterentwicklung der Software-Produkte ist, desto eher enthält das Angebot des Lieferanten, diese zu verkaufen, implizit das Angebot, diese auch zu pflegen *[vgl. IT-Vertragsrecht, Kapitel 14.2 (1)]*.

Mit der Klausel schließt der Lieferant seine Pflegepflicht pauschal aus. Das ist nur beschränkt zulässig, nämlich wenn der Lieferant von vornherein keine Pflicht zur Mängelbeseitigung übernommen hat (PC-Programm „as is"). Dann besteht keine Pflegepflicht *[vgl. IT-Vertragsrecht, Kapitel 14.2 (1)]*. In den übrigen Fällen ist die Klausel unwirksam.

(2) Benutzungsrecht nur bei Fortdauer des Pflegevertrags

„Der Kunde darf die Programme nur nutzen, solange der Pflegevertrag andauert und die Pauschalen vom Kunden rechtzeitig bezahlt werden."

Jeder Vertragspartner hat Anspruch auf angemessene Bedingungen. Ob ein Kunde einen Pflegevertrag überhaupt abschließt, bleibt ihm überlassen und ist von der Frage seines

Benutzungsrechts an den Programmen unabhängig. Das Benutzungsrecht des Kunden kann zwar vertraglich eingeschränkt werden, Treu und Glauben setzen solchen Einschränkungen aber Grenzen.

Mit der Klausel koppelt der Lieferant das Benutzungsrecht des Kunden an die Fortdauer des Pflegevertrags. Das dient nur dem Lieferanten, der sich damit eine zusätzliche Einnahme sichert und benachteiligt den Kunden unangemessen, weil ein sachlicher Grund für diese Koppelung nicht zu sehen ist. Der erste Teil der Klausel ist unwirksam.

Auch die zusätzliche Bedingung, dass die Pauschalen rechtzeitig bezahlt worden sein müssen, ist unwirksam: Nach dem Gesetz gerät der Kunde bei Nichtzahlung in Verzug. Das (allein) hat nach dem Gesetz keine Auswirkung auf sein Benutzungsrecht. Wenn der Lieferant sich die gegenteilige Rechtsstellung durch AGB einräumt, verstößt das grob gegen Treu und Glauben *[vgl. dazu auch oben 3.1.2 (1)]*.

(3) Mindestlaufzeit

„Der Pflegevertrag hat eine Mindestlaufzeit von drei Jahren."

Für die Frage, welche Mindestlaufzeit der Lieferant für die Pflege vorsehen darf, kommt es darauf an, wie stark seine Aufwendungen jährlich schwanken, so dass ihm deswegen ein gewisser Ausgleich über einige Zeit hinweg zuzugestehen ist. Das hängt von der Art der Programme ab. Bei einem Lohnprogramm dürfte die Klausel (noch) zulässig und damit wirksam sein. Der Lieferant muss aber hinreichende sachliche Gründe für diese Mindestlaufzeit dartun. Sind diese objektiv nicht gegeben, ist die Klausel nach § 307 Abs. 1 und 2 BGB unwirksam.

Im nicht-unternehmerischen Verkehr ist die Klausel wegen Verstoßes gegen § 309 Nr. 9 BGB, der eine zeitliche Obergrenze von zwei Jahren vorsieht, unwirksam.

(4) Kündigungsrecht

„Dieser Pflegevertrag kann von beiden Seiten mit einer Ankündigungsfrist von drei Monaten zum Ablauf des Kalenderjahres gekündigt werden."

Mit dieser Klausel will der Lieferant sich das Recht offen halten, den Pflegevertrag kurzfristig kündigen zu können. Bei Programmen oberhalb der PC-Ebene ist allerdings zu berücksichtigen, dass der Kunde eine bestimmte Investition getätigt hat. Diese muss sich für ihn rechnen. Die Klausel ist deshalb wegen Verstoßes gegen § 307 Abs. 1 und 2 BGB unwirksam. Der Lieferant dürfte verpflichtet sein, die Programme für die Dauer der Amortisation zu pflegen, sowie darüber hinaus, solange er Pflege noch gegenüber einem Kunden für die bestimmte Version erbringt.

(5) Beginn mit Installation

„Der Pflegevertrag beginnt mit der Installation der Software."

An sich ist gegen diese Klausel nichts einzuwenden: Der Kunde bekommt wesentliche (über die Gewährleistung hinausgehende) Leistungen des Lieferanten bereits mit Beginn der Gewährleistungsfrist. Bedenklich ist die Klausel aber, wenn der Lieferant von vornherein die volle Pauschale verlangt, weil man argumentieren kann, der innerhalb der Pflege zu erbringende Anteil an Mängelbeseitigung sei bereits aus Mängelhaftung (Gewährleistung) aus dem Überlassungsvertrag geschuldet und dürfe dementsprechend nicht doppelt berechnet werden.

Wer so argumentiert, übersieht, dass das Gesetz dem Lieferanten nur verbietet, die Kosten der Mängelbeseitigung auf den Kunden abzuwälzen, nicht aber, diese von vornherein in die Pflegevergütung einzukalkulieren. Außerdem nimmt der Kunde insbesondere die telefonische Beratung in der Phase unmittelbar nach der Installation häufig weitaus stärker in Anspruch, so dass er üblicherweise auch ein Mehr an Leistung erhält.

Auf der anderen Seite ist die gesetzliche Verjährungsfrist für Ansprüche wegen Mängeln (Gewährleistungsfrist) drastisch erhöht worden, nämlich von sechs auf 24 Monate. Da unklar ist, ob ein Gericht die obige Argumentation anerkennen wird, empfiehlt sich für den Lieferanten, die Pflegevergütung während der Mängelhaftungsfrist entweder generell zu kürzen, oder sie erst ab dem Monat x in voller Höhe zu verlangen (wobei allerdings unklar ist, wie hoch x sein darf), oder die Höhe der Pflegevergütung im individuellen Vertragsteil zu regeln.

3.4.2 Leistungspflichten des Lieferanten

(1) Anpassung an geänderte Rechtsvorschriften

(a) „Der Lieferant wird weiterentwickelte Versionen der Software-Produkte bereitstellen, wenn Änderungen gesetzlicher Vorschriften oder anderer für die Programme maßgeblicher Regelungen dies erfordern. Der Aufwand für die Anpassung und die Lieferung sind vom Kunden gesondert zu vergüten."

Der Lieferant ist verpflichtet, Programme anzupassen, wenn Rechtsvorschriften, an denen sie ausgerichtet sind, geändert werden. Das gilt unabhängig davon, ob mit gesetzlichen Änderungen gerechnet werden muss oder nicht *[IT-Vertragsrecht, Kapitel 14.2.1 (2)]*. Dagegen wehrt sich der Lieferant mit seiner Klausel nicht. Er möchte das (nur) gesondert vergütet haben. Hinsichtlich der Wirksamkeit kommt es auf die Höhe der Pflegepauschale an. Bei der üblichen Höhe ist mindestens die Hälfte für die Weiterentwicklung vorgesehen. Dann muss der Lieferant alle Änderungen innerhalb der Pauschale erbringen, die nicht einen außerordentlich großen Programmieraufwand bedeuten. Dafür zahlt der Kunde schließlich die Pflegepauschale. Außerdem verstößt es grob gegen Treu und Glauben, dass z. B. bei mit der Einführung des EUR verbundenen Änderungen der Kunde alle Kosten tragen soll, obwohl der Lieferant durch die Anpassung den Vorteil erhält, die Software-Produkte auch weiterhin vertreiben zu können (weil sie dann auf dem neuesten Stand sind). Die Klausel ist unwirksam.

(b) „Werden für die Software-Produkte maßgebliche gesetzliche Vorschriften geändert, besteht grundsätzlich keine Verpflichtung des Lieferanten zur Anpassung der Software."

Der Lieferant kann seine Pflicht, die Software-Produkte anzupassen, nicht ausschließen *[siehe (a)]*, weil die Anpassung an für die Software-Produkte maßgebliche gesetzliche Vorschriften bei Vollpflege vertragliche Hauptleistungspflicht ist. Damit verträgt sich der Ausschluss dieser Pflege in AGB nicht. Die Klausel ist unwirksam.

(c) „Der Lieferant verpflichtet sich, weiterentwickelte Versionen bereitzustellen, wenn Änderungen gesetzlicher Vorschriften oder anderer für die Software-Produkte maßgeblicher Regelungen dies erfordern. Änderungen, die sich nur durch Neuprogrammierung realisieren lassen, sind durch die Pflegepauschale nicht abgedeckt. In diesem Fall kann der Lieferant eine angemessene zusätzliche Vergütung unter Berücksichtigung aller Kunden, die die Neuprogrammierung benötigen und beauftragen, verlangen."

Diese Klausel trifft einen angemessenen Ausgleich zwischen den Interessen der Vertragspartner und dürfte deshalb wirksam sein. Der Lieferant sollte die Klausel vorsorglich dahingehend ergänzen, dass er einen eigenen Finanzierungsbeitrag leistet.

(2) Maßgebliche Version

(a) „Der Lieferant wird ältere Versionen nur noch innerhalb von 6 Monaten nach Freigabe einer weiterentwickelten Version pflegen."

Diese Klausel ist aus Sicht des Lieferanten verständlich. Für den Lieferanten und die Anwenderschaft insgesamt kann es nicht Sinn des Abschlusses von Pflegeverträgen sein, dass der Lieferant im Laufe der Zeit verschiedene Versionen betreuen (und womöglich jede an geänderte Rechtsvorschriften anpassen *[siehe (1a)]*) muss. Andererseits ist zu beachten, dass der Lieferant bei Einschränkungen vertraglicher Hauptpflichten nach § 307 Abs. 1 und 2 BGB immer das Gebot von Treu und Glauben beachten muss *[Kapitel 1.4 (1)]*. Da die Klausel den Lieferanten pauschal dazu berechtigt, die Pflege älterer Versionen nach 6 Monaten einzustellen, dürfte die Klausel unwirksam sein.

(b) „Die Pflicht des Lieferanten zur Mängelbeseitigung endet für eine alte Version drei Monate nach Freigabe einer neuen Version, es sei denn, dass deren Übernahme für den Kunden unzumutbar ist."

Diese Klausel ist wirksam, weil sie mit dem Merkmal der Unzumutbarkeit eine unangemessene Benachteiligung im Einzelfall verhindert. Die Übernahme dürfte dem Kunden zwar nur in seltenen Fällen unzumutbar sein, so dass der Lieferant dem Kunden die Tür nicht allzu weit öffnet, andererseits ist aber Sinn der Pflege, dass der Kunde die jeweils neueste Version hat.

(c) „Die Verpflichtungen des Lieferanten aus diesem Pflegevertrag beziehen sich immer nur auf die neueste Version der Software-Produkte. Das gilt auch bei Freigabe einer inkompatiblen neuen Version."

Die Klausel berücksichtigt nicht, dass die Übernahme einer inkompatiblen Version einen bestimmten Kunden stark benachteiligen kann, der eine bestimmte Funktionalität, die er zwingend benötigt, hatte, diese aber aufgrund der inkompatiblen neuen Version nicht mehr hat. Da die Klausel nicht auf Zumutbarkeit für den Kunden abstellt und auch keine Übergangsfrist vorsieht, benachteiligt sie den Kunden unangemessen und ist wegen Verstoßes gegen § 307 Abs. 1 und 2 BGB unwirksam.

(d) „Der Lieferant kann seine Verpflichtungen aus dem Pflegevertrag auch dadurch erfüllen, dass er dem Kunden einen anderen Auftragnehmer benennt, der die Pflegeleistungen weiterführt.“

Es sind Situationen denkbar, in denen der Lieferant personell, d. h. aufgrund seiner betrieblichen Leistungsfähigkeit nicht mehr in der Lage ist, Pflegeleistungen zu erbringen. Dann fragt sich, ob ein anderer Lieferant die Pflegeleistungen weiterführen darf. Voraussetzung dafür ist, dass dieser kompetent und damit in der Lage ist, sich innerhalb eines kurzen Zeitraums Kenntnis von der spezifischen Situation des Kunden zu verschaffen. Des Weiteren muss der neue Anbieter dem Kunden zumutbar sein, denn der Kunde muss sich niemanden aufdrängen lassen. Da die Klausel den Austausch pauschal zulässt, verstößt sie grob gegen Treu und Glauben und ist unwirksam.

3.4.3 Benutzungsrecht des Kunden

(1) Änderungen durch den Kunden

„Während der Dauer des Pflegevertrags darf der Kunde die Software-Produkte nicht ändern.“

Die Klausel setzt regelmäßig voraus, dass der Kunde im Besitz der Quellprogramme ist. Änderungen der Quellprogramme sind problematisch, weil das unklare Mängelbilder schafft und die Mängelbeseitigung durch den Lieferanten erschwert *[vgl. Kapitel 3.1.2 (8)]*. Da der Lieferant mit dem Pflegevertrag die Aufgabe übernimmt, die Programme zu ändern, dürfte das Verbot wirksam sein.

Dazu kommt, dass der Kunde im Rahmen der Pflege weiterentwickelte Versionen vom Lieferanten erhält. Wenn er in der Zwischenzeit die Quellprogramme geändert hat, lässt sich das Chaos beliebig ausmalen.

3.4.4 Zahlungspflicht des Kunden

(1) Gesonderte Erstattung von Reisekosten

„Reisezeiten und Reisekosten sind gesondert zu vergüten. Die Vergütung richtet sich nach den jeweils gültigen Verrechnungssätzen des Lieferanten.“

Diese Klausel ist wirksam. Einen Verstoß gegen § 309 Nr. 8b cc BGB, nach dem der Lieferant während der Verjährungsfrist für Ansprüche wegen Mängeln (Gewährleistungsfrist) die zum Zwecke der Nacherfüllung erforderlichen Aufwendungen für die Gewährleistung aus dem Überlassungsvertrag tragen muss, dürfte sie nicht beinhalten. Denn der Lieferant schuldet die Mängelbeseitigung während der Gewährleistungsfrist nicht (nur) aus Mängelhaftung (Gewährleistung), sondern auch als Hauptpflicht aus dem Pflegevertrag. Also stellt er mit der Klausel nur klar, welche Leistungen durch die Pauschale nicht abgedeckt sind. Es ist angemessen, Sonderwünsche des Kunden nach Einsatz vor Ort außerhalb der Pauschale abzurechnen.

In Ausnahmefällen wird sich der Lieferant nicht auf seine Klausel berufen dürfen *[vgl. Kapitel 1.5 (5)]*, nämlich wenn er vor Ort kommen muss, um den Mangel zu lokalisieren, obwohl der Kunde alles zur Mängelbeschreibung Erforderliche getan hat, sowie wenn der Lieferant wegen einer mangelhaften Korrektur vor Ort kommen muss (das ist ein Fall der Gewährleistung, so dass dann die Überwälzung der Kosten nach § 309 Nr. 8b cc BGB unzulässig ist).

(2) Preisvorbehalte auf die Pflegepauschale

„Die pauschale monatliche Vergütung wird als Prozentsatz der jeweils bei ihrer Fälligkeit gültigen Überlassungsvergütung der Software-Produkte entsprechend dem vereinbarten Benutzungsumfang festgelegt. Der Prozentsatz kann ab dem zweiten Vertragsjahr auf denjenigen, den der Lieferant beim Abschluss neuer Pflegeverträge verlangt, mit einer Ankündigungsfrist von drei Monaten angehoben werden.“

Satz 1 der Klausel ist wirksam. Er benachteiligt den Kunden nicht unangemessen, da der Lieferant Erhöhungen der Überlassungsvergütung auf dem Markt nicht beliebig, sondern nur bei gleichzeitiger Erweiterung des Funktionsumfangs seiner Programme durchsetzen kann. Mit der Preiserhöhung erhält der Kunde also ein erhebliches Maß an Weiterentwicklung.

Die Ausrichtung der Klausel an der Überlassungsvergütung macht sie bei vereinbarter größenabhängiger Vergütung nicht unwirksam, wenn sich nachträglich eine Erhöhung der Überlassungsvergütung durch Vergrößerung der IT-Anlage/Konfiguration ergibt. Dass das auf die Pflegepauschale durchschlägt, benachteiligt den Kunden nicht unangemessen, wenn er die Programme dann in größerem Umfang benutzt *[vgl. Kapitel 3.1.3 (3a)]*. Im Übrigen entspricht die dann erhöhte Vergütung der Pauschale, die der Kunde zu zahlen gehabt hätte, wenn der vergrößerte Umfang von vornherein bestanden hätte.

Satz 2 ist unwirksam, weil die Klausel formal unausgewogen ist, denn sie sieht nicht vor, dass mögliche (!) Senkungen weitergegeben werden müssen *[Kapitel 1.4 (1)]*. Die Klausel ist teilunwirksam *[Kapitel 1.5 (4)]*.

(3) Zusätzliche Vergütung bei Ablehnung der Fernpflege

„Etwaige Kosten, die dadurch entstehen, dass der Kunde die Mängelanalyse oder das Einspielen von Korrekturmaßnahmen nicht im Rahmen der Fernpflege ermöglicht, trägt der Kunde.“

Manche Kunden lehnen Fernpflege (Fernwartung) unter Berufung auf den Datenschutz ab. Im Allgemeinen halten die Kunden allerdings Fernpflege für zumutbar und gewünscht (weil das die Geschwindigkeit der Mängelbeseitigung erhöht und die Kosten für den Kunden senkt). Entstehen deshalb durch die Weigerung des Kunden im Einzelfall zusätzliche Kosten, spricht kaum etwas dagegen, ihm diese aufzubürden. Die Klausel dürfte wirksam sein.

(4) Förmliches Inverzugsetzen nicht notwendig

„Bei nicht rechtzeitiger Zahlung des Kunden muss der Lieferant den Kunden nicht förmlich in Verzug setzen.“

Diese Klausel ist nach der Gesetzesänderung zur Beschleunigung fälliger Zahlungen für Schuldverhältnisse mit nicht wiederkehrenden Leistungen weitestgehend, nämlich nach Ablauf von 30 Tagen, überflüssig *[vgl. Kapitel 2.3.1 (2) (b)]*. Bei Dauerschuldverhältnissen wie einem Pflegevertrag oder Wartungsvertrag hat die Klausel auch nach der Gesetzesänderung noch Bedeutung, weil solche Schuldverhältnisse von der Gesetzesänderung ausgenommen sind. Bei solchen Vertragsverhältnissen verstößt die Klausel zu Lasten eines Nicht-Unternehmers gegen § 309 Nr. 4 BGB. Im unternehmerischen Verkehr gilt das dann nicht, wenn die für den Fall des Zahlungsverzugs in den AGB genannten Zinsen verkehrsüblich sind *[zu der Frage, wann die Zinsen noch verkehrsüblich sind, vgl. Kapitel 2.3.1 (2) (a)]*.

3.4.5 Haftung des Lieferanten

AGB-Klauseln, mit denen der Lieferant seine Schadensersatzpflichten einschränken will, entsprechen in der Regel den in den Allgemeinen Lieferbedingungen enthaltenen Klauseln. Es wird deshalb auf die Ausführungen dazu verwiesen *[Kapitel 2.3.5]*.

Ob der Lieferant eine Kardinalpflicht verletzt, wenn er nicht ausreichend Personal bereithält und deshalb schon bei leichter Fahrlässigkeit auf Schadensersatz haftet *[vgl. Kapitel 2.3.5 (1)]*, ist umstritten. Das lässt sich pauschal kaum beurteilen.

4 AGB-Klauseln der Auftraggeber

Inhaltsübersicht

Dieses Kapitel behandelt Allgemeine Geschäftsbedingungen, die der Kunde als Auftraggeber mit dem Lieferanten vereinbart. In der Praxis gibt es dafür verschiedene Bezeichnungen, z. B. „Allgemeine Einkaufsbedingungen“ oder spezifisch: „Vertragsbedingungen für die Erstellung von Systemanalysen und Programmen“ etc. Im Folgenden wird der Begriff Einkaufsbedingungen verwendet.

In Einkaufsbedingungen nennt sich der Auftraggeber entweder Auftraggeber oder Besteller, wenn er nicht ein Firmenkürzel verwendet. Der Lieferant wird meist Auftragnehmer genannt. In diesem Buch wird der Auftragnehmer „Lieferant“, der Auftraggeber „Kunde“ genannt. Das erleichtert einen Vergleich mit den übrigen Kapiteln des Buchs. Diesem Zweck dienen auch die Verweise in den Überschriften auf Klauseln der Lieferantenseite zum gleichen Thema.

Die praktische Bedeutung der Inhaltskontrolle von Einkaufsbedingungen ist groß. Denn große Kunden können meist durchsetzen, dass ihre Einkaufsbedingungen anstelle der Lieferbedingungen der Lieferanten Vertragsbestandteil werden. Einkaufsbedingungen sind aber nur selten Gegenstand der Rechtsprechung. In der Praxis wird Streit über Klauseln in Einkaufsbedingungen in der Regel auf der kaufmännischen Ebene gelöst.

Bei Einkaufsbedingungen großer Auftraggeber ist es schwierig, eine Empfehlung zu geben, ob der Lieferant über unwirksame Klauseln des Kunden verhandeln soll oder nicht. Erst einmal können Forderungen des Lieferanten das Klima stören. Zudem läuft der Lieferant bei Verhandlungen Gefahr, dass es über den betreffenden Punkt zu einer Individualvereinbarung kommt, die im Wesentlichen mit dem Inhalt der Klausel übereinstimmt. Manchmal bleiben Klauseln auch trotz Verhandlungen im Text unverändert. In beiden Fällen kann der Lieferant sich nicht auf die Unwirksamkeit der Klausel berufen, da diese dann individuell ausgehandelt ist *[Kapitel 1.2 (2)]*.

Wenn der große Auftraggeber Verhandlungen ablehnt, ist es für den Lieferanten eine zweischneidige Sache, sich später im Konfliktfall auf die Unwirksamkeit einer Klausel zu berufen. Er verliert seinen Kunden dann wahrscheinlich.

Ungeachtet dessen ist dem Lieferanten zu empfehlen, über Klauseln zu verhandeln, die den Umfang von Schadensersatzansprüchen des Kunden regeln. Denn die von den Kunden verwendeten Klauseln sind zwar meist wirksam, da sie sich im Rahmen der gesetzlichen Vorschriften halten. Die gesetzlichen Vorschriften entsprechen für den IT-Bereich aber nicht nur nicht den Interessen des Lieferanten, sondern auch dem nicht, was üblich ist, nämlich Schadensersatzpflichten drastisch einzuschränken *[siehe Kapitel 2.3.5]*. Weiterhin ist dem Lieferanten zu empfehlen, über solche Klauseln zu verhandeln, die während der Vertragsdurchführung wahrscheinlich relevant werden.

Für die Beurteilung der Wirksamkeit von AGB-Klauseln in Einkaufsbedingungen anhand des § 307 Abs. 1 und 2 BGB kommt es in erster Linie darauf an, ob es sachgerechte Gründe für ein Abweichen von den gesetzlichen Regelungen gibt.

4.1 Klauseln zum Vertragsabschluss und zum Vertragsinhalt

(1) Abwehrklausel

„Abweichende Auftragsbedingungen des Lieferanten finden keine Anwendung."

Abwehrklauseln der Kundenseite ändern nichts daran, dass weder die AGB des Lieferanten noch die des Kunden in den Vertrag einbezogen werden, soweit sie sich widersprechen *[vgl. näher dazu Kapitel 1.3 (4) und 2.1.2 (4)]*.

4.2 Klauseln zur Vertragsdurchführung

4.2.1 Lieferbedingungen und Leistungsumfang

(1) Veränderung der Liefertermine

„Der Kunde behält sich Änderungen der vereinbarten Liefertermine vor."

Mit dieser Klausel räumt sich der Kunde das Recht ein, einseitig über Liefertermine zu bestimmen, ohne das zu begründen. Nach dem Gesetz ist für Vertragsänderungen ein (neuer) Vertrag, d. h. eine Vereinbarung zwischen den Vertragspartnern erforderlich (§ 311 Abs. 1 BGB). Auch einseitige Einwirkungsmöglichkeiten können (in den Grenzen der Rechtsordnung) individuell vereinbart werden, dafür genügt aber eine Bestimmung in AGB nicht.

Da der Liefertermin für den Lieferanten wesentlicher Teil seiner Planung ist, verstößt die Klausel grob gegen Treu und Glauben und ist nach § 307 Abs. 1 und 2 BGB unwirksam.

(2) Lieferzeit

(2.1) **Neuer Termin bei Lieferverzögerungen:** „Bei Lieferverzögerungen, die der Kunde zu vertreten hat, ist mit dem Lieferanten eine neue Terminvereinbarung zu treffen."

Vom Ansatz her ist diese Klausel fair. Sie berücksichtigt aber nicht, dass der Lieferant bei Verzögerungen, die er nicht zu vertreten hat, meist mehr Zeit benötigt *[vgl. Kapitel 2.2.1 (3)]*. Das gilt insbesondere bei Lieferverzögerungen auf Grund von Verschulden von Vorlieferanten des Lieferanten oder bei höherer Gewalt *[vgl. Kapitel 2.2.1 (2)]*. Die Klausel dürfte gleichwohl wirksam sein, sollte der Klarheit wegen aber wie folgt formuliert werden:

„Bei Lieferverzögerungen, die der Lieferant nicht zu vertreten hat, ist [...] ."

(2.2) **Keine Rechte des Lieferanten bei Ruhen der Arbeit:** „Bei Streik, Aussperrung, vorübergehender Betriebsstillegung, in Fällen höherer Gewalt und dergleichen kann der Kunde verlangen, dass die Arbeiten für diesen Zeitraum ruhen. Der Lieferant kann daraus keinerlei Ansprüche und Rechte gegen den Kunden herleiten."

Diese Klausel betrifft den Fall, dass der Lieferant in den Räumen des Kunden tätig wird. Satz 1 der Klausel ist unbedenklich. Satz 2 ist dagegen unwirksam, weil dem Lieferanten durch die genannten Umstände ein erhöhter Zeitbedarf und (wahrscheinlich auch) zusätzliche Kosten entstehen können. Das führt zur Teilunwirksamkeit der Klausel, weil sich die Klauselteile sprachlich und sachlich trennen lassen *[Kapitel 1.5 (4)]*.

(2.3) **Begrenzte zusätzliche Vergütung bei vom Lieferanten nicht verschuldeter Terminverzögerung:** „Wird der Lieferant durch von ihm nicht zu vertretende Umstände wie z. B. höhere Gewalt bei der ordnungsgemäßen oder termingerechten Erstellung der Programme behindert, hat er Anspruch auf eine Vergütung bezüglich des erhöhten Zeitaufwandes, die frühestens am Tage nach der Behinderung beginnt und auf insgesamt 10 % der Gesamtvergütung des Vertrags begrenzt wird."

Diese Klausel räumt dem Lieferanten einen Anspruch auf zusätzliche Vergütung ein, begrenzt diesen allerdings auf 10 % der Gesamtvergütung. Für die Wirksamkeit der Klausel kommt es auf zweierlei an: Zum Ersten darauf, ob die Höhe noch ausreichend ist, um die typischen Fälle der Verzögerung abzudecken. Darüber kann man streiten. Zum Zweiten umfasst die Klausel aber auch die Fälle, in denen der Kunde die Verzögerung zu vertreten hat. Die Begrenzung der Ansprüche des Lieferanten auf 10 % benachteiligt den Lieferanten unangemessen. Da die Klausel diesen Fall nach dem klaren Wortlaut umfasst, kommt es nicht auf die Beurteilung der ersten Frage an. Die Klausel ist unwirksam.

(3) Erfüllungsort

„Erfüllungsort für die vertragliche Leistung ist der Sitz des Kunden."

Diese Klausel ist wirksam. Der Erfüllungsort kann nach der gesetzlichen Regelung von den Vertragspartnern vereinbart werden (vgl. § 269 BGB).

(4) Meistbegünstigungsklausel

„Der Lieferant wird dem Kunden alle günstigen Konditionen, die der Lieferant anderen Kunden einräumt, ebenfalls einräumen."

Diese Klausel verstößt gegen das gesetzliche Verbot von Verträgen über Preisgestaltung oder Geschäftsbedingungen (§ 14 GWB) und ist deshalb unwirksam.

Das gilt auch für eine Klausel, in der sich der Kunde vom Lieferanten (nur) die üblicherweise anderen Kunden überlassenen Konditionen einräumen lassen will. Das Gesetz verbietet mit gutem Grund – der Lieferant wird in der Gestaltung seiner Verträge entgegen dem Grundsatz der Vertragsfreiheit erheblich eingeschränkt – sogar *Verträge* dieser Art (also erst recht entsprechende Bestimmungen in AGB).

4.2.2 Zahlungspflicht des Kunden

(1) Vereinbarung eines Zahlungsziels

„Der Kunde zahlt nach Lieferung und Rechnungseingang entweder innerhalb von 30 Tagen mit 2 % Skonto oder innerhalb von 90 Tagen netto."

Die Wirksamkeit dieser Klausel ist unter zwei Aspekten zu beurteilen. Einmal reduziert der Kunde durch die Klausel eigenmächtig seine Zahlungsverpflichtung, sofern er innerhalb von 30 Tagen bezahlt. Der Lieferant kann sofortige Zahlung aber nach § 271 Abs. 1 BGB mangels anderer Vereinbarungen sowieso verlangen. Sobald der Kunde sich im Verzug befindet (§ 286 Abs. 3 BGB: spätestens 30 Tage nach Fälligkeit und Zugang der Rechnung), stehen dem Lieferanten überdies nach § 288 Abs. 2 BGB noch Verzugszinsen zu (8 % über dem Basiszinssatz gegenüber Unternehmern), weitergehender Schadenersatz ist dadurch nicht ausgeschlossen. 2 % Skonto auf 30 Tage ergeben aber auch einen hübschen Jahreszinssatz (24 %!), der nur zur Belohnung dafür gedacht ist, dass der Lieferant Liquiditätsvorteile hat.

Der *Kunde* soll aber nicht für den Lieferanten entscheiden (dürfen), ob diesem eher an der Erhöhung seiner Liquidität oder seines Umsatzes gelegen ist. Das benachteiligt den Lieferanten unangemessen. Es ist zwar *lieferantenseitig* nicht unüblich, Skonto in dieser Höhe zu gewähren, aber diese Entscheidung muss dem jeweiligen Lieferanten vorbehalten bleiben. Zum anderen räumt sich der Kunde aber auch eine Verlängerung des Zahlungsziels auf 90 Tage für den Fall ein, dass er nicht innerhalb von 30 Tagen unter Skontoabzug zahlt. Das gefährdet die Liquidität des Lieferanten stark. Die Klausel ist insgesamt unwirksam.

4.2.3 Abtretung

(1) Abtretungsverbot

(a) „Der Lieferant darf Forderungen aus diesem Vertrag nicht abtreten."

Diese Klausel hält sich im Rahmen der gesetzlichen Regelung, nach der die Abtretung einer Forderung durch Vereinbarung mit dem Schuldner ausgeschlossen werden kann (§ 399 BGB).

Das ist für den Lieferanten zwar unbefriedigend, weil er ein erhebliches Interesse daran hat, seine Forderungen abzutreten, um sich Kredit zu verschaffen. Auf der anderen Seite hat der Kunde ein berechtigtes Interesse daran, die Vertragsabwicklung zu vereinfachen. Insbesondere besteht für ihn die Gefahr, dass er, nachdem ihm die Abtretung mitgeteilt worden ist, versehentlich an den früheren Gläubiger, seinen Vertragspartner, zahlt. Dann muss er noch einmal an den neuen Gläubiger zahlen. Es ist sein Risiko, ob er sich seine erste Zahlung zurückholen kann.

Es dürfte den Lieferanten deshalb nicht unangemessen benachteiligen, wenn das Abtretungsverbot in AGB enthalten ist. – Die Klausel ist wirksam.

(b) Der Lieferant kann versuchen, seine Interessen durch folgende Einschränkung durchzusetzen:

„Der Kunde verpflichtet sich, einer Abtretung zuzustimmen, wenn der Dritte ihn bei Offenlegung der Abtretung für den Fall einer irrtümlichen Zahlung an den Lieferanten von der Zahlungspflicht freistellt."

(2) Abtretung von Rechten und Pflichten

„Eine Abtretung von Rechten oder eine Übertragung von Pflichten aus diesem Vertrag bedürfen der vorherigen gegenseitigen schriftlichen Einwilligung.“

Auch diese Klausel ist wirksam. Wenn der Kunde die Abtretung von Forderungen *[vgl. Kapitel 2.2.4 (3)]* verbieten darf *[siehe (1a)]*, darf er sie erst recht von einer vorherigen Einwilligung abhängig machen.

4.2.4 Übergang der Gefahr

(1) Gefahrtragung

„Die Gefahr des zufälligen Unterganges oder der zufälligen Verschlechterung trägt bis zur Abnahme der Lieferant.“

Diese Klausel ist für den Kunden vom Ansatz her verständlich *[zum Begriff „Gefahrtragung“ vgl. Kapitel 2.2.5]*. Der Kunde denkt dabei wohl an Hardware oder die Originaldatenträger, in diesem Zusammenhang ist die Klausel für den Lieferanten nicht erfreulich. Bei Software hat der Lieferant Kopien der Programme, so dass die Klausel ihn fast gar nicht belastet. Zwar bleibt unklar, was der Kunde mit Abnahme meint, gleichwohl dürfte die Klausel wirksam sein.

4.2.5 Abnahme

(1) Gegenzeichnung des Abnahmeprotokolls

„Die Abnahme erfolgt durch ein Abnahmeprotokoll, welches von der Fachabteilung des Kunden gegengezeichnet sein muss. Die Abnahmekriterien werden in Abstimmung mit der Fachabteilung des Kunden vereinbart.“

Diese Klausel überlässt es den Vertragspartnern, nachträglich die Abnahmekriterien *[vgl. zur Abnahme auch Kapitel 3.2.3]* zu vereinbaren. Diese sind dann Individualvereinbarungen. Das dürfte dem Willen von Kunde und Lieferant entsprechen. Die Klausel ist deshalb sinnvoll und wirksam. – Der Lieferant muss aber darauf achten, dass das gemeinsam erstellte Abnahmeprotokoll von der Fachabteilung des Kunden auch tatsächlich gegengezeichnet wird.

(2) Kunde erklärt Abnahme bei Vertragsgemäßheit der Programme

„Für die Übernahme wird ein Protokoll erstellt. Die Programme gelten als abgenommen, wenn der Kunde bis 30 Tage nach Übergabe keine Mängel schriftlich mitteilt, die die Nutzbarkeit der Programme einschränken. Eine Verlängerung der Abnahmefrist kann im Einzelfall vereinbart werden.“

Auch diese Klausel geht in Ordnung. Sie räumt dem Kunden eine Prüffrist ein, deren Länge noch akzeptabel ist, und unterstellt zugunsten des Lieferanten, dass die Abnahme nach Ablauf dieser Prüffrist als erteilt gilt. Die Voraussetzungen dafür sind hoch: Die Nutzbarkeit der Programme darf nicht einmal unerheblich *[wie die AGB der Lieferanten das häufig vorsehen, vgl. Kapitel 3.2.3 (1)]*, sondern überhaupt nicht eingeschränkt sein. Nach § 640 Abs. 1 Satz 2 BGB berechtigen unerhebliche Mängel nicht zur Verweigerung der Abnahme. Die Klausel dürfte diese Regelung abbedingen, so dass es bei einer Bestimmung zugunsten des Lieferanten bleibt: Diesem wird durch die Klausel u. E. nicht das Recht abgeschnitten, die Abnahme zu verlangen, wenn nur geringfügige Mängel vorliegen, so dass die Klausel wirksam ist.

(3) Übergabe und Gutbefund der Unterlagen

„Sobald der Lieferant seine Arbeiten zur Prüfung gemeldet und die hierzu gehörigen Unterlagen übergeben hat, beginnt der Kunde unverzüglich mit Tests unter Verwendung von Testdaten der entsprechenden Fachabteilungen. Nach positivem Testergebnis sowie Übergabe und Gutbefund der Unterlagen und Dokumentation nimmt der Kunde unverzüglich die Arbeiten ab. Die Vertragspartner erstellen hierüber ein gemeinsames Abnahmeprotokoll."

Diese Klausel ist zwar vage formuliert, weil auf „unverzüglich" (das heißt: ohne schuldhaftes Zögern, vgl. § 121 Abs. 1 Satz 1 BGB) und auf „Gutbefund" (darunter darf man wohl so viel wie als vertragsgemäß billigen verstehen) abgestellt wird. Solche Rechtsbegriffe sind letztlich aber kaum vermeidbar.

Es ist Sache des Lieferanten, dafür zu sorgen, dass im konkreten Vertrag die Dauer der Prüffrist und eine Abnahmespezifikation vereinbart wird. Hilfsweise muss er während der Vertragsdurchführung dafür sorgen, dass eine Abnahmespezifikation erstellt wird. Da der Kunde die Erstellung eines Abnahmeprotokolls vorsieht, ist den Interessen des Lieferanten hinreichend gedient. – Die Klausel ist wirksam.

(4) Probezeit vor Abnahme

„Zur praktischen Erprobung der im Einzelauftrag aufgeführten Anforderungen und Funktionen wird für die Programme eine Probezeit von mindestens 3 Monaten nach Unterzeichnung des Inbetriebnahmeprotokolls vereinbart. Treten in dieser Zeit wesentliche Funktionsstörungen in der Software auf, so dass das System länger als einen Tag nicht zur Verfügung steht, beginnt die Probezeit von neuem."

Die Klausel setzt voraus, dass eine Abnahme vereinbart ist. Ist das der Fall, darf der Kunde die als Hauptpflicht geschuldete Abnahme nach Fertigstellung der Programme nicht übermäßig lange aufschieben, weil das Gesetz an die Abnahme für den Lieferanten wesentliche Rechtsfolgen knüpft, insbesondere den Beginn der Gewährleistungsfrist, die Fälligkeit der Vergütung und die Beweislastumkehr zu Lasten des Kunden für Ansprüche wegen Mängeln *[vgl. Kapitel 3.2.3 sowie IT-Vertragsrecht, Kapitel 9.4 (1)]*. Der Lieferant muss daher vor einer ggf. endlosen Probezeit geschützt werden. Die Klausel ist unwirksam.

4.2.6 Eigentums- und Nutzungsrechte

(1) Eigentum an den Unterlagen/Übertragung der Nutzungsrechte

„Die dem Lieferanten vom Kunden zur Durchführung des Vertrags übergebenen Arbeitsmittel, Unterlagen oder Ähnliches bleiben Eigentum des Kunden. Sie sind nach Gebrauch – spätestens nach Durchführung des Vertrags – unaufgefordert zurückzugeben. Der Kunde hat Anspruch auf Überlassung aller bei der Durchführung des Vertrags vom Lieferanten erstellten Unterlagen, soweit sie für die Pflege der zu erstellenden Programme erforderlich sind.

Für alle unter das Urheberrecht fallenden Ergebnisse räumt der Lieferant dem Kunden das ausschließliche und unbeschränkte Nutzungsrecht ein. Der Lieferant erklärt sich damit einverstanden, dass der Kunde ohne Zustimmung des Lieferanten für jeden Einzelfall dieses Recht auf andere übertragen, anderen Nutzungsrechte einräumen oder in anderer Weise darüber verfügen kann. Alle Ansprüche des Lieferanten hinsichtlich der Übertragung der vorgenannten Rechte an den Ergebnissen seiner Arbeit sind durch das vereinbarte Honorar abgegolten."

Diese Klausel ist lang und wirksam. Hinsichtlich des Eigentums an den Unterlagen des Kunden bedarf das keiner Erläuterung.

Hinsichtlich der Übertragung der urheberrechtlichen Nutzungsrechte kann es dem Kunden in erster Linie nicht um die Programme als urheberrechtlich geschützte Darstellungen gehen, sondern um die Programme als Vehikel für das in ihnen enthaltene Know-how *[siehe Kapitel 4.2.7 (1)]*. Dieses stammt typischerweise von ihm, er will es im Hinblick auf seine Konkurrenten schützen. Das ist verständlich. (Allerdings schützt die Einräumung ausschließlicher Nutzungsrechte das Know-how nur begrenzt.)

Es kann dem Kunden aber auch einfach nur darum gehen, sich einen Wettbewerbsvorsprung zu sichern, den er durch eine (erhebliche) Investition in die Programme erreicht hat. Das ist selbst dann nicht zu beanstanden, wenn in die vom Lieferanten erstellten Programme (gar) kein Know-how des Kunden eingeflossen ist.

Es ist auch nichts dagegen einzuwenden, dass der Kunde sich *ausschließliche* Nutzungsrechte übertragen lässt: Er gibt die Programme als Werk in Auftrag, also erhält er nicht nur ein Benutzungsrecht an Vervielfältigungsstücken der Programme *[wie bei der Überlassung von Software-Produkten, vgl. Kapitel 3.1.2 (4)]*, sondern das Werk „Programme" *[IT-Vertragsrecht, Kapitel 5.3.3]*. Der Lieferant darf aber Teile der Programme anderweitig verwerten, solange das die Interessen des Kunden an der Verwertung der Lösung nicht beeinträchtigt *[IT-Vertragsrecht, Kapitel 9.3.4 (1)]*.

(2) Haftung des Lieferanten bei bestehenden Schutzrechten Dritter

„Der Lieferant übernimmt die Verantwortung dafür, dass durch seine Leistung keine fremden Schutzrechte verletzt werden."

Der Lieferant hat die Verletzung fremder Schutzrechte auch nach der gesetzlichen Regelung zu verantworten. Die Klausel ist also wirksam *[AGB der Lieferantenseite enthalten meist eine entsprechende Klausel, wenn auch (nur) mit eingeschränkter Schadensersatzpflicht, vgl. Kapitel 3.1.1 (11)]*.

4.2.7 Geheimhaltungspflicht des Lieferanten

(1) Geheimhaltung von Know-how und anderen Informationen

(a) „Der Lieferant verpflichtet sich, alle Informationen, Geschäftsvorgänge, Zeichnungen, Muster, Unterlagen und mündlichen Informationen – nachfolgend kurz Know-how genannt –, die ihm anlässlich der Durchführung seiner Aufgaben bekannt werden, gegenüber Dritten geheim zu halten und sie Dritten in keiner Weise zugänglich zu machen. Der Lieferant wird das Know-how ausschließlich zur Erledigung des ihm durch diesen Vertrag erteilten Auftrags verwenden."

Diese Klausel geht zu weit. Nach ihr wären nicht nur Betriebsgeheimnisse geheim zu halten, sondern überhaupt alle Informationen: Der Lieferant dürfte seine Mitarbeiter nicht wieder für ähnliche Projekte einsetzen *[vgl. Kapitel 3.2.5 (2)]*. Satz 2 der Klausel ist nicht akzeptabel. Da die Klauselteile inhaltlich nicht voneinander trennbar sind, ist die Klausel nicht teilunwirksam, sondern insgesamt unwirksam *[Kapitel 1.5 (4)]*.

(b) „Der Lieferant verpflichtet sich, alle Betriebsgeheimnisse und alle ihm gegenüber als vertraulich bezeichneten Vorgänge, die ihm im Zusammenhang mit der Tätigkeit für den Kunden zur Kenntnis gelangen, auch nach Durchführung des Vertrags Dritten gegenüber geheim zu halten. Ohne ausdrückliche vorherige schriftliche Genehmigung des Kunden ist es nicht gestattet, Gegenstände und Geschäftspapiere, Aufzeichnungen und Unterlagen gleich welcher Art aus den Geschäftsräumen des Kunden mitzunehmen. Dem Lieferanten ist es auch nicht gestattet, Unterlagen zu vervielfältigen und/oder für eigene Zwecke oder bei Dritten bzw. für Dritte einzusetzen."

Die Klausel trägt dem berechtigten Interesse des Kunden Rechnung, sein Know-how und geheimhaltungsbedürftige Informationen zu sichern *[vgl. Kapitel 3.2.5 (2)]*. Bedenklich dürfte allenfalls sein, dass die Sätze 2 und 3 Einfluss auf die Beweissicherung haben können. Der Lieferant kann in Schwierigkeiten geraten, wenn er sich an die Klausel hält und selbst beweispflichtig dafür ist, bestimmte Leistungen wie geschuldet erbracht zu haben.

Beispiele: Der Lieferant wechselt im Rahmen von Wartungsarbeiten ein defektes Teil aus. Wegen obiger Klausel lässt er das Teil beim Kunden zurück. Nach Rechnungsstellung kommt Streit darüber auf, ob das Teil wirklich defekt war. Oder: Im Rahmen eines Projektes erhält der Lieferant Anweisungen vom Kunden (z. B. in Form einer Zeichnung), die ungewöhnlich sind und zu Mehraufwand führen können. Diese möchte er kopieren und mitnehmen, falls es später zum Streit kommt.

Die Klausel ist dahingehend auszulegen, dass sie Fälle der reinen Beweissicherung nicht umfassen soll. Es geht vielmehr nur um die Verwertung der Informationen für andere, insbesondere wettbewerbliche Zwecke. Der Lieferant darf also zu reinen Beweiszwecken durchaus Unterlagen mitnehmen. Er muss dann aber sicherstellen, dass sie unter Verschluss bleiben und (auch innerhalb der eigenen Firma) nur im Falle eines Rechtsstreites mit dem Kunden genutzt werden. Es besteht auch die Möglichkeit, dass der Lieferant sich die Leistung jeweils unmittelbar vom Kunden schriftlich abnehmen lässt. Diese Klausel ist somit wirksam.

Der Kunde könnte den Bedenken entgegen treten, indem er klar stellt, dass sich die Klausel nicht auf die Beweissicherung beziehen soll: „Ausgenommen von dieser Regelung ist die reine Beweissicherung durch den Lieferanten. Für diesen Fall ist der Lieferant verpflichtet, die oben genannten Gegenstände auch innerhalb der eigenen Firma unter Verschluss zu halten und nur im Rahmen eines Rechtsstreites zu verwenden."

(2) Datenschutz

„Der Lieferant versichert, dass seine Mitarbeiter, die im Rahmen dieses Vertrags tätig werden, auf das Datengeheimnis gemäß § 5 BDSG verpflichtet worden sind. Diese Mitarbeiter sind vom Lieferanten ausdrücklich darauf hinzuweisen, dass diese Verpflichtung auch für ihre Tätigkeit beim Kunden gilt."

Der Kunde will mit dieser Klausel sicherstellen, dass Lieferanten, die ihre Mitarbeiter nicht bereits gemäß § 5 Bundesdatenschutzgesetz (BDSG) verpflichtet haben, das schriftlich nachholen. Dagegen ist nichts einzuwenden.

(3) Rechte an den Arbeitsergebnissen

„An den dem Urheberrechtsschutz nicht zugänglichen Arbeitsergebnissen räumt der Lieferant dem Kunden das ausschließliche und unbeschränkte Nutzungsrecht ein. Sind jedoch Arbeitsergebnisse allgemein bekannt, ist deren anderweitige Nutzung durch den Lieferanten nicht ausgeschlossen."

Mit den Arbeitsergebnissen sind (wegen Trivialität) urheberrechtlich nicht geschützte Programme und geheimes Wissen gemeint, das in die Programme eingeflossen ist. Die Klausel geht hinsichtlich des Schutzes von solchem geheimhaltungsbedürftigen Wissen in Ordnung. Hinsichtlich urheberrechtlich nicht geschützter Programme sind ähnliche Lösungen erlaubt (wenn sie kein geheimhaltungsbedürftiges Wissen beinhalten). Die Klausel geht insgesamt in Ordnung.

4.2.8 Abwerbung

„Kunde und Lieferant verpflichten sich gegenseitig, während der Dauer dieses Vertrags sowie innerhalb eines Jahres nach seiner Beendigung keine Mitarbeiter des Vertragspartners abzuwerben, und zwar gleichgültig, ob es auf Seiten des Beschäftigten zu einem Vertragsbruch oder zu einer ordnungsgemäßen Vertragslösung führt. Für jeden Fall einer Zuwiderhandlung zahlt der jeweilige Vertragspartner dem anderen eine Vertragsstrafe in Höhe von EUR 10 000. Schadensersatzansprüche sind bei Zuwiderhandlung dieser Art ausgeschlossen."

Ein Abwerbungsverbot ist letztlich ein (beschränktes) Wettbewerbsverbot ohne Karenzentschädigung, das sich zu Lasten des Arbeitnehmers auswirkt. § 75f HGB erklärt das bereits schlechthin für unwirksam: Der Arbeitnehmer verliert dadurch die Möglichkeit, den Kunden bzw. den Lieferanten als neuen Arbeitgeber zu gewinnen. – Damit ist auch die in Satz 2 der Klausel enthaltene beiderseitige Verpflichtung der Vertragspartner zur Zahlung einer Vertragsstrafe unwirksam, der Ausschluss von Schadensersatzansprüchen in Satz 3 rechtlich ohne Bedeutung.

4.3 Klauseln zu Pflichtverletzungen

4.3.1 Ansprüche des Kunden bei Verzug des Lieferanten

(1) Mahnung und Fristsetzung nicht erforderlich

„Kann der Lieferant innerhalb der vereinbarten Lieferfrist seine Leistung nicht erbringen, kann der Kunde vom Vertrag zurücktreten oder Schadensersatz statt der Leistung verlangen.“

Nach der gesetzlichen Regelung (§§ 281 Abs. 1 Satz 1, 323 Abs. 1 BGB) hat der Kunde die aufgeführten Rechte grundsätzlich nur, wenn er dem Lieferanten nach Eintritt des Verzugs eine Nachfrist zur Erbringung der Leistung gesetzt hat *[IT-Vertragsrecht, Kapitel 3.3.1 (2)]*.

Von dieser Vorschrift kann (auch im unternehmerischen Verkehr) nicht abgewichen werden, ohne dass das grob gegen Treu und Glauben verstößt: Der Lieferant sieht sich bei geringfügiger Überschreitung der vereinbarten Lieferfrist Schadensersatzansprüchen statt der Leistung und einem Rücktrittsrecht des Kunden ausgesetzt. – Das benachteiligt ihn unangemessen, die Klausel ist unwirksam.

(2) Verschulden nicht erforderlich

„Der Kunde kann vom Vertrag zurücktreten oder Schadensersatz statt der Leistung verlangen, wenn der Lieferant mit seiner Leistung in Verzug gerät und auch nicht innerhalb einer angemessenen Nachfrist leistet. Das gilt unabhängig davon, ob die Lieferverzögerung vom Lieferanten verschuldet ist.“

Mit Satz 1 dieser Klausel wiederholt der Kunde im Wesentlichen nur die gesetzliche Regelung (§§ 281 Abs. 1 Satz 1, 323 Abs. 1 BGB). Er will aber die vom Gesetz gewährten Rechte auch dann haben, wenn der Lieferant den Eintritt des Verzugs nicht verschuldet hat.

Auch das verstößt grob gegen Treu und Glauben: Nach der gesetzlichen Regelung gerät der Lieferant nur in Verzug, wenn seine Leistung infolge eines Umstandes unterbleibt, den er zu vertreten hat (§ 280 Abs. 1 Satz 2 BGB). Nach der Klausel müsste der Lieferant auch dann Schadensersatz leisten, wenn er die Ursache nicht einmal zu vertreten hat (wenn er die Ursache nicht verschuldet hat, kann trotzdem Verzug vorliegen). § 323 Abs. 1 BGB lässt in diesen Fällen nur den Rücktritt zu, und auch nur dann, wenn keine höhere Gewalt vorliegt. Die Klausel ist deshalb (insgesamt) unwirksam *[Kapitel 1.5 (4)]*.

(3) Vertragsstrafe zusätzlich

„Erbringt der Lieferant seine Leistung nicht innerhalb der vereinbarten Lieferzeit, und hat der Kunde ihm eine angemessene Nachfrist gesetzt, kann der Kunde vom Vertrag zurücktreten oder Schadensersatz statt der Leistung verlangen. Darüber hinaus ist er berechtigt, eine Vertragsstrafe in Höhe von EUR ______ für jede Woche des Verzugs zu verlangen.“

Auch bei dieser Klausel entspricht Satz 1 der Gesetzeslage (§§ 281 Abs. 1 Satz 1, 323 Abs. 1 BGB) und ist deshalb wirksam. Mit Satz 2 der Klausel will der Kunde die gesetzlich vorgesehenen Rechtsfolgen erweitern, indem er sich zusätzlich einen Anspruch auf eine Vertragsstrafe einräumt *[vgl. Kapitel 2.3.3 (1)]*.

Das benachteiligt den Lieferanten unangemessen: Der Kunde erhält nach dem Gesetz vollen Ersatz seines Schadens. Mehr soll er nicht verlangen dürfen. Satz 2 der Klausel ist deshalb unwirksam. Da die Klauselteile sachlich und sprachlich trennbar sind, ist nur Satz 2 dieser Klausel unwirksam *[Kapitel 1.5 (4)]*.

4.3.2 Mängelhaftungspflicht (Gewährleistungspflicht) des Lieferanten

(1) Verlängerung der gesetzlichen Verjährungsfrist

„Mängel, die innerhalb einer Gewährleistungsfrist von 3 Jahren nach der Abnahme der Programme auftreten und vom Kunden unverzüglich nach ihrer Feststellung schriftlich gerügt werden, hat der Lieferant innerhalb angemessener Frist zu beseitigen."

Die Verjährung von Mängelansprüchen *[vgl. zu Mängelansprüchen Kapitel 2.3.4 (1)]* soll eine zeitnahe Abwicklung sicherstellen: Der Verkäufer soll vor einer späten Inanspruchnahme wegen Mängeln geschützt werden, die ihm selbst nicht bekannt waren. Auch soll die Verjährung die Rechtssicherheit erhöhen, indem Beweisschwierigkeiten vermieden werden.

Bei Kaufverträgen verjähren Mängelansprüche gemäß § 438 Abs. 1 Nr. 3 BGB in 2 Jahren. Innerhalb dieser Frist hat der Unternehmer als Käufer den Mangel zu beweisen. Die Klausel erhöht diese Frist auf 3 Jahre. Diese Frist entspricht der regelmäßigen Verjährungsfrist des § 195 BGB und dürfte deshalb noch angemessen, die Klausel damit wirksam sein.

Bedenklich wäre allerdings eine Verlängerung auf 5 Jahre oder darüber hinaus, da eine derart lange Frist mit wesentlichen Grundgedanken der gesetzlichen Regelung, von der abgewichen wird, nicht mehr zu vereinbaren sein dürfte. Denn § 438 Abs. 1 Nr. 3 BGB will in einer für Verkäufer und Käufer angemessenen Frist Rechtsfrieden schaffen. Dieses Ziel wird nicht erreicht, wenn der Verkäufer fünf Jahre lang für Mängel der Kaufsache haftet.

(2) Gewährleistungsfrist bei Nachbesserung

„Die Gewährleistungsfrist beginnt mit jeder Nachbesserung durch den Lieferanten neu zu laufen."

§ 212 Abs. 1 Nr. 1 BGB regelt, dass die Verjährung neu beginnt, wenn der Schuldner den Anspruch anerkennt. Anderenfalls wird die Verjährungsfrist für die Dauer der Nachbesserung nur gehemmt (§ 203 BGB), und zwar nur für den gemeldeten Mangel, d. h. sie läuft (nur für den gemeldeten Mangel) anschließend weiter *[IT-Vertragsrecht, Kapitel 3.10 (3)]*. – Die Klausel führt dazu, dass jede Nachbesserung einem Anerkenntnis gleich gestellt wird, und zwar insgesamt, d. h. für alle Mängel.

Das ist bedenklich, wenn der Lieferant die Mängelbeseitigung nur aus Kulanz oder zur gütlichen Regelung eines Streits anbietet. Nach der Rechtsprechung vor der Schuldrechtsreform waren die Voraussetzungen für ein Anerkenntnis fast immer erfüllt *[IT-Vertragsrecht, Kapitel 6.3.8 (3)]*, so dass die Klausel in Ordnung ging. Wie die Rechtsprechung das nach der Schuldrechtsreform beurteilen wird, ist offen. Das Problem besteht darin, dass die neue Verjährungsfrist nach der Schuldrechtsreform nicht sechs Monate betrüge, sondern 24 Monate, was zu einer erheblichen Verlängerung führte. In Kombination damit, dass die Klausel ein Anerkenntnis insgesamt bewirkt, also für alle Mängel, ist sie nach nunmehr geltendem Recht unwirksam.

(3) Mängelbeseitigung nach Abnahme

(a) „Der Lieferant ist für die Dauer von 3 Jahren ab Abnahme verpflichtet, Mängel an von ihm erstellten Programmen zu beseitigen, es sei denn, er hat diese nicht zu vertreten. Der Lieferant hat einen Mangel insbesondere dann nicht zu vertreten, wenn der Mangel auf der vom Kunden gegebenen Aufgabenstellung oder der mangelhaften/unzureichenden Mitwirkung des Kunden beruht, vorausgesetzt, der Lieferant hat ihn darauf ausdrücklich hingewiesen."

Mit dieser Klausel soll der Lieferant die Beseitigung von Mängeln für die Dauer von 3 Jahren ab Abnahme übernehmen, wenn er den Mangel zu vertreten hat.

Die Klausel kehrt darüber hinaus die gesetzliche Verteilung der Beweislast zu Lasten des Lieferanten um („es sei denn, ...") und kommt damit einer (Beschaffenheits-) Garantie nahe: Nach dem Gesetz muss der Kunde ab dem Zeitpunkt der Abnahme darlegen und notfalls beweisen, dass ein Mangel vorliegt *[IT-Vertragsrecht, Kapitel 9.4 (1)]*. Im nicht-unternehmerischen Verkehr sind Klauseln, die die Beweislast zum Nachteil des anderen Vertragspartners ändern, gemäß § 309 Nr. 12 BGB unwirksam. Da der Lieferant in der Regel Unternehmer ist, ist die Klausel aber nur an § 307 Abs. 1 und 2 BGB zu messen. Auf die Wertung des § 309 Nr. 12 BGB kann zwar zurückgegriffen werden, allerdings ist dabei gemäß § 310 Abs. 1 BGB auf die im Handelsverkehr geltenden Gewohnheiten und Gebräuche angemessen Rücksicht zu nehmen *[vgl. Kapitel 1.4 (1)]*.

Man kann darüber streiten, ob die Klausel im unternehmerischen Verkehr wirksam ist. Für die Wirksamkeit spricht, dass der Lieferant die von ihm erstellten Programme und deren IT-technische Einsatzumgebung kennt und wesentlich besser nach der Ursache suchen kann. Auch bei (wenig stabilen) Client-Server-Systemen hat der Lieferant weitgehend die Möglichkeit, festzustellen, dass kein Programmfehler vorliegt, sondern ein nicht ordnungsgemäß funktionierendes Client-Server-System. Tut er das, kann er die Vergütung seines Aufwands verlangen. Der Auftraggeber muss ihn allerdings dann auch suchen lassen. Die Klausel dürfte deswegen zumindest nicht *grob* gegen Treu und Glauben verstoßen *[vgl. Kapitel 1.1 (1)]*.

Satz 2 der Klausel regelt einen Unterfall zu Satz 1 und entspricht dem geltenden Recht: Der Lieferant muss auch nach dem Gesetz beweisen, dass er den Kunden auf Mängel in dessen Vorlagen hingewiesen hat, der Kunde aber nach Rückfrage auf seinen Vorgaben bestanden hat *[IT-Vertragsrecht, Kapitel 9.5.1 (2)]*. – Die Klausel ist wirksam.

(b) „Der Lieferant wird Mängel in den Programmen und Dokumentationen auf eigene Kosten beseitigen."

Grundsätzlich muss der Lieferant den Aufwand für die Mängelbeseitigung tragen. Das gilt aber nur stark eingeschränkt, wenn Vergütung nach Aufwand vereinbart ist. Denn den Aufwand, den der Lieferant für Mängelsuche und Mängelbeseitigung *vor* Abnahme hat, muss der Kunde ihm erstatten *[IT-Vertragsrecht, Kapitel 9.5.2]*. Deshalb gibt es kaum einen sachlichen Grund, warum das *nach* Abnahme anders sein soll.

Die Klausel dürfte deshalb unwirksam sein (wobei sich am Ergebnis nichts ändert, wenn ein Festpreis vereinbart worden ist). In der Praxis beruft sich der Kunde bei Vergütung nach Aufwand auch häufig nicht auf seine Klausel.

Unbedenklich ist die Klausel mit der folgenden Einschränkung:

„Hätte bei Vergütung nach Aufwand der Lieferant Anspruch auf Vergütung für Arbeiten zur Mängelbeseitigung gehabt, wenn der Mangel vor Abnahme erkannt worden wäre, kann der Lieferant auch nach Abnahme noch Vergütung seines Aufwands verlangen.“

(4) Klauseln zur Haftung des Lieferanten

(4.1) **Überlassene Unterlagen:** „Der Lieferant ist verpflichtet, die vom Kunden beigestellten Unterlagen im Hinblick auf die Verwendung für die eigene Arbeit auf deren Richtigkeit zu überprüfen. Der Lieferant kann sich bei Mängeln der Leistung nicht auf mangelhafte beigestellte Unterlagen berufen.“

Diese Klausel betrifft Vorgaben des Kunden. Satz 1 ist unbedenklich (der Lieferant hat das ohnehin zu leisten), Satz 2 ist dagegen unwirksam: Der Kunde kann den Lieferanten für Mängel, die aus dessen Sphäre herrühren, nur zur Verantwortung ziehen, wenn der Lieferant ihn schuldhaft nicht warnt *[IT-Vertragsrecht, Kapitel 9.5.1 (3)]*. Satz 2 nimmt darauf keine Rücksicht.

(4.2) **Unklarheiten der Aufgabenstellung:** „Der Lieferant bestätigt, dass er sich über alle Einzelheiten der zu erbringenden Leistungen in eigener Verantwortung Klarheit verschafft hat. Er kann sich später nicht auf Irrtum, Nichtwissen oder Unklarheit der Aufgabenstellung berufen.“

Der Kunde verlangt, dass der Lieferant sich vor Vertragsabschluss Klarheit über alle (!) Einzelheiten verschafft. Das überfordert den Lieferanten bei Programmerstellung enorm. Typischerweise ist es die erste Aufgabe des Lieferanten nach Vertragsabschluss, die Aufgabenstellung überhaupt erst einmal abschließend zu spezifizieren.

Im Übrigen gehen Unklarheiten in der Aufgabenstellung zu Lasten desjenigen, der sie geschaffen hat. Dem Lieferanten ist es nicht zuzumuten, sich vor Vertragsabschluss so ausführlich („über alle Einzelheiten der zu erbringenden Leistungen“) mit der Aufgabenstellung zu beschäftigen, dass keine Unklarheiten mehr bestehen. Die Klausel ist unwirksam.

(4.3) **Lieferant übernimmt Garantie für Mängelfreiheit:** „Der Lieferant übernimmt für die Dauer von 3 Jahren ab Abnahme die Garantie, dass die Software frei von Mängeln ist.“

Die Frist von 3 Jahren geht für sich gesehen in Ordnung *[siehe (1)]*. Der Lieferant von Programmen übernimmt nach dem Gesetz aber nur die Gewährleistung, d. h. er haftet nur dann auf Schadensersatz, wenn er einen Mangel der Programme zu vertreten (hier: verschuldet) hat (§ 437 Nr. 3 BGB).

Nach Satz 1 der Klausel soll der Lieferant dagegen die „Garantie“ für die Mängelfreiheit der Programme übernehmen. Rechtstechnisch legt das nahe, dass er für Mängel auch dann auf Schadensersatz haftet, wenn er sie nicht zu vertreten hat *[IT-Vertragsrecht, Kapitel 6.3.12]*. Das benachteiligt den Lieferanten unangemessen: Er kann *[vgl. Kapitel 3.1.1 (1)]* und will die Mängelfreiheit von (neu erstellten!) Programmen nicht garantieren.

Der Lieferant kann sich in diesem Fall auf die für ihn günstige Auslegung berufen oder darauf hinweisen, dass die Klausel wegen groben Verstoßes gegen Treu und Glauben unwirksam ist.

Unabhängig davon muss man fragen, ob die Überwälzung der Beweislast auf den Lieferanten, die in der Garantie enthalten ist, für diesen zumutbar ist. Das ist zu bejahen *[siehe (3a)]*.

Die Klausel bewirkt außerdem, dass der Beginn der Verjährungsfrist auf den Zeitpunkt hinausgeschoben wird, zu dem der Mangel auftritt *[zur Garantie siehe IT-Vertragsrecht, Kapitel 6.3.12]*. Das ist im unternehmerischen Verkehr bedenklich: Der unternehmerische Kunde muss bei Kaufverträgen zwar später auftretende Mängel gemäß § 377 Abs. 3 HGB unverzüglich (d. h. spätestens innerhalb 14 Tagen) melden, anderenfalls verliert er seine Gewährleistungsansprüche. Die Frist, in der der Kunde Mängelhaftungsansprüche (Gewährleistungsansprüche) geltend machen kann, wird durch die Klausel in Kaufverträgen also kaum verlängert, so dass die Klausel wirksam ist.

5 Beispiel: EVB-IT Überlassung Typ A

In diesem Kapitel wird beispielhaft ein in der Praxis verwendetes Muster von AGB vorgestellt. Das ist in dieser Auflage ein Typ der Vertragsbedingungen der öffentlichen Hand, nämlich die EVB für die zeitlich unbefristete Überlassung von Standardsoftware gegen Einmalvergütung (EVB-IT Überlassung Typ A, im Folgenden: EVB-IT). Hierbei handelt es sich um die Nachfolgebedingungen der sog. BVB (Besondere Vertragsbedingungen). Zu diesen Bedingungen gibt es einen so genannten Praxisleitfaden mit Anmerkungen und Erläuterungen. Diese Anmerkungen werden im Folgenden bei einigen Klauseln dargestellt.

Bei diesen Bedingungen handelt es sich zwar um die Einkaufsbedingungen der öffentlichen Hand, sie werden allerdings in der Praxis auch von Auftragnehmerseite verwendet, und zwar nicht nur im Geschäftsverkehr mit der öffentlichen Hand. Beim Lesen der folgenden Anmerkungen ist zu beachten, dass diese grundsätzlich für den Fall gelten, dass der Auftraggeber die EVB-IT verwendet. Verwendet der Auftragnehmer sie, kann die rechtliche Bewertung anders sein. Teilweise, insbesondere bei dem für die Praxis wichtigsten Fall – der Haftungseinschränkung in Ziffer 9 – werden die Klauseln für beide Varianten erläutert. Da die rechtliche Beurteilung anders ausfallen kann, wenn der Auftragnehmer die EVB-IT zur Vertragsgrundlage machen möchte, wird dringend empfohlen, das nicht ohne vorherige rechtsanwaltliche Prüfung zu tun.

Da der BITKOM (Bundesverband Informationswirtschaft, Telekommunikation und Neue Medien e. V.) an den Verhandlungen über den Text der EVB-IT umfangreich beteiligt gewesen ist, kann man davon ausgehen, dass diese Vertragsbedingungen ein gutes Beispiel für Vertragsbedingungen bei Software-Verträgen auf gehobenem Niveau darstellen.

Ergänzende Vertragsbedingungen für die zeitlich unbefristete Überlassung von Standardsoftware gegen Einmalvergütung – EVB-IT Überlassung Typ A –

Die mit * gekennzeichneten Begriffe sind am Ende der EVB-IT Überlassung Typ A (amtlich) definiert.

Fassung vom 01. April 2002, gültig ab 01. Mai 2002

1 Gegenstand des Vertrages

Die nachstehenden Bedingungen gelten für die zeitlich unbefristete Überlassung und Nutzung von Standardsoftware* gegen Einmalvergütung.

Sie gelten nicht für zusätzliche Leistungen wie Installation*, Integration*, Parametrisierung* und Anpassung der Standardsoftware* an Bedürfnisse des Auftraggebers.

Die Regelung beschreibt lediglich die Leistungen und Leistungsausschlüsse.

2 Art und Umfang der Leistung

2.1 Der Auftragnehmer überlässt dem Auftraggeber die Standardsoftware* zu den Vereinbarungen im Vertrag.

Die Regelung verweist auf den individuellen Vertragsteil. Das ist bei den EVB-IT ein Formularsatz von insgesamt fünf Seiten, in dem die kaufmännischen Aspekte der Überlassung geregelt werden, sowie gegebenenfalls von den AGB im Einzelfall abweichende Regelungen, die dann als Individualvereinbarungen vorgehen *[vgl. Kapitel 1.5 (2)]*.

2.2 Die Dokumentation der Standardsoftware* ist in Deutsch und in ausgedruckter oder ausdruckbarer Form zu liefern, soweit nichts anderes vereinbart ist.

Die Regelung ist wirksam, weil der Auftraggeber ein berechtigtes Interesse daran hat, die Dokumentation in Deutsch und auch in zumindest ausdruckbarer Form zu bekommen *[vgl. Kapitel 3.2.2 (1.3) sowie 2.2.1 (8)]*.

2.3 Die Standardsoftware* wurde zu einem angemessenen Zeitpunkt vor Auslieferung an den Auftraggeber mit einem aktuellen Virensuchprogramm überprüft. Der Auftragnehmer erklärt, dass die Überprüfung keinen Hinweis auf Schadensfunktionen* in der Standardsoftware* ergeben hat.

Die Klausel geht in Ordnung. Sie beinhaltet keine Freizeichnung von der Mängelhaftung für den Fall, dass die Programme Viren enthalten.

2.4 Die ordnungsgemäße Datensicherung* obliegt dem Auftraggeber.

Die Regelung enthält einen wichtigen und sinnvollen Hinweis für den Auftraggeber – also von der Konzeption der EVB-IT als Einkaufsbedingungen, für den Verwender der AGB –, dass er eine ordnungsgemäße Datensicherung durchzuführen hat.

Die Bedeutung der Regelung besteht darin, dass sie im Zusammenhang mit Ziffer 9.2.2 Absatz 3 zu lesen ist. Danach haftet der Auftragnehmer nur für denjenigen Aufwand, der bei ordnungsgemäßer Datensicherung durch den Auftraggeber für die Wiederherstellung der Daten erforderlich ist. Bei leichter Fahrlässigkeit des Auftragnehmers soll diese Haftung (des Auftragnehmers) sogar nur dann eintreten, wenn der Auftraggeber unmittelbar vor der zum Datenverlust führenden Maßnahme eine ordnungsgemäße Datensicherung durchgeführt hat.

Damit stellt der Auftraggeber als Verwender der AGB den Auftragnehmer besser als nach der allgemeinen Rechtslage. Nach geltendem Recht muss der Auftragnehmer den Auftraggeber in die Datensicherung einweisen und vor Eingriffen ins System klären, ob eine aktuelle Datensicherung seitens des Auftraggebers erfolgt ist. Es ist unklar, ob die Klausel den Lieferanten von dieser Pflicht freistellt. Zur Sicherheit soll der Lieferant deshalb die genannten Pflichten nach geltendem Recht einhalten.

3 Nutzungsrechte*

3.1 Die Standardsoftware* ist urheberrechtlich geschützt.

Die Klausel ist wirksam (und überflüssig *[vgl. Kapitel 3.1.2 (4)]*).

3.2 Die Standardsoftware* wird dem Auftraggeber zur bestimmungsgemäßen Nutzung überlassen. Der Umfang der bestimmungsgemäßen Nutzung sowie Art und Umfang der Nutzungsrechte* ergeben sich aus dem Vertrag. Werden im Vertrag keine anderweitigen Nutzungsrechtsvereinbarungen getroffen, räumt der Auftragnehmer dem Auftraggeber folgende Nutzungsrechte* an der Standardsoftware* ein:

- das nicht ausschließliche Nutzungsrecht*,
- das Nutzungsrecht* in einer beliebigen Systemumgebung*,
- das übertragbare Nutzungsrecht* mit der Einschränkung der Ziffer 3.5,
- das dauerhafte und unkündbare Nutzungsrecht* mit der Einschränkung der Ziffer 4.

Die Sätze 1 und 2 wiederholen im Wesentlichen das gemäß § 69 d UrhG geltende Recht *[vgl. Kapitel 3.1.2]*.

Zur Übertragbarkeit des Nutzungsrechts gemäß dem dritten Spiegelstrich vgl. die Anmerkungen zu Ziffer 3.5 EVB-IT.

3.3 Der Auftraggeber verpflichtet sich, durch angemessene technische und organisatorische Maßnahmen dafür zu sorgen, dass die bestimmungsgemäße Nutzung der Standardsoftware* sichergestellt ist.

Die Klausel soll nach dem Praxisleitfaden zu den EVB-IT missbräuchliche Programmnutzung verhindern, damit es nicht zu Verstößen gegen urheberrechtliche Bestimmungen und gegen Schutzrechte im Einflussbereich des Auftraggebers kommt. Dagegen bestehen keine Bedenken. Der Auftragnehmer als Verwender von AGB könnte sich insoweit sogar weitergehende Rechte AGB-fest einräumen lassen *[vgl. Kapitel 3.1.5 (2) und (3)]*.

> 3.4 Der Auftraggeber ist berechtigt, von der Standardsoftware* eine Kopie zu Sicherungszwecken herzustellen. Die einer ordnungsgemäßen Datensicherung* dienenden Vervielfältigungen der Standardsoftware* sind Teil des bestimmungsgemäßen Gebrauchs.

Die Klausel hält sich im Rahmen von § 69 d Absatz 2 UrhG und ist wirksam.

> 3.5 Ist der Auftraggeber zur Übertragung der Nutzungsrechte* an einen Dritten berechtigt und macht er von diesem Recht Gebrauch, hat er seine vertraglichen Verpflichtungen dem Dritten aufzuerlegen. Mit der Übertragung erlöschen die Nutzungsrechte* des Auftraggebers. Alle vorhandenen Kopien der Standardsoftware sind zu löschen oder an den Auftragnehmer zurückzugeben.
>
> Der Auftraggeber darf jedoch eine Kopie zu Prüf- und Archivierungszwecken behalten, wenn dies im Vertrag vereinbart ist.

Die Klausel berücksichtigt in Satz 1, dass die Übertragung der Nutzungsrechte in AGB nicht pauschal, sondern nur mit Einschränkungen untersagt werden darf *[vgl. Kapitel 3.1.2 (6)]*. Sie ist wirksam.

> 3.6 Werden dem Auftraggeber Nutzungsrechte* nur für eine im Vertrag definierte Systemumgebung* eingeräumt, bedarf die Nutzung in einer anderen Systemumgebung* der Zustimmung des Auftragnehmers. Ist eine im Vertrag definierte Systemumgebung* nicht einsatzfähig, ist die Nutzung vorübergehend bis zur Störungsbehebung in einer anderen geeigneten Systemumgebung* zulässig.

Die Klausel geht in Ordnung *[vgl. Kapitel 3.1.1 (4)]*.

> 3.7 Der Auftraggeber verpflichtet sich, die Standardsoftware* nicht in eine andere Codeform zu bringen, es sei denn, dass dies nach den urheberrechtlichen Vorschriften zulässig ist.

Die Klausel berücksichtigt die gesetzlich in § 69 e UrhG vorgesehenen Ausnahmen vom Dekompilierungsverbot und ist wirksam *[vgl. Kapitel 3.1.5 (5)]*.

> 3.8 Der Auftragnehmer teilt dem Auftraggeber in der Standardsoftware* enthaltene Kopier- und Nutzungssperren mit, soweit sie ihm bekannt sind.

Die Regelung ist überflüssig, wenn der Auftraggeber die EVB-IT verwendet, weil der Auftragnehmer ohnehin verpflichtet ist, dem Auftraggeber Kopier- und Nutzungssperren mitzuteilen *[vgl. Kapitel 3.1.5 (2)]*. Dementsprechend ist die Regelung notwendig, wenn der Auftragnehmer die EVB-IT verwendet.

4 Außerordentliche Kündigung der Nutzungsrechte*

4.1 Verletzt der Auftraggeber schwerwiegend die vereinbarten Nutzungsrechte* oder Schutzrechte* des Rechtsinhabers, kann der Auftragnehmer die Nutzungsrechte* an der betroffenen Standardsoftware außerordentlich kündigen. Dies setzt eine erfolglose Abmahnung mit angemessener Fristsetzung durch den Auftragnehmer voraus.

Die Regelung geht in Ordnung *[vgl. Kapitel 3.1.5 (3)]*.

4.2 Unterliegt die Standardsoftware* Exportkontrollvorschriften des Bureau of Export Administration, US Departement of Commerce, weist der Auftragnehmer den Auftraggeber im Vertrag darauf hin. Verstößt der Auftraggeber gegen solche Exportkontrollvorschriften, kann der Auftragnehmer die Nutzungsrechte* an der betroffenen Standardsoftware außerordentlich kündigen.

Bei dieser Klausel geht es wie bei der in Ziffer 4.1 darum, dass häufig Programme von Vorlieferanten durch US-amerikanische Vertragsbedingungen vom Softwarehaus als Generalunternehmer als Teile der Lösung eingebracht werden. Die US-amerikanischen Vertragsbedingungen sehen häufig Kündigungsrechte für die in der Klausel genannten Fälle vor. Die Regelungen in den Ziffern 4.1 und 4.2 sollen nach den Anmerkungen im Praxisleitfaden zu den EVB-IT dazu beitragen, dass der Auftragnehmer sich auf die ausschließliche Anwendung der EVB-IT (unter Verzicht auf die Vertragsbedingungen der Hersteller der Software) einlassen kann. Die Regelung geht in Ordnung.

4.3 Im Falle der Kündigung ist der Auftraggeber verpflichtet, das Original der von der Kündigung betroffenen Standardsoftware* einschließlich der Dokumentation und alle Kopien zu löschen oder an den Auftragnehmer zurückzugeben. Auf Verlangen des Auftragnehmers gibt der Auftraggeber über die Löschung eine Erklärung ab. Der Auftraggeber ist berechtigt, eine Kopie der Standardsoftware* zu Prüf- und Archivierungszwecken zu behalten, wenn im Vertrag eine entsprechende Vereinbarung getroffen wurde.

Die Regelung berücksichtigt in Satz 3, dass der Auftraggeber eine Sicherungskopie zu Prüf- und Archivierungszwecken behalten darf und ist deshalb wirksam *[vgl. Kapitel 3.1.2 (9)]*.

4.4 Die sonstigen gesetzlichen Regelungen bleiben unberührt.

Die Regelung beinhaltet nur einen (überflüssigen) Hinweis.

5 Vergütung

Der im Vertrag vereinbarte Gesamtpreis ist die Vergütung für alle vertraglichen Leistungen, soweit nichts anderes vereinbart ist. Die Vergütung wird unverzüglich fällig, nachdem geliefert oder geleistet wurde und dem Auftraggeber eine prüffähige Rechnung zugegangen ist. Bei vereinbarten Teilleistungen gilt diese Regelung entsprechend.

Die Regelung enthält in Satz 1 die für Auftraggeber wichtige so genannte Preisabdeckungsklausel. Für Auftragnehmer bedeutet das, dass sie gesondert zu vergütende Leistungen innerhalb der vereinbarten Leistungen, also im Wesentlichen solche, die nicht durch einen Festpreis abgedeckt sein sollen, gesondert ausweisen müssen. Satz 2 erfordert eine „prüffähige Rechnung" als Voraussetzung für die Fälligkeit der Ansprüche des Auftragnehmers, Satz 3 erstreckt das auf Teilleistungen, falls solche vereinbart sind.

Eine Rechnung ist prüffähig, wenn der Auftraggeber selbst anhand der eingereichten Unterlage ohne Schwierigkeiten feststellen kann, ob der gegen ihn gerichtete Zahlungsanspruch berechtigt ist (allerdings dürfen die Anforderungen an die Nachprüfbarkeit der Rechnung nicht überspannt werden). Die Klausel ist sinnvoll und wirksam.

6 Verzug

> 6.1 Im Verzugsfall kann der Auftraggeber dem Auftragnehmer eine angemessene Frist zur Leistung setzen. Nach Ablauf dieser Frist kann der Auftraggeber vom Vertrag ganz oder teilweise zurücktreten und Schadensersatz statt der Leistung* verlangen.
>
> Der Auftraggeber ist verpflichtet, auf Verlangen des Auftragnehmers zu erklären, ob er wegen der Verzögerung der Leistung vom Vertrag zurücktritt oder auf der Leistung besteht. Diese Anfrage ist während der Frist gemäß Ziffer 6.1 Satz 1 und mit angemessener Frist vor deren Ablauf zu stellen. Bis zum Zugang der Antwort beim Auftragnehmer bleibt dieser zur Leistung berechtigt.
>
> Die Ziffern 6.2 und 6.3 bleiben hiervon unberührt.

Die Regelung wiederholt in Absatz 1 Satz 1 die gesetzliche Regelung. In Satz 2 weicht sie zugunsten des Auftragnehmers von der gesetzlichen Regelung ab: Im Gesetz ist nach der Schuldrechtsreform eine Lücke für den Fall geblieben, dass der Auftraggeber nicht erklärt, ob er nach Ablauf der Frist Mängelhaftungsansprüche geltend macht oder noch auf der Leistung besteht. Absatz 2 Satz 1 räumt dem Auftragnehmer das Recht ein, diese Erklärung zu verlangen.

> 6.2 Verlangt der Auftraggeber Schadensersatz statt der Leistung*, ist die Zahlungspflicht des Auftragnehmers begrenzt auf 8 % des Gesamtpreises gemäß Vertrag. Ansprüche des Auftraggebers auf Ersatz von entgangenem Gewinn sind ausgeschlossen. Vom Auftragnehmer wegen Verzuges bereits geleistete pauschalierte Schadensersatzbeträge gemäß Ziffer 6.3 werden angerechnet.

Die Regelung beschränkt die Schadensersatzpflichten des Auftragnehmers für den Fall des Verzugs bei leichter Fahrlässigkeit auf insgesamt 8 % des Gesamtpreises gemäß dem Vertrag (gemäß Ziffer 6.4 gilt die Haftungsbeschränkung des Ziffer 6.2 nicht bei Vorsatz oder grober Fahrlässigkeit).

Nach dem Praxisleitfaden zu den EVB-IT seien Haftungsbegrenzungen im Verzugsfall im IT-Bereich branchenüblich. Deshalb haben die EVB-IT – auch im Interesse breiter Akzeptanz dieser Geschäftsbedingungen bei den Auftragnehmern – diese Bestimmung der

VOL/B (vgl. Verdingungsordnung für Leistungen ausgenommen Bauleistungen) aufgegriffen. Richtig ist, dass es branchenüblich ist, die Haftung des Auftragnehmers bei Verzug, wie auch für alle anderen Anspruchsgrundlagen, zu beschränken, soweit das gesetzlich zulässig ist.

In AGB ist dabei der Maßstab „kein grober Verstoß gegen Treu und Glauben" zu beachten. Wendet man diesen Maßstab auf die in Ziffer 6.2 enthaltene Haftungsbeschränkung an, wäre die Klausel, wenn der *Auftragnehmer* Verwender der EVB-IT wäre, unwirksam, weil sie den Auftraggeber unangemessen benachteiligen würde *[vgl. Kapitel 2.3.5 (1)]*.

Dementsprechend ist die Klausel wirksam, wenn der Auftraggeber die EVB-IT verwendet, weil sie eine drastische Besserstellung des Auftragnehmers gegenüber der gesetzlichen Regelung vorsieht (die gesetzliche Regelung sieht überhaupt keine Haftungsbeschränkung vor). Das gilt auch für die Regelung in Satz 2 darüber, dass der Ersatz entgangenen Gewinns ausgeschlossen ist.

> 6.3 Kommt der Auftragnehmer mit der Einhaltung eines im Vertrag vereinbarten Überlassungstermins um mehr als sieben Kalendertage in Verzug, kann der Auftraggeber für jeden weiteren Verzugstag* pauschalierten Schadensersatz wegen Verzögerung der Leistung verlangen. Dieser beträgt pro Kalendertag 0,4 % des Einzelpreises der Leistung, mit der sich der Auftragnehmer in Verzug befindet, maximal 8 % dieses Preises. Der pauschalierte Schadensersatz ist insgesamt begrenzt auf 8 % des Gesamtpreises gemäß Vertrag.
>
> Es bleibt dem Auftragnehmer unbenommen nachzuweisen, dass kein oder ein geringerer Schaden entstanden ist.

Die Regelung enthält einen Anspruch auf pauschalierten Schadensersatz zugunsten des Auftraggebers für den Fall des Verzugs des Auftragnehmers. Bei pauschaliertem Schadensersatz ist die Regelung hier in Absatz 2 darüber, dass es dem Auftragnehmer unbenommen bleibt nachzuweisen, dass kein oder ein geringerer Schaden entstanden ist, für die Wirksamkeit der AGB-Klausel zwingend notwendig *[vgl. Kapitel 2.3.2 (2b)]*.

Die Auftragnehmerseite verwendet häufig Regelungen in ihren Vertragsbedingungen, nach denen sie, unabhängig von der Höhe des tatsächlich beim Auftraggeber entstandenen Schadens, eine Verzugsvertragsstrafe (Pönale) bei Überschreiten vereinbarter Termine zahlt. Die Regelung hier beinhaltet demgegenüber nur die Verpflichtung zur Zahlung pauschalierten Schadensersatzes, also weniger als die Verpflichtung zur Zahlung einer Vertragsstrafe. Die Regelung belastet den Auftragnehmer damit weniger als die Vertragsstrafe, die die Auftragnehmerseite häufig freiwillig dem Auftraggeber einräumt. Die Regelung ist mithin wirksam. Bemerkenswert ist, dass das gemäß Ziffer 9.1 eine abschließende Regelung des Schadensersatzes für den Auftraggeber ist.

> 6.4 Die Haftungsbeschränkungen gelten nicht bei Vorsatz oder grober Fahrlässigkeit sowie nicht bei der Verletzung des Lebens, des Körpers oder der Gesundheit.

Die Regelung ist wirksam, weil das Gesetz überhaupt keine Haftungsbeschränkung vorsieht *[vgl. Kapitel 2.3.5 (1)]*.

7 Gewährleistung

7.1 Der Auftragnehmer verschafft dem Auftraggeber die Standardsoftware* frei von Sachmängeln*. Ein unerheblicher Sachmangel* ist unbeachtlich.

Satz 2 beinhaltet die bis zur Schuldrechtsreform geltende Regelung in § 459 BGB Satz 2, dass eine unerhebliche Minderung des Werts oder der Tauglichkeit für die Frage, ob ein Sachmangel vorliegt, nicht in Betracht kommt. Nach der Schuldrechtsreform gilt das nicht mehr so eindeutig. Die Regelung ist wirksam.

7.2 In Nummer 4 des Vertrages können besondere Vereinbarungen hinsichtlich der Eigenschaften der Leistung getroffen werden.

Solche Vereinbarungen stellen keine Beschaffenheits- oder Haltbarkeitsgarantien im Sinne des § 443 BGB dar.

Die Regelung stellt zugunsten des Auftragnehmers klar, dass Eigenschaften, wenn sie ausdrücklich im individuellen Vertragsteil vereinbart werden, keine Beschaffenheits- oder Haltbarkeitsgarantien im Sinne des § 443 BGB darstellen. Damit wird bewirkt, dass keine über die gesetzliche Mängelhaftung hinausgehende Garantiehaftung durch das Vereinbaren von Eigenschaften der Leistung begründet wird. Die Regelung ist wirksam. Individualabreden über Garantien sind allerdings möglich und gelten dann vorrangig *[vgl. Kapitel 1.5 (2)]*.

7.3 Die Gewährleistungsansprüche des Auftraggebers erstrecken sich nicht auf die Standardsoftware*, die der Auftraggeber ändert oder die er nicht in der im Vertrag vereinbarten Systemumgebung* einsetzt, es sei denn, der Auftraggeber weist nach, dass diese Nutzung für den gemeldeten Mangel nicht ursächlich ist.

Die Regelung ist wirksam, und zwar auch wenn die Auftragnehmerseite die EVB-IT verwendet, weil sie die für diesen Fall erforderliche Einschränkung enthält („es sei denn...", *[vgl. Kapitel 2.3.4 (4)]*).

7.4 Voraussetzung für Gewährleistungsansprüche ist die Reproduzierbarkeit oder Feststellbarkeit der Mängel.

Die Regelung ist wirksam. Wenn die Auftragnehmerseite allerdings die EVB-IT verwendet, ist fraglich, ob Feststellbarkeit für die Wirksamkeit der Klausel genügt. Zur Sicherheit sollte der Lieferant ergänzen, dass Ausgaben von Fehlerbildern ausreichen *[vgl. Kapitel 2.3.4 (10)]*.

7.5 Der Auftraggeber hat Mängel unverzüglich unter Angabe der ihm bekannten und für deren Erkennung zweckdienlichen Informationen auf einem Formular entsprechend Muster 1 – Störungsmeldeformular – zu melden, soweit keine andere Form der Störungsmeldung vereinbart ist. Er hat im Rahmen des Zumutbaren die Maßnahmen zu treffen, die eine Feststellung der Mängel und ihrer Ursachen erleichtern.

Die Regelung geht in Ordnung *[vgl. Kapitel 2.3.4 (6)]*.

7.6 Die Gewährleistungsfrist* beträgt 12 Monate ab Überlassung, sofern nichts anderes vereinbart ist. Die Gewährleistungsfrist* für Mängel an Nacherfüllungsleistungen endet ebenfalls mit Ablauf der Gewährleistungsfrist*.

Meldet der Auftraggeber vor Ablauf der Gewährleistungsfrist* einen Mangel nach dem Verfahren gemäß Ziffer 7.5, wird die Frist des gemeldeten Mangels gehemmt, wenn der Auftragnehmer im Einverständnis mit dem Auftraggeber das Vorhandensein des Mangels prüft oder nacherfüllt. Die Gewährleistungsfrist* ist so lange gehemmt, bis der Auftragnehmer das Ergebnis seiner Prüfung dem Auftraggeber mitteilt, die Nacherfüllung für beendet erklärt oder die Fortsetzung der Nacherfüllung verweigert.

Die Regelung weicht in Absatz 1 mit der Verkürzung der Verjährungsfrist für Ansprüche wegen Mängeln (Gewährleistungsfrist) auf 12 Monate gegenüber der gesetzlichen Gewährleistungsfrist von 24 Monaten zugunsten des Auftragnehmers von der gesetzlichen Regelung ab und ist wirksam *[vgl. Kapitel 2.3.4 (1)]*.

Die Regelung in Absatz 2 geht in Ordnung, weil sie sich ausdrücklich nur auf den bestimmten gemeldeten Mangel bezieht *[vgl. Kapitel 4.3.2 (2)]*.

7.7 Ist die Verpflichtung des Auftragnehmers zur Mängelbehebung vertraglich nicht ausgeschlossen, kann der Auftragnehmer den Mangel nach seiner Wahl durch unverzügliche Beseitigung, Umgehung oder Neulieferung beheben. Zur Mängelbehebung gehört auch die Lieferung einer ausgedruckten oder ausdruckbaren Korrekturanweisung für die Dokumentation, soweit dies erforderlich ist.

Der Gewährleistung unterliegt die jeweils letzte, vom Auftraggeber übernommene Fassung der Standardsoftware*. Eine neue Fassung ist vom Auftraggeber zu übernehmen, wenn sie der Vermeidung oder Beseitigung von Mängeln dient. Zur Übernahme einer neuen Fassung ist der Auftraggeber nicht verpflichtet, wenn ihm dies nicht zuzumuten ist, weil die neue Fassung wesentlich von den im Vertrag vereinbarten Festlegungen abweicht. Übernimmt der Auftraggeber eine neue Fassung aus diesem Grunde nicht, bleiben anstelle der Nacherfüllung seine übrigen Rechte aus Ziffer 7.7 Absatz 3 unberührt.

Schließt der Auftragnehmer die Mängelbehebung nicht innerhalb angemessener Frist erfolgreich ab, kann ihm der Auftraggeber eine Nachfrist setzen. Nach Ablauf der Nachfrist kann der Auftraggeber eine angemessene Herabsetzung der Vergütung oder Rücktritt vom Vertrag und – bei Vorliegen der gesetzlichen Voraussetzungen – neben dem Rücktritt auch Schadensersatz verlangen. Dieser Schadensersatzanspruch ist begrenzt auf 8 % des Wertes der vom Mangel betroffenen Leistung, für sämtliche Schadensersatzansprüche aufgrund von Mängeln jedoch auf höchstens 8 % des Gesamtpreises gemäß Vertrag.

Die Regelung enthält in Absatz 1 Satz 1 die Klarstellung zugunsten des Auftragnehmers, dass er „nach seiner Wahl“ die Nacherfüllung erbringen kann und beinhaltet damit eine Besserstellung gegenüber der gesetzlichen Regelung, die dieses Wahlrecht nicht vorsieht *[vgl. Kapitel 2.3.4 (3)]*. Die Regelung in Absatz 1 Satz 2 geht in Ordnung, weil sie ausdrücklich nur eine „Korrekturanweisung“, also keine korrigierte Dokumentation selbst, vorsieht und das nur unter dem Vorbehalt, dass diese Anweisung überhaupt „erforderlich“ ist.

Die Regelung in Absatz 2 geht in Ordnung *[vgl. Kapitel 3.1.1 (8)]*.

Absatz 3 enthält die gleiche Haftungsbeschränkung für Schadensersatzansprüche wie bei Verzug *[vgl. die Anmerkungen zu Ziffer 6.2]*: Schadensersatzansprüche aufgrund von Mängeln sind auf höchstens 8 % des Gesamtpreises gemäß dem Vertrag beschränkt. Die Regelung ist aus den zu Ziffer 6.2 genannten Gründen wirksam, weil sie eine Besserstellung des Auftragnehmers gegenüber der gesetzlichen Regelung enthält. Auch hier gilt gemäß Ziffer 9.1, dass das die abschließende Regelung des Schadensersatzes für den Auftraggeber darstellt (!). – Wenn die Auftragnehmerseite die EVB-IT verwendet, ist die Regelung unwirksam *[vgl. Kapitel 2.3.5 (1)]*.

7.8 Ist die Verpflichtung des Auftragnehmers zur Mängelbehebung vertraglich ausgeschlossen, bleiben die übrigen Rechte aus Ziffer 7.7 Absatz 3 unberührt.

Die Regelung bezieht sich darauf, dass im individuellen Vertragsteil für Programme von Vorlieferanten die Verpflichtung zur Mängelbehebung ausgeschlossen ist. Dann sollen dem Auftraggeber wenigstens die Schadensersatzansprüche gemäß Ziffer 7.7 Absatz 3 zustehen (allerdings in den dort genannten Grenzen). Die Regelung ist wirksam.

7.9 Bei Überlassung einer neuen Fassung der Standardsoftware* ist die jeweils ausgetauschte Fassung zu vernichten oder auf Verlangen an den Auftragnehmer herauszugeben.

Nach dem Praxisleitfaden zu den EVB-IT soll durch die Regelung sichergestellt werden, dass der Auftraggeber nicht über mehr Vervielfältigungsstücke der Software verfügt als vertraglich in den Nutzungsrechtsvereinbarungen festgelegt ist. Die Regelung ist wirksam.

7.10 Die Haftungsbeschränkungen in Ziffer 7.7 Absatz 3 gelten nicht für Ansprüche aus Ziffer 7.2, bei arglistigem Verschweigen eines Mangels, bei Vorsatz, grober Fahrlässigkeit und bei der Verletzung des Lebens, des Körpers oder der Gesundheit. Ansprüche des Auftraggebers auf Ersatz entgangenen Gewinns sind ausgeschlossen.

Die Regelung geht in Ordnung *[vgl. Anmerkung zu Ziffer 6.4]*. – Bemerkenswert ist, dass selbst bei vereinbarter Garantiehaftung, Vorsatz, grober Fahrlässigkeit und Körperschäden Ansprüche des Auftraggebers auf Ersatz entgangenen Gewinns ausgeschlossen werden. Dafür kann man sich als Auftragnehmer nur freundlich bedanken. (Allerdings verstößt die Haftungsbeschränkung bei Vorsatz gegen zwingendes Recht (§ 276 Absatz 3 BGB) – die Klausel ist deshalb teil-unwirksam *[vgl. Kapitel 1.5 (4)]*).

8 Schutzrechtsverletzung

8.1 Macht ein Dritter gegenüber dem Auftraggeber Ansprüche wegen der Verletzung von Schutzrechten* durch die vom Auftragnehmer gelieferte Standardsoftware* gegenüber dem Auftraggeber geltend und wird die Nutzung der Standardsoftware* hierdurch beeinträchtigt oder untersagt, haftet der Auftragnehmer wie folgt:

Der Auftragnehmer wird nach seiner Wahl und auf seine Kosten entweder die Standardsoftware* so ändern oder ersetzen, dass sie das Schutzrecht* nicht verletzt, aber im Wesentlichen doch den vereinbarten Funktions- und Leistungsmerkmalen in für den Auftraggeber zumutbarer Weise entspricht, oder den Auftraggeber von Lizenzgebühren für die Nutzung der Standardsoftware* gegenüber dem Schutzrechtsinhaber oder Dritten freistellen.

Gelingt dies dem Auftragnehmer zu angemessenen Bedingungen nicht, wird er dies dem Auftraggeber mitteilen und ihm die Nutzung ab einem bestimmten Zeitpunkt untersagen. Der Auftraggeber ist nach Wahl des Auftragnehmers verpflichtet, die Standardsoftware* einschließlich der Dokumentation und aller Kopien entweder zu löschen oder an den Auftragnehmer zurückzugeben.

Der Auftragnehmer hat die vom Auftraggeber entrichtete Vergütung abzüglich eines die Zeit der Nutzung der Standardsoftware* berücksichtigenden Betrages zurückzuerstatten.

Die Regelung weicht zugunsten des Auftragnehmers von der gesetzlichen Regelung ab, die Rechtsmängel nach der Schuldrechtsreform wie Sachmängel behandelt und damit bei endgültigem Fehlschlagen der Mängelbeseitigung Schadensersatzansprüche zugunsten des Auftraggebers vorsieht *[vgl. Kapitel 3.1.1 (11)]*. Die Regelung ist wirksam.

8.2 Voraussetzungen für die Haftung des Auftragnehmers nach Ziffer 8.1 sind, dass der Auftraggeber den Auftragnehmer von Ansprüchen Dritter unverzüglich verständigt, die behauptete Schutzrechtsverletzung nicht anerkennt und jegliche Auseinandersetzung, einschließlich etwaiger außergerichtlicher Regelungen, entweder dem Auftragnehmer überlässt oder nur im Einvernehmen mit dem Auftragnehmer führt. Die dem Auftraggeber durch die Rechtsverteidigung entstandenen, notwendigen Gerichts- und Anwaltskosten gehen zu Lasten des Auftragnehmers.

Stellt der Auftraggeber die Nutzung der Standardsoftware* aus Schadensminderungs- oder sonstigen wichtigen Gründen ein, ist er verpflichtet, den Dritten darauf hinzuweisen, dass mit der Nutzungseinstellung ein Anerkenntnis der behaupteten Schutzrechtsverletzung nicht verbunden ist.

Die Regelung geht in Ordnung *[vgl. Kapitel 3.1.1 (11)]*.

8.3 Soweit der Auftraggeber die Schutzrechtsverletzung selbst zu vertreten hat, sind Ansprüche gegen den Auftragnehmer ausgeschlossen.

Die Regelung geht in Ordnung.

8.4 Weitergehende Ansprüche des Auftraggebers wegen einer Verletzung von Schutzrechten* Dritter sind ausgeschlossen. Dieser Ausschluss gilt nicht bei Vorsatz, grober Fahrlässigkeit und bei der Verletzung des Lebens, des Körpers oder der Gesundheit.

Die Regelung ist wirksam *[vgl. die Anmerkungen zu Ziffer 6.4]*. Satz 1 wird in Ziffer 9.1 wiederholt.

9 Sonstige Haftung

9.1 Die Haftung ist abschließend für Verzug in Ziffer 6, für Gewährleistung in Ziffer 7 und für Schutzrechtsverletzungen in Ziffer 8 geregelt.

9.2 Im Übrigen haften Auftraggeber und Auftragnehmer einander für von ihnen zu vertretende Schäden wie folgt:

9.2.1 für Sachschäden bis zu 500 000 Euro je Schadensereignis, insgesamt jedoch höchstens bis zu 1,0 Million Euro pro Vertrag;

9.2.2 für Vermögensschäden höchstens bis zu 10 % des Gesamtpreises des Vertrages. Die Haftung für Vermögensschäden ist insgesamt auf 500 000 Euro je Vertrag begrenzt.

Ansprüche aus entgangenem Gewinn sind ausgeschlossen.

Bei Verlust von Daten haftet der Auftragnehmer nur für denjenigen Aufwand, der bei ordnungsgemäßer Datensicherung* durch den Auftraggeber für die Wiederherstellung der Daten erforderlich ist. Bei leichter Fahrlässigkeit des Auftragnehmers tritt diese Haftung nur ein, wenn der Auftraggeber unmittelbar vor der zum Datenverlust* führenden Maßnahme eine ordnungsgemäße Datensicherung* durchgeführt hat.

9.3 Die Haftungsbeschränkungen gemäß Ziffer 9.2.1 und 9.2.2 Absatz 1 gelten nicht für Ansprüche aus Ziffer 7.2, bei Vorsatz, grober Fahrlässigkeit, bei der Verletzung des Lebens, des Körpers, der Gesundheit oder soweit das Produkthaftungsgesetz zur Anwendung kommt.

Die Regelung in Ziffer 9.1 stellt zunächst klar, dass die Haftung für Verzug, Gewährleistung und Schutzrechtsverletzungen in den zuvor kommentierten Paragraphen mit der Haftungsbeschränkung auf 8 % des Gesamtpreises abschließend geregelt ist. Damit sind die für die Praxis wichtigsten Haftungsfälle abgedeckt, d. h. die Bedeutung der verbleibenden Anspruchsgrundlagen, für die die hier geregelte höhere Haftungsbeschränkung gilt, ist relativ gering.

Die Regelung in Ziffer 9.2 sieht sodann für die „übrigen“ Anspruchsgrundlagen für beide Seiten, also für Auftraggeber und Auftragnehmer, Haftungsbeschränkungen vor. Diese Beschränkungen sind als Besserstellung des Auftragnehmers zugunsten der gesetzlichen Regelung wirksam. Bemerkenswert ist die für Auftragnehmer äußerst günstige Regelung der Beschränkung der Vermögensschäden auf höchstens 10 % des Gesamtpreises des Vertrags (auch diese Beschränkung dürfte unwirksam sein, wenn die EVB-IT vom Auftragnehmer verwendet werden *[vgl. Kapitel 2.3.5 (1)]*).

Die Regelung in Ziffer 9.3 enthält zum Teil gesetzlich vorgeschriebene und damit zwingend notwendige Ausnahmen, wann die Haftungsbeschränkung nicht gelten soll, nämlich bei Vorsatz, bei Verletzung des Lebens, des Körpers, der Gesundheit oder soweit das Produkthaftungsgesetz zur Anwendung kommt *[vgl. Kapitel 2.3.5 (1)]*. In Bezug auf die Ausnahme von den Haftungsbeschränkungen bei grober Fahrlässigkeit entspricht die Regelung der gesetzlichen Regelung, die keinerlei Ausnahmen von der Haftungsbeschränkung vorsieht.

10 Verjährung

Ansprüche nach den Ziffern 6, 8 und 9 verjähren in 3 Jahren ab Kenntnis, spätestens jedoch in 8 Jahren nach Überlassung.

Die Regelung enthält eine Verlängerung der gesetzlichen Verjährungsfrist und ist wirksam *[vgl. Kapitel 4.3.2 (1)]*.

Für den für die Praxis wichtigsten Fall der Verjährungsfristen, nämlich die Verjährungsfrist für Ansprüche wegen Mängeln („Gewährleistungsfrist"), wird die Verjährungsfrist in Ziffer 7.6 allerdings gegenüber der gesetzlichen Verjährungsfrist – zugunsten des Auftragnehmers – verkürzt.

11 Datenschutz, Geheimhaltung und Sicherheit

11.1 Der Auftraggeber sorgt dafür, dass dem Auftragnehmer alle relevanten, über die gesetzlichen Regelungen hinausgehenden Sachverhalte, deren Kenntnis für ihn aus Gründen des Datenschutzes und der Geheimhaltung erforderlich ist, bekannt gegeben werden.

11.2 Vor Übergabe eines Datenträgers an den Auftragnehmer stellt der Auftraggeber die Löschung schutzwürdiger Inhalte sicher, soweit nichts anderes vereinbart ist.

11.3 Der Auftragnehmer sorgt dafür, dass alle Personen, die von ihm mit der Bearbeitung oder Erfüllung des Vertrages betraut sind, die gesetzlichen Bestimmungen über den Datenschutz beachten. Die nach Datenschutzrecht erforderliche Verpflichtung auf das Datengeheimnis ist spätestens vor der erstmaligen Aufnahme der Tätigkeit vorzunehmen und dem Auftraggeber auf Verlangen nachzuweisen.

11.4 Der Auftraggeber kann ganz oder teilweise vom Vertrag zurücktreten, wenn der Auftragnehmer seinen Pflichten gemäß Ziffer 11.3 unter Berücksichtigung der Sachverhalte gemäß Ziffer 11.1 schuldhaft innerhalb einer gesetzten angemessenen Frist nicht nachkommt oder Datenschutzvorschriften vorsätzlich oder grob fahrlässig verletzt.

11.5 Auftraggeber und Auftragnehmer sind verpflichtet, alle im Rahmen des Vertragsverhältnisses erlangten vertraulichen Informationen, Geschäfts- und Betriebsgeheimnisse vertraulich zu behandeln, insbesondere nicht an Dritte weiterzugeben oder anders als zu vertraglichen Zwecken zu verwerten. Dies gilt auch für den Erfahrungsaustausch innerhalb der öffentlichen Hand.

Die Regelungen zum Datenschutz, zur Geheimhaltung und Sicherheit gehen insgesamt in Ordnung *[vgl. Kapitel 4.2.7]*.

12 Schriftform

Der Vertrag und seine Änderungen sowie alle vertragsrelevanten Erklärungen, Mitteilungs- und Dokumentationspflichten bedürfen der Schriftform*, soweit nicht eine andere zusätzliche Form vereinbart ist.

Die Regelung ist wirksam. Sie schließt mündliche Vereinbarungen nicht aus *[vgl. Kapitel 2.1.3 (3)]*.

13 Anwendbares Recht

Es gilt das Recht der Bundesrepublik Deutschland unter Ausschluss des Übereinkommens der Vereinten Nationen über Verträge über den internationalen Warenkauf (CISG*).

Die Regelung ist wirksam *[vgl. Kapitel 2.4.1]*.

14 Salvatorische Klausel

Sollten einzelne Bestimmungen des Vertrages unwirksam sein, wird hierdurch die Wirksamkeit der übrigen Bestimmungen nicht berührt. Die Vertragspartner werden zusammenwirken, um unwirksame Regelungen durch solche Regelungen zu ersetzen, die den unwirksamen Bestimmungen soweit wie möglich entsprechen.

Die Regelung in Satz 1 entspricht dem Gesetz (§ 306 Abs. 1 BGB).

Die Regelung in Satz 2 ist unwirksam. Was bei Unwirksamkeit einer Klausel gilt, ist in Kapitel 2.4.4 (2) dargestellt.

Begriffsbestimmungen

CISG
Übereinkommen der Vereinten Nationen über Verträge über den internationalen Wa-renkauf (United Nations Convention on Contracts for the International Sales of Goods).

Datensicherung
Ordnungsgemäße Datensicherung umfasst alle technischen und/oder organisatorischen Maßnahmen zur Sicherstellung der Verfügbarkeit, Integrität und Konsistenz der Systeme einschließlich der auf diesen Systemen gespeicherten und für Verarbeitungszwecke genutzten Daten, Programme und Prozeduren. Ordnungsgemäße Datensicherung bedeutet, dass die getroffenen Maßnahmen in Abhängigkeit von der Datensensitivität eine sofortige oder kurzfristige Wiederherstellung des Zustandes von Systemen, Daten, Programmen oder Prozeduren nach erkannter Beeinträchtigung der Verfügbarkeit, Integrität oder Konsistenz aufgrund eines schadenswirkenden Ereignisses ermöglichen; die Maßnahmen umfassen dabei mindestens die Herstellung und Erprobung der Rekonstruktionsfähigkeit von Kopien der Software, Daten und Prozeduren in definierten Zyklen und Generationen.

Datenverlust
Verlust (Löschung) oder Verlust der Integrität und Konsistenz von Daten.

Gewährleistungsfrist
Hierunter ist die Verjährungsfrist im Sinne der gesetzlichen Bestimmungen zu verstehen.

Nutzungsrechte
Rechte, die der Lizenzgeber dem Lizenznehmer einräumt.

Parametrisierung
Die individuelle Anpassung von Software, zumeist Standardsoftware, an die Nutzererfordernisse durch Einstellung der Attribute innerhalb der Software.

Schadensfunktion
Vom Anwender ungewünschte Funktion, die die Verfügbarkeit von Daten, Ressourcen oder Dienstleistungen, die Vertraulichkeit von Daten oder die Integrität von Daten unbeabsichtigt oder bewusst gesteuert gefährden kann.

Sachmangel
Definition „Sachmangel“ in § 434 BGB.

Schadensersatz statt der Leistung
Anstelle des Schadensersatzes statt der Leistung kann gemäß § 284 BGB Ersatz der Aufwendungen verlangt werden.

Schriftform
Gemäß BGB §§ 126, 126a, 126b, 127 sowie einfache elektronische Form.

Schutzrechte
Gewerbliche Schutzrechte oder Urheberrechte.

Softwareinstallation (Installation)
Herbeiführen der Ablauffähigkeit von Software auf einer bestimmten Hardware nach einem vereinbarten Verfahren.

Softwareintegration (Integration)
Die Kopplung von verschiedenen Softwaresystemen (Standardsoftware oder Individualsoftware) zu einem Gesamtsystem, indem zwischen den vorher getrennten Softwaresystemen Daten und Informationen aktiv, prozessorientiert und automatisiert ausgetauscht werden.

Standardsoftware
Software (Programme, Programm-Module, Tools etc.), die für die Bedürfnisse einer Mehrzahl von Kunden am Markt und nicht speziell vom Auftragnehmer für den Auftraggeber entwickelt wurde, einschließlich der zugehörigen Dokumentation.

Systemumgebung
Technische und administrative Einsatzumgebung eines im Vertrag bezeichneten IT-Systems, für die der Auftragnehmer die Standardsoftware freigegeben hat.

Verzugstag
Jeder begonnene Kalendertag, mit dem sich der Auftragnehmer nach Fristüberschreitung in Verzug befindet.

Literaturverzeichnis

1. Bücher

Zahrnt, Christoph: Vertragsrecht für IT-Fachleute
Hüthig Verlag 2002, 5. Auflage

Zahrnt, Christoph: Computervertragsrecht in Rechtsprechung und Praxis
Verlag Dr. Otto Schmidt (Loseblatt)

2. Gesetzestexte

Beck'sche Textausgabe **BGB, Bürgerliches Gesetzbuch,** Verlag C.H. Beck (gebunden) oder
BGB, Bürgerliches Gesetzbuch, Beck-Texte im dtv Nr. 5001 (ISBN 3-423-05001-2)

Beck'sche Textausgabe, **Handelsgesetzbuch,** Verlag C.H. Beck (gebunden) oder
Handelsgesetzbuch, Beck-Texte in dtv Nr. 5002 (ISBN 3-423-05002-0)

Urheber- und Verlagsrecht, Beck-Texte im dtv Nr. 5538 (ISBN 3-423-05538-3)

Sachregister

Stichworte zu AGB-Klauseln beziehen sich auf Lieferbedingungen, weil diese den weit überwiegenden Teil des Buchs ausmachen. Klauseln zu Einkaufsbedingungen finden sich unter dem Stichwort „Einkaufsbedingungen“ (und nur zum Teil in den anderen Einträgen).

Beispiel: Ansprüche des Anwenders bei Verzug des Lieferanten werden in Lieferbedingungen und Einkaufsbedingungen behandelt. Die Regelungen der Lieferanten finden sich unter „Verzug des Lieferanten“; die der Anwender unter „Einkaufsbedingungen – Verzug des Lieferanten“.

Es werden folgende Abkürzungen verwendet:

HW Hardware
IT-A IT-Anlage
PE-V Programmerstellungsvertrag
SW Software
SW-P Software-Produkt(e)
Ü Überlassung

KOMMUNIKATION
RECHT

Christoph Zahrnt

Vertragsrecht für IT-Fachleute

5., völlig neu bearbeitete Auflage 2002.
XIII, 425 Seiten. Kartoniert.
€ 49,– sFr 80,–
ISBN 3-7785-3956-6

IT-Fachleute, die mit dem Abschluss oder mit der Durchführung von Verträgen zu tun haben, sollten wissen, womit sie umgehen. Das gilt für die Fragen, was jeder Vertragspartner bei den einzelnen Vertragstypen schuldet und wofür er haftet, ebenso wie für den Rechtsschutz an Programmen.

Das vorliegende Buch vermittelt IT-Fachleuten das nötige Rüstzeug, um sich im Alltag auf rechtlichem Parkett sicher fühlen zu können. Es illustriert die Zusammenhänge anhand einer Fülle von Beispielen. Die ersten fünf Kapitel über die Grundlagen des Vertragsrechts sollten gelesen, am besten durchgearbeitet werden. Die weiteren Kapitel sind als Nachschlagewerk gedacht. Anhand des ausführlichen Stichwortverzeichnisses hat der Leser einen schnellen Zugriff auf relevante Themen. Das Werk ist grundsätzlich neutral abgefasst, Anbieter- und Anwenderseite werden gleichermaßen berücksichtigt. Christoph Zahrnt ist seit mehr als 20 Jahren Rechtsanwalt auf dem Gebiet des IT-Vertragsrechts. Seine Praxiserfahrungen haben Eingang in das Buch gefunden und machen es zu einem unentbehrlichen Ratgeber. Mit der 5. Auflage hat er es völlig neu bearbeitet und an die aktuelle Gesetzeslage angepasst. Insbesondere berücksichtigt das Werk nun die Große Schuldrechtsreform.

Pressestimmen zur Vorauflage:

„... für den alltäglichen Informationsbedarf ist das Buch allemal ein wertvoller Helfer."

(Buchhändler heute)

„Alles in allem handelt es sich nach wie vor um ein für den Praktiker äußerst wichtiges Buch. Insbesondere die Teile, die sich mit praktischen Problemen beschäftigen, sind auch für im EDV-Bereich tätige Juristen ausgesprochen lesenswert."

(Computer und Recht)

Hüthig GmbH & Co. KG
Postfach 10 28 69 · 69018 Heidelberg
Tel. 0 62 21/4 89-3 67 · Fax: 0 62 21/4 89-6 23

Ausführliche Informationen unter
http://www.huethig.de